비폭력대화

비폭력대화
일상에서 쓰는 평화와 공감의 언어

개정판 1쇄　2017년 11월 25일
개정판 19쇄　2023년 12월 25일
개정2판 1쇄　2024년 8월 5일
개정2판 2쇄　2024년 11월 20일

지은이 마셜 B. 로젠버그
옮긴이 캐서린 한

펴낸이 캐서린 한
펴낸곳 한국NVC출판사

편집장 김일수
마케팅 권순민, 고원열, 구름산책
본문 디자인 designzoo
표지 디자인 여상우

인쇄 천광인쇄사
용지 페이퍼프라이스

출판등록 제312-2008-000011호 (2008. 4. 4)
주소 (03035) 서울시 종로구 자하문로17길 12-9(옥인동) 2층
전화 02) 3142-5586 **팩스** 02) 325-5587

홈페이지 www.krnvcbooks.com **인스타그램** kr_nvc_book **블로그** blog.naver.com/krnvcbook
유튜브 youtube.com/@nvc **페이스북** facebook.com/krnvc **이메일** book@krnvc.org

ISBN 979-11-85121-50-5　03180

＊값은 뒤표지에 있습니다.
＊잘못 만들어진 책은 구입하신 서점에서 교환해 드립니다.

NONVIOLENT COMMUNICATION:
A LANGUAGE OF LIFE

비폭력대화

마셜 B. 로젠버그 지음 • 캐서린 한 옮김

일상에서 쓰는
평화와 공감의 언어

한국NVC출판사

디팩 초프라

초프라웰빙센터Chopra Center for Wellbeing 설립자

마셜 로젠버그는 그분의 저서 가운데 한 권의 제목인 "갈등의 세상에서 평화를 말하다"를 그대로 사신 분으로, 우리에게 최고의 감사를 받으실 만하다. 마셜은 그 책의 부제인 "당신이 하는 다음 말이 당신의 세상을 바꾼다."라는 격언(아니면 경고)을 예민하게 깊이 의식했다. 개인의 삶은 항상 어렸을 때부터 시작된 이야기(story)를 포함하고, 그 이야기들은 말에 바탕을 두고 있다. 이 개념이 마셜의 갈등 해결 방법의 토대이다. 사람들로 하여금 판단, 비난, 그리고 폭력이 들어가지 않은 말로 서로 대화할 수 있게 하는 것이다.

저녁 뉴스를 볼 때 우리 마음을 심란하게 하는 이미지들 중 하나는 길에 나와 데모하는 사람들의 일그러진 표정들이다. 그것은 단순한 이미지가 아니다. 얼굴 하나하나, 함성 하나하나, 몸짓 하나하나에

는 이야기가 담겨 있다. 우리는 저마다 자기 이야기를 있는 힘껏 고수한다. 우리의 정체성이 그 이야기에 뿌리를 두고 있기 때문이다. 마셜이 평화로운 대화를 말할 때에는 새로운 정체성을 동시에 말하는 것이다. 마셜은 그 점을 완벽히 인식하였다. 이 개정판에서 마셜이 중재자의 역할에 대해 한 말처럼, "변화를 구할 때, 우리는 새로운 가치관에 따라 살아가려고 애쓰는 것이다."

　마셜이 제시한 새로운 가치관에 따르면, 다투는 사람들은 서로를 존중하는 마음으로 대하게 되고, 편견이나 격한 감정이 없는 분위기에서 서로의 욕구(Need)를 이해하고 연결을 이루어 간다. 전쟁과 폭력이 만연한 세상을 보노라면, '우리 대 그들' 식 편 가르기 사고가 정상으로 통하는 세상, 언제 어느 나라가 평화 공존의 유대 관계를 깨고 잔학하기 그지없는 행동을 저지를지 모르는 이 세상에서 마셜이 말하는 새로운 가치는 아득해 보인다. 유럽에서 열린 중재자 총회에서 어느 회의적인 사람이 마셜의 방법은 심리요법이라고 비판하면서 이렇게 말했다. "쉽게 말해, 과거는 싹 잊어버리고 그냥 친구가 되라는 거잖아요? 그건 전쟁터에서뿐 아니라 이혼하는 데에서도 요원한 일 아닌가요?"

　세계를 보는 모든 눈은, 어느 것이든 가치관들로 가득 차 있다. 그것은 피할 수 없는 일일 뿐 아니라, 사람들은 그것을 자랑스러워하기까지 한다. 세계 여러 곳에 역전의 전사를 높이 평가하면서 동시에 두려워하기도 하는 오래된 전통들이 있다. 융 학자들은, 격하고 변덕스러운 전쟁의 신인 화성원형이 모든 사람의 무의식에 새겨져 있기 때문에, 갈등과 침략은 일종의 불가피한 선천적 악이라고 말한다.

그러나 인간의 본성을 달리 보는 견해가 있다. 이 책에 잘 서술된, 인간성에 대한 그 견해야말로 우리의 유일한 진짜 희망이기 때문에 깊이 검토되어야 한다. 이 관점에서 보면, 우리는 우리의 이야기(story)가 아니다. 이 이야기들은 습관을 통해, 집단의 압력으로, 오래된 조건화와 자기의식 부족 때문에 계속 유지되는, 우리 각자가 만들어 낸 허구다. 가장 좋은 이야기도 폭력과 손을 잡는다. 만일 당신이 가족을 보호하기 위해, 공격으로부터 자기를 방어하기 위해, 부정이나 범죄를 방지하기 위해 이른바 '선한 전쟁'에 종사한다면, 당신은 결국 파멸로 끝날 폭력의 유혹에 동참한 것이다. 동참하지 않으면 사회가 당신에게 등을 돌리고 응징하려 들 것이다. 한마디로, 출구를 찾기가 쉽지 않다.

인도에는 '아힘사Ahimsa'라는, 고대부터 내려오는 비폭력적인 삶의 모델이 있다. 그것은 비폭력적인 삶의 중심 사상이다. 아힘사는 보통 '비폭력'이라고 정의되지만, 그 뜻은 마하트마 간디의 평화적인 저항부터 알베르트 슈바이처의 삶에 대한 경외심까지 폭넓게 확장된다. 아힘사의 첫 번째 원리는 '해치지 말라'일 것이다. 내가 이 글을 쓰기 6주 전에 80세를 일기로 돌아가신 마셜 로젠버그는 아힘사의 두 차원, 즉 행동과 의식을 다 파악하셨다는 점에서 내게 깊은 감명을 주었다.

행동 면은 비폭력대화의 핵심으로서 이 책에 잘 묘사되어 있으니 굳이 다시 언급하지 않겠다. 아힘사의 의식은 훨씬 더 강력하고, 마셜은 그런 면모를 지니고 있었다. 어떤 갈등 상황에서도 어느 편도 들지 않았고, 근본적으로 그 사람들의 이야기(story)에는 관심을 두지 않았다. 모든 이야기는 알게 모르게 결국 갈등으로 이어진다는 것을 아는 터라, 심리적인 다리인 '연결'에 초점을 두었다. 이런 면은 아힘사의 또 다른 원리와 일치한다. 즉, 당신이 무엇을 하느냐가 아니라 당신의 주의를 어디에 두느냐가 중요하다는 것이다. 법률적으로는 두 사람이 재산 분배에 합의하면 이혼은 끝난 것이다. 그러나 두 사람 사이의 감정적인 문제는 해결된 것이 아니다. 마셜의 말을 빌리자면, 그들의 삶을 바꾸어 놓은 너무 많은 말이 오고 간 것이다.

갈등이 일어날 때마다 오로지 '나, 나를, 나의'에 집중하는 자아계(ego system)에는 공격성이 내재해 있다. 사회는 성인들에게 입에 발린 찬사를 바치고 자기보다 신을 위해 헌신하며 살겠다고 맹세를 하지만, 우리가 신봉하는 가치와 실제로 하는 행동 사이에는 큰 거리가 있다. 아힘사는 사람들의 의식을 확장함으로써 그 간격을 좁혀 간다. 모든 폭력을 해결하는 유일한 방법은 당신의 이야기를 포기하는 것이다. 이것이 아힘사의 세 번째 원리가 될 수도 있겠다. 이 세상에 여전히 개인적인 이해관계를 가진 사람은 깨어날 수 없다는 것이다. 이 가르침은 온유한 사람이 이 땅을 물려받게 되리라고 약속한 예수님의 산상수훈만큼이나 급진적이다.

두 경우 모두, 핵심은 당신의 행동보다는 당신의 의식을 바꾸라는 것이다. 그러자면 A에서 B로 가는 길을 걸어야 한다. A는 자아(ego)의 끊임없는 요구에 휘둘리는 삶이고, B는 사심 없는 의식/자기 없는 알아차림(selfless awareness)으로 사는 것이다. 솔직히, 아무도 진정으로 자기 없는 알아차림을 원하지 않는다. 내 이득을 먼저 챙겨야 한다고 보는 사람에게 그것은 두렵고 불가능한 말로 들린다. 이익 추구가 전

부인 자아를 없애면 이득이 무슨 소용 있는가? 자아가 없으면 영적인 콩 자루마냥 가만히 앉아 있게 되는 것일까?

답은 개별적인 자기가 자연스럽게 저절로 사라지는 순간에 있다. 이런 상태는 명상의 순간에, 또는 단순히 깊은 만족감을 느끼는 순간에 일어난다. 자기 없는 의식의 경지는 자연이나 예술 또는 음악이 주는 경이를 느끼는 상태이다. 창조, 사랑 그리고 놀이의 경험을 포함할 수 있는 이런 순간들과 아힘사의 유일한 차이는, 이런 순간들은 흔들리며 오고 가지만 아힘사는 확고부동하다는 것이다. 이 상태에서는, 이야기를 만들어 내는 자아란 생존과 이기적인 목적을 위해 스스로 지어낸 허구라는 사실이 드러나게 된다. 자아는 늘 더 많은 돈, 재산, 권력을 손에 쥐려고 애쓰는 허구인데, 아힘사에서 얻는 이득은 그런 허구를 업그레이드하는 것이 아니다. 아힘사에서 얻는 혜택은 당신이 진정으로 당신 자신이 되는 것이다. 아힘사를 설명할 때, 높은 의식(higher consciousness)이라는 표현은 너무 고상하다. 일반 규범이 너무 비정상이어서 정신병과 매한가지인 이 세상에서는 그것을 정상적인 의식 상태라 부르는 것이 더 정확할 터이다. 몇 천 핵탄두가 적을 겨누고 있고, 테러리즘이 일상 종교 행위로 받아들여지는 세상에서 사는 것은 정상이 아니다.

중재자의 역할을 혁명적으로 바꾸어 놓은 것도 물론 소중한 업적이지만, 나는 마셜의 일생일대의 업적은 그분이 실제로 살아 낸 새로운 가치 체계에 있다고 본다. 그 새로운 가치 체계는 사실은 상당히 오래된 것이다. 평화와 폭력 사이에서 갈 길을 잃은 오늘, 인간의 본성인 아힘사는 모든 세대에서 되살아나야 한다. 우리가 그 확장된 의식 상태에 실제로 들어갈 수 있고, 분쟁을 조정할 때 그것이 아주 유용하다는 사실을 마셜 로젠버그는 몸소 입증하였다. 마셜은 우리 모두가 따를 수 있는 발자국을 남겼다. 우리가 진정으로 우리에게 좋은 것을 원한다면 그의 발자취를 따라야 한다. 투쟁을 끝낼 지혜를 필사적으로 찾는 지금, 그것만이 유일한 대안이다.

초판
머리말

아룬 간디Arun Gandhi
비폭력간디협회M.K. Gandhi Institute for Nonviolence 설립자

1940년경 인종차별 정책을 쓰던 남아프리카에서 유색 인종으로 살기란 쉬운 일이 아니었다. 특히 매 순간 자신의 피부 색깔을 잔인하게 일깨워 주는 상황에서는 더욱 그랬다. 나는 열 살 무렵에 백인 아이들에게는 너무 검다고 맞았고, 흑인 아이들한테는 너무 희다고 맞았는데, 그때 내가 느낀 굴욕감은 폭력으로 복수하고 싶은 마음을 불러일으키기에 충분했다.

이런 나를 지켜보시던 부모님은 나를 당분간 인도에 계신 나의 할아버지─전설적인 마하트마 간디─에게 맡기기로 하셨다. 부모님은 할아버지를 통해 내가 분노와 좌절, 그리고 폭력적인 인종적 편견이 자아내는 굴욕감에 대처하는 방법을 배우기를 원하셨다. 할아버지

와 보낸 그 18개월 동안 나는 많은 것을 배웠다. 다만 지금도 아쉬움으로 남아 있는 것은 그때 내가 겨우 열세 살이었고, 게다가 별로 신통한 학생도 아니었다는 점이다. 왜냐하면 내가 좀 더 성숙하고 총명하고 생각이 깊었다면, 훨씬 더 많은 것을 배울 수 있었을 것이기 때문이다. 그러나 이미 받은 것으로 만족하고 더는 욕심을 내지 말아야 한다는 것이 할아버지의 비폭력적인 삶의 근본적 가르침이라는 것을 나는 잊지 않고 있다.

내가 할아버지께 배운 것 중 하나는 비폭력의 깊이와 폭을 이해하는 것이었다. 그리고 우리 모두가 폭력적으로 행동하고 있다는 것을 인정하고, 마음가짐에 질적인 변화를 일으켜야 할 필요가 있음을 인식하는 것이었다. 우리는 대개 자신의 폭력성을 인정하지 않는데, 이것은 우리가 폭력 그 자체에 대해 무지하기 때문이다. 폭력이라고 하면 우리는 대개 보통 사람들이 하지 않는 일, 곧 싸우고, 죽이고, 때리고, 전쟁하는 것만을 생각하기 때문이다.

할아버지는 이것을 더 확실하게 깨우쳐 주시기 위해서, 내게 가계도를 그릴 때와 같은 원리를 이용하여 폭력의 가계도를 그리게 하셨다. 매일 저녁 할아버지는 그날 하루 동안 내가 경험한 모든 것들과 읽고 본 것들, 그리고 내가 다른 사람에게 한 행동들을 분석하도록 도와주셨다. 그리고 그 분석한 것들을 벽에 그린 나뭇가지에 붙였다. 나무의 한쪽 가지에 단 것들은 '물리적인 것'(실제로 폭력적인 힘이 쓰였다면)이고, 다른 쪽 가지에 단 것은 '정신적인 것'(심리적으로 상처를 입히는 폭력)이었다. 두 달 만에 내 방의 한 벽은 전부 이 정신적인 폭력으로 뒤덮였다. 할아버지는 이 정신적인 폭력이 물리적인 폭력보다 훨

썬 더 해롭고 위험하다고 하셨다. 정신적인 폭력은 피해자들의 내면에 분노를 일으켜서, 결국은 그들이 개인적·집단적 폭력으로 대응하도록 만들기 때문이다. 다시 말하면, 정신적인 폭력이 물리적인 폭력에 불을 지피는 연료인 것이다.

이것을 올바르게 인식하고 이해하지 못했기 때문에 평화를 위한 우리의 많은 노력이 열매를 맺지 못했고, 우리가 성취한 평화도 오래가지 못했다. 먼저 연료 공급을 중단하지 않는다면 어떻게 용광로의 불을 끌 수 있겠는가?

로젠버그가 이미 오랫동안 책이나 세미나 등을 통해서 강조해 왔듯이, 할아버지는 우리가 일상의 대화에서 비폭력적인 말을 쓰는 것이 얼마나 중요한지 항상 강조하셨다. 나는 로젠버그의 책『비폭력대화—삶의 언어Nonviolent Communication: A Language of Life』를 읽고, 그 깊이와 간결함에 깊은 인상을 받았다.

할아버지께서는 "우리 스스로 우리가 이 세상에서 원하는 변화가 되지 않는 한 진정한 변화는 결코 일어나지 않는다."라고 말씀하셨다. 그러나 불행하게도 우리 모두는 다른 사람이 먼저 변하기를 기다린다.

비폭력이란 오늘 쓰고 내일 버리는 수단도 아니고, 사람들을 온순하고 다루기 쉽게 만들기 위한 것도 아니다. 비폭력은 일상생활에서 우리를 지배하는 부정적인 사고방식을 긍정적인 사고방식으로 바꾸는 것이다. 우리가 하는 모든 행동에는 이기적인 동기—나에게 무슨 이익이 있는가—가 조건으로 들어 있다. 거친 개인주의가 지배하는 물질 중심적인 사회에서는 더욱 그렇다. 이런 부정적인 개념은 모두가 평등하고 화목한 가족, 공동체, 사회나 나라를 만들어 가는 데 도움이 되지 않는다.

위기의 순간에 국기를 흔들며 하나 되어 애국심을 발휘하는 일이 중요한 것이 아니다. 이 세상을 몇 번씩 파괴할 수 있는 무기를 축적하여 초강대국이 되는 것이나, 군사력으로 전 세계를 종속시키는 것도 우리가 원하는 사회를 만들기에 충분하지 않다. 왜냐하면 평화는 공포를 기반으로 해서는 이루어질 수 없기 때문이다.

비폭력은 우리 안에 있는 긍정적인 면이 밖으로 나타날 수 있도록 하는 것이다. 그래서 보통 우리 생각을 지배하고 있는 이기심, 탐욕, 미움, 편견, 의심, 공격성 대신에 다른 사람에 대한 사랑과 존중, 이해, 감사, 연민, 배려가 우리 마음을 채우도록 하는 것이다. 우리는 가끔 이런 말을 듣는다. "이 세상은 무자비하기 때문에 살아남기 위해서는 우리도 냉혹해져야만 한다." 나는 이런 주장에 동의하지 않는다.

이 세상은 우리가 만들어 놓은 것이다. 오늘날 이 세상이 무자비하다면, 그것은 우리의 무자비한 태도와 행동이 그렇게 만든 것이다. 그러므로 우리 자신이 변하면 우리는 이 세상을 바꿀 수 있다. 우리 자신을 바꾸는 것은 우리가 매일 쓰는 언어와 대화 방식을 바꾸는 데서 시작한다. 나는 여러 사람이 이 책을 읽고 비폭력대화를 배워서 생활에 활용하기를 적극 추천한다. 우리의 대화가 달라지는 데, 또 따뜻한 세상을 이루는 데 뜻깊은 첫걸음이 될 것이다.

차 례

제 1 장

마음으로 주기

NVC의 핵심

삶에서 내가 원하는 것은,
가슴에서 우러나와 서로 주고받을 때
나와 다른 사람 사이에서 흐르는 연민이다.

마셜 B. 로젠버그

들어가며

나는 가슴에서 우러나와 서로 주고받으며 기쁨을 느끼는 것이 우리의 본성이라고 믿기 때문에 다음과 같은 두 가지 의문을 늘 품어왔다.

첫째, 무엇 때문에 우리는 본성인 연민으로부터 멀어져 서로 폭력적이고 공격적으로 행동하게 되었을까? 둘째, 이와 달리 어떤 사람들은 견디기 힘든 상황에서도 어떻게 연민의 마음을 유지할 수 있는가?

이 같은 의문을 품기 시작한 것은 나의 유년시절에 우리 가족이 미시간 주 디트로이트로 이사했던 1943년 여름 무렵이었다. 우리가 이사한 지 2주쯤 되었을 때, 동네 공원에서 일어난 사건이 인종 갈등으로 번지면서 며칠 사이에 40여 명이 목숨을 잃었다. 우리 동네가 이 폭동의 중심지였기 때문에 우리는 사흘 동안 집 안에서 지내야 했다.

폭동이 끝나고 학교에 가기 시작했을 때, 나는 이름이 피부색만큼이나 위험할 수 있다는 사실을 깨달았다. 출석 시간에 선생님이 내 이름을 부르자 남자아이 두 명이 나에게 쏘아붙였다.

"너, 카이크지?"

나는 '카이크'라는 말을 그때까지 들어 본 적이 없었고, 더욱이 그 말이 유대인을 비하하는 말인 줄도 몰랐다. 방과 후 두 아이는 기다리고 있다가 나를 땅바닥에 넘어뜨려 발로 차고 때렸다.

이 일을 경험한 그해 여름부터 나는 앞의 두 가지 의문에 깊은 관심을 갖기 시작했다. 무엇이 정말 힘든 상황에서도 우리가 연민을 유지할 수 있게 해 주는가? 그 예로 생각나는 한 사람은 에티 힐레줌 Etty Hillesum이다.

그녀는 나치 포로수용소의 극한 환경 속에서도 연민을 유지할 수 있었던 사람으로, 회고록에서 다음과 같이 말하고 있다.

나는 여간해서는 겁을 먹지 않는다. 그것은 내가 용감해서가 아니라 내 앞에 있는 상대 역시 같은 인간이라는 것을 알기 때문이다. 그래서 그 사람이 무슨 행동을 하든 최대한 이해하려고 노력해야 한다는 것을 안다. 그것이 오늘 아침에 있었던 일의 실제적인 요점이다. 불만에 가득 찬 젊은 게슈타포 장교가 내게 소리를 질렀을 때, 나는 분노를 느끼기보다 오히려 그에게 진정으로 연민을 느꼈다. 그래서 나는 이렇게 물어보고 싶었다. '당신의 어린 시절은 매우 불행했나요? 여자 친구가 당신을 실망시켰나요?' 분명히 그는 지쳐 보였고, 우울하고 허약해 보였다. 그때 나는 그 젊은 장교를 그 자리에서 치유해 주고 싶었다. 왜냐하면 이런 가엾은 젊은이들을 인간 사회에 풀어놓았을 때, 그들이 얼마나 위험한 존재가 될 수 있는지를 나는 알기 때문이다.

– 에티 힐레줌,『회고록A Diary』에서

나는 연민에 머무를 수 있는 능력에 영향을 주는 요소들을 연구하면서, 우리가 쓰는 언어가 얼마나 큰 역할을 하는지 알고 놀랐다. 그 후로 나는 다른 사람들과 자연스럽게 연민이 우러나는 유대를 맺는 데 도움이 되는 구체적인 대화 방법(말하기와 듣기)을 고안해 낼 수 있었다.

　나는 이 접근 방식을 비폭력대화(Nonviolent Communication, NVC)라고 부르기로 했다. 나는 '비폭력'이란 말을 간디^{Gandhi}가 사용한 것과 같은 뜻으로 쓴다. 곧 우리 마음 안에서 폭력이 가라앉고 자연스럽게 본성인 연민으로 돌아간 상태

NVC: 마음에서 우러나와 줄 수 있도록 우리를 이끌어 주는 소통 방법

를 가리키는 것이다. 우리는 전혀 '폭력적'이지 않다고 생각하면서 말을 하지만, 종종 본의 아니게 자기 자신이나 다른 사람에게 상처를 주고 마음을 아프게 한다. 내가 말하는 비폭력대화를 어떤 곳에서는 '연민의 대화(Compassionate Communication)'라고 부르기도 한다. 이 책에서는 '비폭력대화'나 '연민의 대화'를 NVC로 줄여서 사용한다.

주의를 기울이는 방법

　NVC는 견디기 힘든 상황에서도 인간성을 유지할 수 있는 능력을 키워 주는 대화 방법이다. NVC의 내용은 수세기에 걸쳐 이미 알려진 것으로, 새로운 것은 아니다.

　이 책의 의도는 우리가 이미 알고 있는 것을 상기시켜 주려는 것이다. 즉 우리가 서로 어떤 관계를 맺으면서 살게 되어 있는지 일깨워 주고, 그것을 구체적으로 어떻게 표현하면서 살아갈 수 있는지 도우려는 것이다.

　NVC는 새로운 방법으로 우리가 자신을 표현하고, 다른 사람의 말

을 들을 수 있도록 해 준다. NVC를 익히면, 습관적이고 자동적으로 반응하는 대신 자신이 무엇을 관찰하고 느끼고 원하는가를 의식하게 된다. 그리고 이를 바탕으로 솔직하고 명확하게 자신을 표현할 수 있게 된다. 그뿐 아니라 다른 사람의 이야기를 존중과 공감으로 귀 기울여 듣게 된다. 또, 주어진 상황에서 자신이 구체적으로 무엇을 원하는지를 명확하게 표현할 수 있게 된다. 그 형식은 간단하지만 아주 효과적인 변화를 불러일으키는 힘이 있다.

NVC로 자신과 다른 사람의 기본적인 욕구에 귀 기울일 때 우리는 인간관계를 새로운 측면에서 보게 된다.

NVC를 통해 우리는 다른 사람의 비판이나 평가를 들었을 때 습관적으로 보이는 반응, 곧 변명하며 물러나거나 아니면 반격하는 행동 양식을 바꿀 수 있다. 우리가 맺고 있는 관계 안에서 새로운 눈으로 우리 자신이나 상대방 그리고 우리의 의도를 보게 되어, 저항하거나 방어하는 태도와 폭력적으로 반응하는 일이 많이 줄어든다. 분석이나 비판보다는 우리가 무엇을 관찰하고, 그에 대해서 어떻게 느끼며 무엇을 원하는가에 초점을 둘 때, 우리가 가지고 있는 연민의 깊이를 인식하게 된다. 다른 사람뿐 아니라 자신의 내면의 소리에도 귀 기울임으로써 존중과 배려, 그리고 공감하는 마음을 기르게 되어 진심으로 서로 주고받기를 원하는 마음이 생긴다.

나는 NVC를 '의사소통 방법' 혹은 '연민의 언어'라고 부르지만, NVC는 단순한 방법론이나 말하는 기술이 아니다. 그것이 가진 더 깊은 의미는 우리가 원하는 것을

우리가 원하는 것을 찾을 희망이 있는 곳에 의식의 불을 밝히자.

찾을 수 있는 곳에 우리 의식을 집중하도록 계속해서 상기시켜 주는 것이다.

밤에 가로등 아래에서 무엇인가를 찾고 있는 한 남자의 이야기가 있다. 근처를 지나던 경찰관이 그에게 물었다.

"무얼 하십니까?"

취기가 있어 보이는 남자가 말했다.

"제 자동차 열쇠를 찾고 있어요."

"열쇠를 여기서 떨어뜨렸나요?"

"아니요. 열쇠는 저쪽 골목길에서 잃어버렸어요."

이상하게 쳐다보는 경찰관의 눈길을 느낀 남자가 덧붙였다.

"하지만 저 골목길보다 여기가 훨씬 밝아서요."

우리의 문화적인 조건과 환경은 내가 원하는 것을 찾을 수 없는 곳에 우리 관심의 초점을 두도록 가르친다. 관심의 초점—의식의 빛—을 내가 추구하는 것을 얻을 가능성이 있는 곳에 비추는 훈련 방법으로 나는 NVC를 개발했다. 내가 삶에서 원하는 것은 가슴에서 우러나와 서로 주고받을 때 나와 다른 사람 사이에서 흐르는 연민이다.

내가 '마음으로 주기'라고 표현하는 연민은 내 친구 루스 베버마이어가 지은 노랫말에 잘 표현되어 있다.

당신이 내게서 받아 갈 때
나는 어느 때보다 받는 기쁨을 느껴요.
그것은 주는 나의 기쁨을 당신이 이해해 주기 때문이에요.

또, 내가 주는 것이

당신에게 부담을 주기 위해서가 아니라

나의 사랑의 표현임을

당신이 이해해 주기 때문이에요.

즐거운 마음으로 받는 것이

가장 크게 주는 것이지요.

그런데 이 두 가지를 떼어놓을 수는 없네요.

당신이 나에게 줄 때,

나는 받음을 당신에게 주는 것이고,

당신이 내게서 받아 갈 때,

나도 진정으로 받는 느낌이에요.

우리가 가슴에서 우러나 줄 때에는 다른 사람의 삶에 기여할 때 느끼는 기쁨에서 하는 것이다. 이렇게 주는 것은 주는 사람이나 받는 사람 모두에게 유익하다. 받는 사람은 주는 사람이 두려움, 죄책감, 수치심 또는 무엇을 얻고 싶은 마음에서 주는 것이 아님을 알기 때문에 즐거운 마음으로 받을 수 있다. 또, 주는 사람은 자신의 노력이 다른 사람의 행복에 이바지한 사실을 알고 자존감이 높아져서 유익하다.

NVC로 효과적인 대화를 하기 위해서 상대방도 NVC 대화법을 알거나 내게 우호적으로 대하려는 마음이 있어야 하는 것은 아니다. 우리가 NVC의 기본 원리에 따라 오로지 연민의 마음으로 대화하는

데 관심의 초점을 두고, 그것이 우리의 유일한 의도라는 점을 사람들이 이해하도록 모든 노력을 기울인다면, 언젠가 사람들은 우리와 함께 자연스럽게 서로 연민으로 대화할 수 있게 될 것이다. 이런 일이 쉽게 이루어지지는 않는다. 하지만 우리가 NVC의 기본 원리와 대화 방법에 충실할 때 이러한 연민은 필연적으로 우리 사이에 피어난다.

NVC 모델

서로 마음으로 주고받는 관계를 이루기 위해서 다음 네 가지에 우리 의식의 초점을 둔다.

첫째로, 어떤 상황에서 실제로 일어나고 있는 것을 있는 그대로 관찰한다. 나한테 유익하든 그렇지 않든 상대방의 말과 행동을 있는 그대로 관찰하는 것이다. 그 방법은 상대방의 행동을 내가 좋아하느냐 싫어하느냐를 떠나, 판단이나 평가를 내리지 않으면서 관찰한 바를 명확하고 구체적으로 말하는 것이다.

둘째로, 그 행동을 보았을 때 어떻게 느끼는가를 말한다. 가슴이 아프고 두렵다거나 기쁘고 즐겁다거나 짜증이 난다는 등의 느낌을 표현하는 것이다.

NVC 모델의 네 가지 요소
1. 관찰(observations)
2. 느낌(feelings)
3. 욕구(needs)
4. 부탁(requests)

셋째로, 자신이 알아차린 느낌이 내면의 어떤 욕구(Need)와 연결되는지를 말한다. NVC로 우리의 마음을 정확하고 솔직히 표현할 때에는 이 세 요소가 그 안에 있다.

예컨대 한 어머니가 10대인 아들에게 관찰, 느낌, 욕구를 넣어서 이렇게 표현할 수 있을 것이다.

"펠릭스야, 신었던 양말 두 켤레가 똘똘 말려서 탁자 밑에 있고, 또 TV 옆에도 있는 걸 보면(관찰) 엄마는 짜증이 난다(느낌). 왜냐하면 여럿이 함께 쓰는 공간은 좀 깨끗하고 정돈되어 있었으면 하기 때문이야(욕구)."

그리고 그녀는 바로 네 번째 요소인 구체적인 부탁을 한다.

"그 양말들을 네 방으로 가져가거나, 세탁기에 넣어 둘 수 있겠니(부탁)?"

이 네 번째 요소는 내 삶을 더 풍요롭게 하기 위해서 다른 사람이 해 주기 바라는 것을 표현하는 것이다.

NVC의 한 측면은 자신을 표현할 때 이 네 가지 요소를 말이나 다른 방법으로 명확하게 표현하는 것이다. NVC의 다른 한 측면은 상대방에게서 똑같이 이 네 가지 정보를 듣는 것이다. 먼저 상대방이 무엇을 관찰하고 느끼고 원하는지 이해하여 그와 연결한 다음, 네 번째 요소인 그의 부탁을 통해 무엇이 그의 삶을 풍요롭게 할 수 있을지를 발견하는 것이다.

이와 같은 방식으로 자기 의사를 표현하고 다른 사람들도 그렇게 하도록 도우면서 대화의 흐름을 이어 간다면, 자연스럽게 연민이 생겨날 것이다. 나는 무엇을 관찰하고 느끼고 원하며, 내 삶을 풍요롭게 하기 위해 무엇을 부탁하는가. 당신은 무엇을 관찰하고 느끼고 원하며, 당신의 삶을 풍요롭게 하기 위해 무엇을 부탁하는가.

NVC 모델의 네 단계

우리 삶에 영향을 미치는 구체적 행동을 **관찰**한다.

그 관찰에 대한 **느낌**을 표현한다.

그러한 느낌을 일으키는 **욕구**, 가치관, 원하는 것을 찾아낸다.

우리 삶을 풍요롭게 하기 위해 구체적인 행동을 **부탁**한다.

NVC로 대화할 때에는 먼저 자신을 표현할 수도 있고, 상대방으로부터 이 네 가지 정보를 공감으로 들으면서 시작할 수도 있다. 앞으로 이 책의 3~6장에서 NVC 모델의 각 단계를 자세히 배우게 된다. 기억해야 할 점은, NVC는 고정된 공식이 아니므로 개인이나 문화적 특수성에 따라 얼마든지 상황에 맞게 유연하게 적용할 수 있다는 것이다. 편의상 NVC를 '단계'로 정리하거나 '대화 방법'으로 표현하지만, 실제로 말 한마디 하지 않고도 이 네 가지 요소를 경험하는 것이 가능하다. NVC의 정수는 네 가지 요소를 의식하는 우리 마음에 있는 것이지, 실제로 주고받는 말에 있는 것이 아니다.

NVC의 두 가지 측면
1. 네 가지 요소로 솔직하게 말하기
2. 네 가지 요소로 공감하며 듣기

우리 삶에 NVC 적용하기

자기 자신이나 다른 사람, 또는 그룹과 NVC로 관계를 맺을 때, 우리는 인간의 자연스러운 감정 상태인 연민으로 연결할 수 있게 된다. 그러므로 NVC는 다음과 같은 다양한 상황에서 효과적으로 적용할 수 있는 의사소통 방법이다.

연인 사이

가족 안에서

학교(학생, 교사, 학부형, 사무관)

조직과 기관에서 효율성과 인간관계에 기반한 조직 문화 개선

치료와 상담

외교·사업 협상

다양한 형태의 분쟁과 갈등 현장

또, 어떤 사람들은 자신들의 친밀한 관계를 더욱 깊고 뜻있게 만드는 데 NVC를 이용하고 있다.

나는 NVC 교육을 통해 주는(표현하는) 방법뿐 아니라 받는(듣는) 방법을 배우고 나서, 사람들이 나를 무시하거나 공격한다는 느낌을 극복할 수 있었다. 그리고 상대방의 말을 귀 기울여 들을 수 있게 되자 그 뒤에 있는 느낌을 이해하게 되었고, 28년 동안 함께 살아온 남편이 많은 상처를 입고 몹시 괴로워하고 있다는 것을

알게 되었다. 남편은 내가 NVC 교육에 참석하기 1주일 전에 이혼을 요구했다. 결론을 말하자면, 우리 부부는 지금도 함께 살고 있다. 그래서 나는 NVC가 우리의 해피엔딩에 도움이 된 것을 매우 고맙게 생각한다. 나는 내 마음속의 느낌들을 읽어 내고 내가 원하는 것을 표현하는 법을 배웠다. 내가 듣고 싶지 않은 대답을 받아들이는 방법도 배웠다. 그 사람은 나를 행복하게 해 주기 위해서 여기에 있는 것이 아니다. 나도 그 사람의 행복을 위해서만 사는 것이 아니다. 우리 둘 다 인생을 의미 있게 살기 위해서 같이 성장하고 서로 받아 주고 사랑하는 방법을 배우게 되었다.

—샌디에이고에서 한 워크숍 참가자

직장에서 더욱 효과적인 관계를 맺기 위해 NVC를 사용하고 있는 사람도 있다. 한 교사의 말이다.

내가 맡고 있는 특수학급에서 나는 지난 1년간 NVC를 적용해 왔다. NVC는 언어 장애, 학습 부진, 적응 장애가 있는 학생들에게도 효과가 있다. 우리 반에는 다른 학생이 자기 책상 가까이 다가오면 침을 뱉고 욕하며, 소리 지르거나 연필로 찌르는 행동을 하는 학생이 있다. 나는 그 아이에게 이렇게 신호를 보낸다. "다른 방법을 써. 기린 말로 해 봐." (NVC 워크숍에서는 기린 인형을 NVC의 상징으로 사용한다.) 이제 그 아이는 누군가가 자신의 책상으로 다가오면, 바로 그 자리에서 벌떡 일어나 자기를 화나게 한 사람을 보면서 침착하게 말한다. "내 책상에서 좀 떨어져 줄래? 이렇게 가까이 오면 화가 나거든." 그러면 다가오던 학생들은 "미안해! 깜빡 잊었어." 하며 물러선다. 나는 이 아이에게 내가 느끼는 좌절감에 대해 생각해 보며 질서와 조화 외에 내가 이 아이에게 원하는 것이 무엇인지 알아내려고 노력하기 시작했다. 수업 준비에 많은 시간과 노력을 들였지만 막상 교실에서는 시간의 대부분을 이 학생에게 썼기 때문에 창조성을 발휘해 학생들에게 기여하려는 나의 노력은 좌절되고 있었다. 그리고 나는 다른 학생들에게 필요한 교육을 제대로 해 주지 못하고 있다는 사실도 깨달았다. 나는 이 아이가 수업 시간에 방해되는 행동을 할 때면 이렇게 말하기 시작했다. "얘야, 나는 다른 학생들도 돌봐야 해." 하루에 이런 말을 수없이 해야 할 때도 있었지만, 결국 그 아이는 내 말을 알아듣게 됐고 대체로 수업에 참여하게 되었다.

– 일리노이 주 시카고의 한 교사

교육에 참가했던 한 의사의 말이다.

나는 갈수록 환자들을 돌보는 데에 NVC를 더 많이 활용하고 있다. 그러다 보니 어떤 환자들은 대부분의 의사들은 환자의 생활 방식이나 병에 대처하는 방법에 대해서 별로 관심을 보이지 않는다며 내게 심리학자냐고 물어본다. NVC를 통해 나는 환자가 무엇을 필요로 하는지, 또 그 순간에 무슨 말을 듣고 싶어하는지 이해할 수 있었다. 특히 혈우병이나 에이즈 환자를 대할 때 NVC는 많은 도움이 된다. 왜냐하면 이들은 많은 분노와 고통을 겪고 있어서 환자와 의사의 관계가 힘들어질 수 있기 때문이다. 지난 5년 간 내가 돌본 한 에이즈 환자는 최근, 내가 그녀에게 자신의 일상 생활을 즐기는 방법을 찾도록 애써 준 것이 가장 큰 도움이 되었 다고 내게 말했다. 이런 점에서 NVC는 내게 많은 도움이 되었다. 과거에는 난치병을 앓고 있는 환자를 대할 때, 나 자신도 그 병의 예후와 결과에만 집중한 탓에 진정으로 그들이 계속해서 뜻있는 삶을 살도록 용기를 북돋워 주기가 힘들었다. NVC로 나는 새로 운 언어습관뿐 아니라 새로운 의식도 계발하게 되었다. 나는 무 엇보다도 내 의료 활동과 NVC가 얼마나 잘 맞는지를 볼 때마다 감탄한다. 나는 NVC의 춤 속에서 내가 하는 일에 더 큰 힘과 기 쁨을 느낀다.   —파리의 한 외과 의사

어떤 사람들은 NVC를 정치 분야에서도 활용하고 있다. 한 프랑스 각료는 오랜만에 여동생 부부를 만났는데, NVC 교육을 받은 여동 생과 그 남편이 이전과는 아주 다른 분위기로 서로 말하고 반응하는 것을 느꼈다. NVC에 대한 설명을 들은 그 각료는 다음 주에 있을 외 교 협상에 대해서 이야기했다. 당시 프랑스는 입양 절차에 관한 민감 한 사안을 놓고 알제리와 협상 중이었다. 시간은 얼마 남지 않았지만 우리는 프랑스어를 구사할 수 있는 트레이너를 파견했고, 그 각료는 NVC 교육을 받았다. 후에 그 각료는 협상이 성공적으로 끝날 수 있 었던 데에는 새로 배운 대화 방법의 역할이 컸다고 말했다.

예루살렘에서 정치적으로 신념이 다른 이스라엘 사람들이 함께 워크숍에 참가한 적이 있다. 참가자들은 NVC를 활용하여 당시 커다

란 논쟁거리였던 요르단강 서안의 정착촌 건설 문제에 관해 서로의 의견을 밝혔다. 서안에 정착한 이스라엘 이주민 중에 많은 사람들이 자신들은 종교적인 사명을 수행하고 있다고 믿었다. 그로 인해 이 사람들은 팔레스타인 사람들뿐 아니라, 팔레스타인 자치정부의 설립을 지지하는 다른 이스라엘 사람들과도 대립하고 있었다.

교육 중에 트레이너 한 명과 나는 NVC로 서로 듣고 공감하는 방법을 보여 주었다. 그리고 참가자들에게 자기와 의견이 다른 사람의 역할을 맡아 돌아가면서 역할극을 해 보도록 권했다. 20분 후, 한 이주자는 만약 자신에게 반대하는 사람들이 방금 연습했던 것처럼 자신의 말을 귀 기울여 들어 준다면, 토지에 대한 소유권 주장을 포기하고 서안을 떠나 국제적으로 공인된 이스라엘 영토로 돌아가는 것을 고려해 볼 의향이 있다고 밝혔다.

지금 NVC는 인종·종교·정치적으로 아주 심한 긴장 상태에 있는 전 세계 여러 지역에서 유용한 분쟁 해결 방안으로 활용되고 있다. 이스라엘, 팔레스타인, 나이지리아, 르완다, 시에라리온 등에서 갈등을 겪고 있는 사람들에게도 NVC 교육이 보급되고 있다. 최근에 나는 동료들과 함께 세르비아 베오그라드에서 그 지역의 평화를 위하여 일하는 시민들을 교육하면서 매우 긴장된 사흘을 보낸 적이 있다. 우리가 처음 그곳에 도착했을 때, 참가자들의 얼굴에는 절망의 표정이 역력했다. 그들의 나라인 보스니아와 크로아티아에서 잔혹한 전쟁이 벌어지고 있었기 때문이다. 그러나 교육이 진행됨에 따라 그들의 웃음소리를 들을 수 있었고, 그들이 찾던 능력을 얻은 데 대해 서로 감사와 기쁨을 나누는 것을 볼 수 있었다. 그 후 2주 동안 크로아

티아, 이스라엘, 그리고 팔레스타인에서 워크숍을 하면서 우리는 전쟁의 참화에 절망하던 시민들이 NVC 교육을 통해 차츰 활기와 자신감을 되찾는 것을 볼 수 있었다.

나는 세계 여러 곳을 다니며 사람들에게 용기와 기쁨을 주는 대화 방법을 가르치는 축복을 받은 것에 감사한다. 이제 이 책을 통해 여러분과 비폭력대화의 풍요로움을 나눌 수 있어 더욱 기쁘고 즐겁다.

요 약

NVC는 우리 자신을 더 깊이 이해하고 우리의 본성인 연민이 우러나는 방식으로 다른 사람들과 유대를 맺는 데 도움이 된다. 우리는 NVC의 네 가지 요소—우리가 무엇을 관찰하고, 느끼고, 바라고, 우리 삶을 풍요롭게 하기 위해 무엇을 부탁하는가—에 의식을 집중하면서 자신을 표현하거나 다른 사람의 말에 귀 기울이는 방법을 배우게 된다. NVC는 깊이 듣고, 존중하고, 공감하는 자세를 길러 주고 진정으로 서로 주고 싶은 마음이 생기게 한다. 어떤 사람들은 자기 자신을 더욱 연민으로 대하기 위해 이 방법을 사용하고, 또 어떤 사람들은 더욱 깊이 있는 인간관계를 나누기 위해 사용한다. 어떤 사람들은 업무나 정치 분야에서도 NVC를 이용한다. NVC는 전 세계의 온갖 분쟁 상황에서 갈등을 중재하는 데 사용되고 있다.

"살인자, 암살자, 아이들을 죽이는 인간들"

이 책에는 NVC 적용 사례가 곳곳에 나오는데, 이는 NVC를 적용한 실제 대화의 예를 보여 주기 위함이다. 그러나 NVC는 단순히 말하는 기술이 아니므로, NVC로 전달하고자 하는 의식과 의도는 표정과 몸으로뿐 아니라 침묵과 존재 자체만으로도 표현될 수 있다. 여기에 제시된 예문들은 물론 글로 옮길 수 있는 부분만을 간추린 것으로, 두 사람 사이의 자연스러운 대화의 흐름이나 연결에 더 중요한, 말 없는 공감의 순간이나 이야기, 유머, 제스처 등이 생략되어 있다.

나는 언젠가 이스라엘 베들레헴의 데헤이샤 난민 수용소에 있는 회교 사원에서 NVC를 소개한 적이 있다. 그날 170명 정도 되는 팔레스타인 무슬림 남성들이 참석하였다. 당시에 그들이 미국에 대해 품고 있던 감정은 호의적이지 않았다. 강연 도중에 나는 사람들 사이에서 갑자기 작은 동요가 이는 것을 보았다.

"당신이 미국인이라는 것을 알고 수군거리고 있습니다." 통역자가 내게 귀띔해 주었다. 그 순간, 청중 속의 한 남자가 일어서서 나를 쏘아보며 큰 소리로 외쳤다. "살인자!" 그러자 다른 사람들도 "암살자!" "어린이 살인자!" "살인자!" 하고 따라 외쳤다.

다행히도 그날 나는 그 사람이 무엇을 느끼고, 필요로 하는지에 주의를 집중할 수 있었다. 왜냐하면 뭔가 짚이는 것이 있었기 때문이다. 그곳으로 오던 길에 바로 전날 수용소에 떨어졌던 최루탄을 몇 개 보았는데, 거기에는 'Made in USA'라고 뚜렷이 쓰여 있었다. 나는 최루탄을 포함한 많은 무기를 이스라엘에 공급하는 미국에 대해 난민들이 큰 분노를 느끼고 있다는 사실을 알고 있었다.

나에게 살인자라고 소리친 남자에게 나는 이렇게 말했다.

마셜 미국 정부가 자원을 다르게 쓰기를 원하기 때문에 화가 나셨군요? (내 추측이 정확한지는 알 수 없었지만, 여기서 중요한 것은 그 사람의 느낌과 욕구를 이해하려는 나의 진실한 노력이다.)

남자 당연하지요. 화가 나고 말고요. 당신네는 우리에게 최루탄이 필요하다고 생각하시오? 우리는 하수 시설이 필요하지 최루탄은 필요 없단 말이오! 우리는 살 집이 필요해요. 우리들을 위한 자주적인 나라가 필요하단 말이오!

마셜 그래서 분노하시는군요. 그러니까, 생활환경을 개선하기 위한 지원과 정치적 독립을 원한다는 말씀이신가요?

남자 우리 가족과 아이들이 27년간 이곳에서 어떻게 살았는지 알기나 하시오? 이곳에서 어떻게 살아왔는지 상상이나 할 수 있느냐 말이오?

마셜 아주 절망적으로 느끼시는군요. 그리고 저나 또 어느 누구도

이런 조건에서 사는 것이 어떤지 제대로 이해하지 못할 거라고
생각하시는군요. 그런가요?

남자 이해한다고요? 한번 말해 봐요. 당신도 자녀가 있나요? 학교는
다닙니까? 아이들이 뛰놀 수 있는 운동장은 있습니까? 내 아들
은 지금 병들어 앓고 있어요. 그리고 시궁창에서 놀아요! 또, 교
실에는 책 한 권이 제대로 없어요! 당신은 책이 한 권도 없는 학
교를 본 적이나 있습니까?

마셜 여기서 아이를 키우기가 얼마나 고통스러운지 잘 들었습니다.
여러분이 원하시는 것이 자식을 가진 부모라면 누구나 그런 것
처럼 아이들이 좋은 교육을 받고 뛰놀며 건강하게 자랄 수 있
는 환경이라는 것을 알겠습니다.

남자 그렇소, 그런 기본적인 것들이오! 인권, 그게 바로 당신네 미국
인들이 주장하는 것 아닌가요? 당신 나라 사람들이 좀 더 많
이 와서 당신네가 얼마나 우리들의 인권을 짓밟고 있는지 봐
야 해요!

마셜 더 많은 미국인이 여러분께서 겪고 있는 심한 고통을 깨닫고, 그
들 정책의 결과가 무엇인지 더 깊이 이해하기를 바라시는군요?

우리 대화는 계속되었다. 그는 20여 분간 더 자신의 고통을 털어놓
았고, 나는 그의 말 뒤에 숨어 있는 그의 느낌과 욕구에 귀 기울였다.
나는 그의 말에 동의하지도 반대하지도 않았다. 나는 그 사람의 말

을 공격이 아니라 영혼과 마음속 깊은 곳에 있는 것을 서로 나누고 싶어 하는 한 인간의 선물로 받아들였다.

내가 자신의 말을 잘 이해했다고 느끼자 그 사람은 수용소에 찾아온 목적을 설명하는 내 말에 귀를 기울여 주었다. 그리고 나를 살인자라고 불렀던 바로 그 사람이 한 시간 후에 자기 집 라마단(이슬람교 달력의 9월. 라마단 기간에 이슬람교도는 해가 뜰 때부터 해가 질 때까지 단식을 한다·옮긴이 주) 저녁 식사에 나를 초대했다.

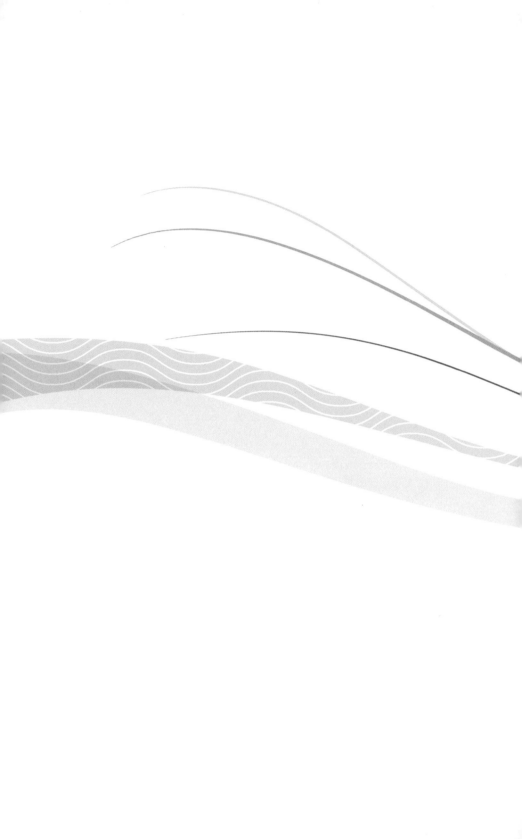

제 2 장

연민을 방해하는
대화

비판을 받지 아니하려거든 비판하지 말라.
너희가 비판하는 그 비판으로
너희가 비판을 받을 것이요.

마태복음 7:1

무엇이 우리를 본성인 연민에서 멀어지
게 하는가를 연구하는 동안, 나는 어떤 특
정한 말과 대화 방법이 사람들을 폭력적

어떤 대화는 우리를 자연스러
운 연민으로부터 멀어지게 한다

으로 행동하게 한다는 것을 발견했다. 나는 이를 '삶을 소외시키는
대화'라고 부른다.

도덕주의적 판단

삶을 소외시키는 대화의 한 유형은 도덕주의적 판단이다. 이것은
자신의 가치관과 맞지 않는 다른 사람의 행동을 나쁘다거나 틀렸다
고 하는 것이다. 이러한 판단은 다음과 같은 말로 나타난다.

"너는 너무 이기적이어서 문제야."

"그 애는 게을러."

"그 사람들은 편파적이야."

"그건 당치도 않아!"

판단하는 세상에서 우리의 관
심은 '그 사람이 무엇인지'에 집
중된다.

비난, 모욕, 비하, 비교, 분석, 꼬리표 붙
이기 등이 모두 판단하는 말들이다.

수피(이슬람교의 한 신비주의적 분파·옮긴이 주) 시인 루미는 "옳은 일,
그른 일 저 너머에 있는 들판, 나는 당신을 거기서 만나리."라고 노래
했다. 그러나 삶을 소외시키는 대화는 사람들과 그들의 행동을 이분
법적으로 나누고, 옳고 그름을 따지는 생각으로 가득 찬 판단에 우
리를 가둔다. 이런 말을 쓸 때 우리는 누가 옳고 그른지, 정상이고 비

정상인지, 책임감이 있고 없는지, 똑똑하고 무지한지를 따지면서 다른 사람과 그들의 행동을 판단하는 데 몰두하게 된다.

나는 성인이 되기 훨씬 전에 이미 나의 내면에서 일어나는 일을 굳이 드러낼 필요가 없는 방식으로 말하는 법을 배웠다. 내가 좋아하지 않거나 이해할 수 없는 사람, 또는 내 가치관과 맞지 않는 행동을 하는 사람들을 보았을 때에는 그 사람들이 무엇인가 잘못됐다는 식으로 반응했다. 하기 싫은 과제를 내주는 선생님들은 '무능하거나 비합리적인' 사람들이었고, 운전 중에 내 앞에 끼어드는 차를 보면 "저 바보!"라고 반응했다.

이런 언어를 사용할 때, 우리는 다른 사람들의 행동이 뭔가 잘못됐다는 관점에서 생각하고 말하게 된다. 때로 우리 자신이 다른 사람들을 이해하지 못했거나 바람직한 반응을 보이지 못한 경우에는 자신을 탓하게 된다. 그래서 자신이 무엇인가 잘못됐다는 관점에서 스스로를 평가한다. 이런 판단의 세계에서 우리는 자신과 다른 사람들이 무엇을 원하지만 얻지 못하고 있는가에 관심을 두는 대신, 무엇을 잘못했는지 그 잘못의 성질을 따지고 분석하고 단정하는 데 관심을 쏟는다.

따라서 내가 주는 것보다 더 많은 애정을 배우자가 원한다고 느끼면 나는 그를 '의존적이며 애정이 결핍된 사람'이라고 판단한다. 반대로 배우자가 표현하는 것보다 더 많은 애정을 내가 원할 때에는, 상대를 '냉정하고 둔한 사람'이라고 판단해 버린다. 직장 동료가 사소한 것에 나보다 더 신경을 쓴다면, 그 동료는 내게 '강박관념이 있는 까다로운 사람'이 된다. 반면에 내가 동료보다 더 세밀한 부분에 신경 쓰는 사람인 경우에, 그 동료는 '일 처리가 꼼꼼하지 못하고 산만한 사람'이 된다.

다른 사람들을 이렇게 판단하거나 분석하는 것은 우리 자신의 가치관과 욕구의 비극적인 표현이라고 나는 믿는다. 이것이 비극적인 이유는, 이런 식으로 자신의 가치관과 욕구를 표현하면, 우리가 걱정하는 행동을 하는 바로 그 사람들이 우리에게 거부감을 가져 방어와 저항을 하게 되기 때문이다. 또, 그들이 잘못되었다는 내 분석에 동의하고 나의 가치관에 따라 행동을 할지라도, 십중팔구 그것은 두려움과 죄책감, 혹은 수치심에서 나온 행동일 것이다.

> 다른 사람을 분석할 때 실제로 나타나는 것은 자기 자신의 욕구와 가치관이다.

누군가가 자신의 마음에서 우러나서가 아니라 두려움, 죄책감, 수치심 때문에 우리의 가치관이나 욕구에 따른다면, 언젠가는 모두가 그 대가를 치르게 된다. 내면이나 외부의 강요에 의해 우리의 가치관을 따른 사람들은 우리에게 거리를 두기 시작한다. 그 사람들 자신도 정서적 대가를 치를 수 있다. 왜냐하면 두려움, 죄책감, 수치심에서 다른 사람의 기준에 따라 행동했을 때 사람들은 자신에게 화가 나고 자존심도 상처를 입기 때문이다. 게다가 사람들이 우리를 볼 때마다 그런 느낌이 든다면 앞으로 그들이 우리의 욕구나 가치관에 연민으로 반응할 가능성은 점점 적어진다.

여기서 주의할 점은 '가치 판단'과 '도덕주의적 판단'을 혼동하지 않는 것이다. 우리 모두는 삶에서 각자가 소중히 여기는 것들에 대하여 가치 판단을 한다. 예를 들자면 우리는 정직, 자유, 평화 같은 가치를 소중히 여긴다. 가치 판단은 우리가 살아가면서 무엇이 우리의 욕구를 충족하는 데 가장 바람직한 방법이라고 믿는지를 보여 준다. 우리의 가치 판단과 맞지 않는 행동과 그런 행동을 하는 사람들에 대하여 우리는 '도덕주의적 판단'을 내린다. '폭력은 나쁘다. 다른 사람을 죽이는 사람은 악한 인간이다.'를 예로 들 수 있다. 우리가 연민을 표현하도록 도와주는 언어 속에서 자랐다면, 우리의 욕구와 가치관이 충족되지 않았을 때 무엇인가 잘못되고 틀렸다고 돌려서 말하지 않고 자신의 욕구와 가치관을 직접적이고 분명하게 표현하는 법을 배웠을 것이다. "폭력은 나쁘다."라고 말하는 대신 "나는 폭력으로 갈등을 해결하는 것이 두렵다. 왜냐하면 나는 다른 방식으로 사람들 사이의 갈등을 해결하는 것을 중요하게 여기기 때문이다."라고 표현할 수 있을 것이다.

콜로라도 대학교 심리학과의 하비O. J. Harvey 교수는 우리가 쓰는 언어와 폭력의 상관관계를 연구했다. 그는 세계 여러 나라의 문학 작품을 무작위로 뽑아 작품 속에서 사람을 분류하고 비판하는 단어의 사용 빈도를 조사하여 도표화했다. 그 결과, 비판적인 어휘를 사용하는 빈도와 그 사회의 폭력 사건 발생 건수가 비례한다는 사실을 알 수 있었다. 사람들을 '좋다' '나쁘다'로 구별하여 나쁜 사람은 마땅히 벌을 받아야 한다고 생각하는 문화권보다 삶의 문제들을 인간의 욕구 측면에서 생각하는 곳에서 폭력이 훨씬 적게 일어난

사람을 구별하고 판단하는 행위는 폭력을 부추긴다.

다는 것은 놀랄 일이 아니다. 미국에서는, 아이들이 주로 보는 시간대에 나오는 TV 프로그램의 75%에서 아이들은 주인공이 사람을 죽

48
비폭력대화

이거나 때려눕히는 장면을 보게 된다. 그런 폭력 장면은 일반적으로 프로그램의 '절정' 부분에서 나온다. 나쁜 사람은 처벌을 받아 마땅하다고 배워 왔기 때문에 아이들은 그런 장면을 보고 즐거움을 느낀다.

폭력의 뿌리에는 갈등의 원인을 상대방의 탓으로 돌리는 생각이 있다.

폭력은 그것이 언어적이든 심리적이든 신체적이든, 그리고 가족 안에서 일어나든 종족이나 나라 사이에서 일어나든, 그 뿌리에 갈등의 원인을 상대방의 탓으로 돌리는 생각이 있다. 이것은 자신이나 다른 사람의 내면의 진실, 곧 자신이나 다른 사람이 무엇을 느끼고 두려워하고 동경하며 원하는가라는 관점에서 생각하지 못하기 때문이다. 우리는 이러한 사고방식이 얼마나 위험한지를 미국과 구소련이 대립하던 냉전시대 내내 보았다. 당시에 미국의 지도자들은 소련을 미국식 삶을 파괴하려는 '악의 제국'으로 보았다. 반대로, 소련의 지도자들은 미국인들을 소련을 정복하려는 '제국주의 압제자'라고 했다. 양쪽 중 어느 누구도 그 같은 말 뒤에 숨어 있는 두려움을 인정하지 않았다.

비교하기

비교는 판단의 한 형태이다. 『자신을 불행하게 만드는 법How to Make Yourself Miserable』을 쓴 댄 그린버그Dan Greenburg는 책에서, 비교하는 것이 우리 삶에 얼마나 해로운 영향을 미치는지를 재미있게 보여 준다. 그는 독자들에

비교는 판단의 한 형태이다.

게 삶을 정말 불행하게 만들고 싶다면 자기 자신을 다른 사람과 비교하라고 말한다. 비교하는 데 익숙하지 않은 독자를 위해 연습문제도 몇 가지 내준다. 첫 번째 연습문제는 대중매체의 기준으로 이상적인 몸매를 가진 남자와 여자의 전신사진을 보여 준다. 그리고 독자들에게 자신의 신체 치수를 재서 사진 속 모델의 치수와 비교해 보라고 한다. 그리고 그 차이에 대하여 곰곰이 생각해 보라고 한다.

그러면 그의 책이 약속한 대로 우리는 비참하게 느끼기 시작한다. 그런데 다음 연습문제로 넘어가면, 첫 번째 문제는 단지 준비운동에 지나지 않았다는 것을 알게 된다. 신체의 아름다움은 비교적 피상적인 것이기 때문에 그린버그는 뭔가 더 중요한 것, 즉 성취 면에서 우리 자신을 비교할 수 있는 기회를 준다. 그가 독자들이 자신과 비교할 수 있도록 전화번호부에서 무작위로 몇 사람을 뽑았다면서 가장 먼저 제시한 이름은 볼프강 아마데우스 모차르트였다. 그린버그는 모차르트가 구사할 수 있었던 여러 나라 말과 그가 10대에 이미 내놓은 위대한 작품을 열거한 후 독자들에게 지금까지 자신이 이룬 것과 모차르트가 열두 살 나이에 이루어 놓은 업적을 비교해 보라고 한다. 그리고 그 차이에 대해 생각해 보라고 한다.

이런 연습을 통해, 스스로 불러온 고통에 빠져 있는 사람들마저도 이처럼 비교하는 사고방식이 우리 자신은 물론 다른 사람에 대한 연민을 얼마나 강하게 막아 버리는지 알 수 있게 된다.

책임 부정하기

　삶을 소외시키는 대화의 또 다른 형태는 자신의 책임을 부정하는 것이다. 그것은 우리가 자신의 생각, 느낌, 행동에 책임이 있다는 의식을 흐리게 한다. "해야만 해" 같이 보통 쓰는 표현이 우리 행동의 개인적 책임을 모호하게 한다.

> 우리의 언어 구조는 개인적 책임감에 대한 의식을 흐린다.

　나치 장교 아돌프 아이히만에 대한 전범 재판을 기록한 『예루살렘의 아이히만Eichmann in Jerusalem』이라는 책에서 지은이 한나 아렌트Hannah Arendt: 독일 출신인 미국의 정치학자, 철학자. 1906~1975는 아이히만과 동료 장교들이 이렇게 스스로의 책임을 부정하는 언어를 자기들 사이에서 '암트스프라헤(Amtssprache)'라고 불렀다고 인용하고 있다. 번역하면 '사무 용어' 또는 '관료 용어' 정도가 될 것이다. 자신들의 행동에 대한 이유를 누가 물어보면, 이들은 "그렇게 할 수밖에 없었다."라고 대답한다. 다시 왜 그렇게 할 수밖에 없었느냐고 그 이유를 물어보면, 이들은 "상관의 명령" "부대의 방침" "법이 그랬다."라는 식으로 대답했다고 한다.

　우리 행동의 원인을 다음과 같은 이유로 돌릴 때, 우리는 자신의 행동에 대한 책임을 부정하는 것이다.

- **막연하고 일반적인 이유**

  "다들 가니까 나도 대학에 간다."

- **상황, 진단, 개인적 또는 심리적 내력**

  "나는 알코올 중독자라서 술을 마신다."

- **다른 사람의 행동**

  "아이가 찻길로 뛰어들어서 아이를 때렸다."
- **권위자의 지시**

  "상사가 시켜서 고객에게 거짓말을 했다."
- **집단의 압력**

  "친구들이 모두 담배를 피워서 나도 피우기 시작했다."
- **내규, 규칙, 규정**

  "학교 교칙에 따라서 나는 너에게 정학 처분을 내릴 수밖에 없어."
- **성별, 사회적 지위, 연령에 따른 역할**

  "일하러 가기 싫다. 하지만 나는 처자식이 있는 가장이기 때문에
  가야 한다."
- **억제할 수 없는 충동**

  "초콜릿을 먹고 싶은 충동을 억제할 수 없었다."

한번은 학부모, 교사들과 함께한 워크숍에서 선택의 여지가 없다
는 의미가 포함된 말의 위험성에 대해 토론을 하던 중, 한 여성이 화
를 내며 이의를 제기했다.

"하지만 좋든 싫든 해야만 하는 일이 있잖아요! 그리고 우리 아이들
한테도 해야만 하는 일이 있다고 말해 주는 건 잘못이 아니라고 봐요."

그래서 "꼭 해야만 하는 일들의 예가 무엇이지요?"라고 묻자, "그야
간단하죠! 오늘 모임이 끝나면 저는 집에 가서 저녁을 해야만 해요. 저
는 밥하는 게 지겨워요. 정말 싫거든요. 하지만 저는 20년간 매일같이
해 왔고, 꼭 해야만 하는 일이라 아주 아플 때도 했어요."라고 대답했

다. 나는 하기 싫은 일을 해야만 한다고 생각하면서 인생의 그렇게 많은 부분을 보내고 있다는 말을 들으니 안타깝다면서, NVC를 배워서 좀 더 행복해질 수 있는 가능성을 찾기 바란다고 했다.

나는 그 여성이 NVC를 아주 빠르게 배우는 것을 보고 기뻤다. 연수가 끝나고, 실제로 그녀는 집에 돌아가서 가족들에게 자신은 이제 더 이상 밥을 하고 싶지 않다고 선언했다. 그리고 3주 후에 그녀의 두 아들이 워크숍에 참가했을 때, 그녀의 선언에 대한 가족의 반응을 알 수 있었다. 나는 두 아들의 반응이 궁금했다. 큰아들이 한숨을 쉬며 말했다.

> 우리는 선택의 여지가 없다는 의미의 말을, 선택을 인정하는 말로 바꿀 수 있다.

"선생님, 저는 그때 '아! 하느님, 감사합니다.'라고 속으로 말했어요."

어리둥절한 내 표정을 보자 그는 설명했다.

"엄마가 드디어 이제부터는 밥 먹을 때마다 더 이상 이런저런 불평을 하지 않겠구나라고 속으로 생각했거든요."

다른 한 번은 내가 교사들과 상담할 때였다. 한 교사가 "학생들을 성적으로 평가하는 일이 너무 싫어요. 학생들에게 별로 도움이 되는 것 같지도 않고, 아이들에게 불안만 안겨 주는 것 같아요. 하지만 저는 성적 평가를 해야만 해요. 교육청 방침이 그렇거든요."라고 말했다. 때마침 우리는 자신의 행동에 대한 책임을 잘 인식하기 위한 연습을 하고 있었다. 나는 그 선생님에게 "교육청의 방침 때문에 성적 평가를 해야만 한다."라는 표현을 "나는 ~을 원하기 때문에 성적 평가를 하기로 선택했다."로 바꿔서 말해 보라고 제안했다. 그 교사는 주저없이 바로 "나는 내 직업을 유지하기를 원하기 때문에 성적 평가를 하기로 선택한다."라고 말했다. 그리고 곧 이렇게 덧붙였다.

"하지만 이렇게 말하는 것은 별로 내키지 않아요. 왜냐하면 책임 감이 느껴지거든요."

나는 그녀에게 이렇게 말해 주었다.

"바로 그 때문에 그렇게 말해 보시라고 권하는 겁니다."

나는 프랑스의 작가이며 언론인인 조르주 베르나노스^{Georges Bernanos}의 다음과 같은 의견에 공감한다.

자신의 행동과 느낌, 생각에 대한 책임을 깨닫지 못하면 우리는 위험한 존재가 된다.

나는 오랫동안 이런 생각을 해 왔다. 만약 인류의 파괴 기술이 점점 더 발달해서 언젠가 인류가 이 지구상에서 사라진다면, 그 멸종의 원인은 인간의 잔인성이 아니다. 그 잔혹함이 일으킨 분노, 그리고 그 분노가 가져올 보복 때문은 더욱 아니다. 그것은 일반 대중의 온순함과 책임감의 결여, 그리고 모든 부당한 명령에 대한 비굴한 순종 때문이다. 우리가 지금까지 보아 온 끔찍한 일들, 또 앞으로 일어날 더욱 전율할 만한 사건의 원인은, 이 세상 여러 곳에서 반항적이고 길들여지지 않은 사람의 수가 늘어난다는 것이 아니라, 오히려 온순하고 순종적인 사람의 수가 계속 늘어난다는 데 있다.

삶을 소외시키는 다른 형태의 대화 방법들

우리가 원하는 것을 다른 사람에게 강요하는 것도 연민을 막는 표현 방법이다. 강요는 요구를 들어주지 않으면 벌이나 비난이 따르리라는 위협을 암시적으로든 분명하게든 내포하고 있다. 이것은 우리 사회에서 가장 빈번하게 나타나는 의사 표현 형태인데, 특히 힘 있는 지위에 있는 사람들이 많이 쓰는 방법이다.

우리 아이들이 나에게 강요와 관련된 소중한 교훈을 준 적이 있다. 자녀들에게 강요하는 것이 부모의 의무라는 생각이 어느 사이엔가 내 머릿속에 들어 있었다. 그러나 아이들에게 강요는 얼마든지 할 수 있지만, 아무것도 억지로 하게 할 수는 없다는 것을 배웠다. 그 경험은 부모, 교사, 관리자로서 다른 사람을 고쳐서 올바르게 이끄는 것이 사명이라고 믿는 우리에게 겸손을 가르쳐 준다. 아이들

> 우리는 사람들에게 무엇을 억지로 하게 할 수 없다.

은 내가 그들에게 아무것도 억지로 하게 할 수는 없다는 것을 알게 해 주었다. 내 요구를 거부하는 아이들에게 부모로서 내가 할 수 있는 일은 벌을 주어서 그것을 후회하게 만드는 것뿐이었다. 내가 어리석게도 아이들에게 벌을 주어서 후회하게 만들 때마다, 그 아이들은 나로 하여금 '그렇게 하지 말걸.' 하며 후회하도록 만드는 방법을 가지고 있었다.

이 문제에 대해서는 NVC의 중요한 부분인 강요와 부탁의 차이를 배울 때 다시 이야기하기로 하자.

어떤 행동은 상을 받을 만하고, 또 어떤 행동은 벌을 받아 마땅하다는 관점에서 말하는 것도 삶을 소외시키는 대화의 한 형태이다. 이런 사고방식은 "그런 행동을 했으니 처벌받아 마땅하다."라는 문장에서처럼 '마땅하다'라는 말로 표현된다. 그리고 어떤 식으로 행동하는

사람들을 '나쁘다'고 규정하면서, 그들이 그러한 행동을 뉘우치고 바꿀 수 있도록 처벌을 요구한다. 나는 사람들이 벌을 피하기 위해서가 아니라 바꾸는 것이 자신에게 이롭다는 걸 알기 때문에 변할 때 모두에게 이익이 된다고 믿는다.

'누구는 무엇(상이나 벌)을 받아야 마땅하다.'라는 사고방식은 연민의 대화를 막는다.

우리 대부분은 자신이 무엇을 느끼고 원하는가를 알아차리기보다는 꼬리표를 붙이고, 비교하고, 강요하고, 판단하는 말을 배우면서 자랐다. 인간을 보는 어떤 특수한 관점에 뿌리를 두고 있는 이런 대화 방법은 수백 년 동안 우리에게 영향을 끼쳐 왔다. 그것은 우리가 태어나면서부터 사악하고 부족하기 때문에, 이러한 바람직하지 못한 본성을 통제하기 위해서는 교육이 필요하다는 견해이다.

삶을 소외시키는 말에는 깊은 철학적, 정치적 뿌리가 있다.

그런데 그런 교육은 우리로 하여금 우리가 경험하는 자연스러운 느낌이나 욕구 그 자체가 뭔가 잘못된 것이 아닌가 하는 의구심을 품게 한다. 그래서 우리는 아주 어려서부터 우리 안의 생동감─느낌과 욕구─을 차단하도록 배운다.

삶을 소외시키는 대화 방법은 지배/피지배 사회구조에서 시작되었고, 동시에 그러한 사회구조를 계속해서 유지하는 역할을 하고 있다. 왕, 황제, 귀족 등 소수 지배자들이 자신의 이익을 위해 대다수 인구를 통제하려면, 대중이 노예 같은 사고 구조를 가지도록 교육할 필요가 있다. '틀렸다'나 '해야만 한다' 또는 '안 하면 안 된다'와 같은 말들은 이러한 목적에 아주 적합한 언어이다. 나쁘거나 잘못됐음을 암시하는 도덕주의적 판단으로 생각하도록 훈련을 받을수록, 사람들은 무엇이 옳고 그르고 좋고 나쁜가 하는 판단의 기준을 외부의 권위자에게 구하게 된다. 자신의 내면에서 느끼는 진실보다 남이 나를 어떻게 평가하는가가 더 중요해진다. 그러나 인간으로서 스스로의 느낌과 욕구를 분명히 인식할 때, 우리는 더 이상 온순한 하인이나 착한 노예가 되지 않는다.

요 약

인간의 본성은 가슴에서 우러나 서로 주고받는 것을 즐긴다. 하지만 우리는 자신과 다른 사람에게 상처를 주는 말과 행동을 하게 만드는 '삶을 소외시키는 대화 방법'을 배우면서 자랐다. 우리 기준에 맞지 않는 행동을 하는 사람들을 나쁘다고 규정하는 도덕주의적 판단이 그 한 형태이다. 연민의 흐름을 차단하는 또 다른 대화 형태는 비교하는 것이다. 삶을 소외시키는 말들은 우리의 생각, 느낌, 그리고 행동에 따르는 책임 의식을 흐리게 한다. 그리고 우리가 바라는 것을 강요로 표현하는 것 또한 연민의 흐름을 방해하는 언어의 또 다른 특징이다

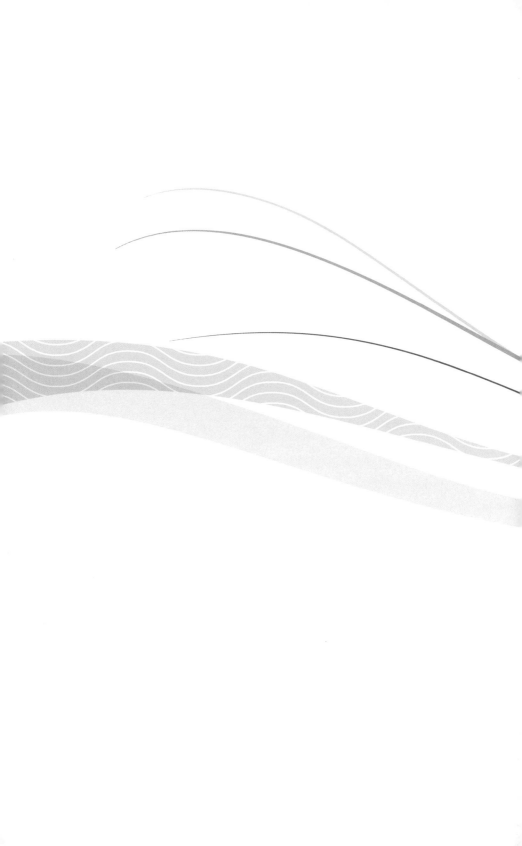

제 3 장

있는 그대로 관찰하기

관찰하라! 그것보다
더 중요하고 신심 깊은 일은 없다.

프레드릭 부크너Frederick Buechner 목사

'내가 무엇을 했다' 혹은 '하지 않았다'라고
말하는 건 받아들일 수 있어요.
그리고 내 행동에 대한 당신의 평가도 괜찮아요.
하지만 두 가지를 섞지는 마세요.

그러나 혼동하고 싶다면,
어떻게 하면 되는지 알려 줄게요.
내 행동과 그에 대한 당신의 평가를
뒤섞어 보세요.

내가 일을 끝내지 못해서
실망했다고 말해도 좋아요.
하지만 '무책임하다'라는 말은
내게 동기를 주는 말이 아닙니다.

당신이 다가올 때 내가 '아니요'라고 말해서
상처를 받았다고 하세요.
그러나 나를 목석 같은 사람이라고 하는 것은
앞으로도 당신에게 도움이 되지 않을 거예요.

그래요, '내가 무엇을 했다' 혹은 '하지 않았다'라고
말하는 건 받아들일 수 있어요.
그리고 내 행동에 대한 당신의 평가도 괜찮아요.
하지만 이 두 가지를 섞지는 마세요.

마셜 B. 로젠버그

NVC의 첫 번째 요소는 관찰과 평가를 **분리**하는 것이다. 우리 삶에 영향을 미치는 것을 보고 듣고 접촉할 때 그것들을 평가와 섞지 않으면서 명확하게 관찰할 필요가 있다.

NVC로 자신을 분명하고 솔직하게 표현하려 할 때 관찰은 아주 중요한 요소이다. 우리가 관찰과 평가를 섞으면 듣는 사람이 내가 뜻한 대로 내 말을 이해할 가능성이 줄어든다. 오히려 우리의 말을 비판으로 받아들이기 쉬워서 저항감을 품을 수 있다.

> 우리가 관찰과 평가를 뒤섞을 때 상대방은 이를 비판으로 받아들이기 쉽다.

완전히 객관적이 되어 전혀 평가를 하지 말라는 것은 아니다. 다만 관찰과 평가를 분리하라는 것이다. NVC는 대상을 고정시키거나 일반화하는 정적인 언어가 아니라 동적인 언어이다. 그러므로 평가는 특정 시간과 맥락에 따른 관찰을 바탕으로 이루어져야 한다. 의미론 학자인 웬들 존슨Wendell Johnson은, 우리가 항상 변화하는 현실을 정적인 언어를 사용해서 표현하려 하기 때문에 많은 문제가 생긴다며 다음과 같이 지적했다.

"우리 언어는 먼 옛날의 무지한 사람들이 만든 불완전한 도구이다. 그때 언어는 모든 것에 영혼이 있다고 믿는 정령신앙에서 나왔다. 이런 언어는 모든 것을 고정된 것으로 생각해 안정성과 항상성, 그리고 일반적 분류에 의한 유사성으로 사물을 본다. 따라서 마술에 의한 변화와 빠른 치유가 가능하다고 보며, 신의 개입을 통한 최종적인 해결을 이야기한다. 그러나 이런 언어로 표현하고자 하는 지금 우리의 세계는 계속 움직여 변화하고, 다양한 차원과 기능, 그리고 관계가 항상 상호작용을 하면서 성장 발전하는 세계이다. 또한 다방면의 지식을 축적하여 대응해 가야 하는 복잡한 것이다. 우리 문제의 일부는 항상 변화하는 지금의 세계를 상대적으로 고정적인 언어로 표현하고자 하는 데서 나온다."(『변화와 함께 살아가기』Living with Change 중에서)

내 친구인 루스 베버마이어는 관찰을 평가와 대비하는 노랫말을 통해 정적인 언어와 동적인 언어의 차이점을 보여 준다.

나는 게으른 사람을 본 적이 없습니다.
내가 본 사람은
내가 보는 동안에
한 번도 뛰어다닌 적이 없는 사람입니다.
그는 점심과 저녁 사이에 가끔 잠도 자고,
또 비 오는 날에는 집에 있습니다.
하지만 그 사람은 게으른 사람이 아니랍니다.
나를 이상하다고 하기 전에 한번 생각해 보세요.
그는 정말 게으른 사람일까요, 아니면 단지
우리가 '게으르다'라고 하는 행위를 했을 뿐인가요?

나는 바보 같은 아이를 본 적이 없습니다.
내가 본 아이는 가끔 내가 이해 못 하는 일
아니면 예상하지 않았던 일을 하는 아이입니다.

또 내가 본 아이는

내가 가 본 곳들에 가 보지 못한 아이입니다.

하지만 그 아이는 바보가 아니에요.

그를 바보라고 하기 전에 생각해 보세요.

그 아이가 바보일까요, 아니면 단지

당신이 아는 것과 다른 것들을 알고 있을 뿐일까요?

아무리 열심히 둘러보아도

나는 요리사를 본 적이 없습니다.

나는 우리가 먹는 음식의

재료들을 섞고,

불을 켜고 음식이 익는 것을

살피는 사람을 보았습니다.

하지만 요리사를 본 적은 없답니다.

내게 말해 주세요.

당신이 보는 사람이 요리사일까요, 아니면

우리가 요리라고 부르는 일을 하는 사람일까요?

사람들이 게으르다고 말하는 것을,

어떤 사람은 지친 거라고, 혹은 태평스러운 거라고 말합니다.

사람들이 바보 같다고 말하지만,

어떤 사람은 단지 다른 것을 알고 있을 뿐이라고 말합니다.

그래서 나는 결론에 도달했어요.

만약 우리가 보는 것과

우리의 의견을 섞지 않는다면

많은 혼란을 면할 수 있을 거라고요.

당신도 그렇게 생각하겠지만, 내가 말하고 싶은 것은,

이것도 단지 내 의견일 뿐이라고요.

'게으르다'나 '바보 같다'라는 부정적인 꼬리표의 효과는 명백하지만, 긍정적이거나 '요리사'처럼 중립적으로 보이는 말도 한 사람을 전인격적인 존재 그 자체로 보는 능력을 제한한다.

인간 지성의 최고 형태

크리슈나무르티는 "평가가 들어가지 않은 관찰은 인간 지성의 최고 형태"라고 말한 적이 있다. 그 글을 처음 읽었을 때 '말도 안 되는 소리!'라는 생각이 내 머릿속을 스치고 지나갔다. 그러고 나서 곧 나 자신이 평가를 내렸다는 사실을 깨달았다. 이처럼 우리 대부분은 판단이나 비판, 또는 다른 형태로 분석하지 않으면서 다른 사람이나 그들의 행동을 관찰하기가 쉽지 않다.

교장과 교사들 사이에 소통의 어려움을 겪고 있던 어느 초등학교에 한때 관계한 적이 있다. 그때 나는 평가하지 않으면서 관찰하기가 얼마나 어려운 일인지 경험했다. 당시 해당 교육청의 장학사가 그 학교가 겪고 있는 갈등을 해결해 달라고 부탁했다. 그래서 내가 먼저 교사들과 이야기를 나누어 본 후에 교사들과 교장이 함께 대화를 나누기로 했다.

나는 "교장 선생님의 어떤 행동이 여러분의 맘에 들지 않습니까?"라는 질문으로 시작했다. 그러자 곧바로 "그는 떠버리예요!"라는 대답이 나왔다. 내 질문은 관찰을 말해 달라는 것이었다. '떠버리'라는 말을 통해서 교사들이 교장을 어떻게 평가하고 있는지는 짐작할 수 있었지만, 교장이 실제로 어떻게 말하고 행동하는지는 알 수 없었다.

내가 이 점을 지적하자 두 번째 사람이 이렇게 말했다.

"저 선생님 말씀은 교장이 말이 너무 많다는 거예요."

그러나 이 말 역시 교장의 행동에 대한 분명한 관찰이라기보다는 그가 말을 얼마나 많이 하느냐에 관한 평가였다. 세 번째 교사는 다음과 같이 말했다.

"교장 선생님은 자기만 할 말이 있다고 생각해요."

이에 나는 다른 사람이 생각하는 것을 추측하는 일은 그의 행동을 관찰하는 것과 다르다고 설명했다. 그러자 마지막으로 네 번째 사람이 "교장은 항상 주인공으로 주목받길 원합니다."라고 말했다.

내가 이것도 다른 사람이 원하는 것을 추측한 말이라고 하자, 두 교사는 이구동성으로 "그 질문에 대답하기 참 힘드네요!"라고 말했다.

계속해서 우리는 교사들을 짜증 나게 하는 교장의 구체적인 행동을 함께 적어 나갔고, 거기에 평가가 섞이지 않도록 노력했다. 예를 들자면 교장은 직원 회의 때 자신의 어린 시절과 전쟁 경험을 자주 이야기했는데, 그 때문에 회의가 예정 시간을 넘겨 끝나곤 했다. 내가 교사들에게 그런 괴로움을 한 번이라도 교장에게 전한 적이 있느냐고 묻자, 그들은 해 보기는 했지만 모두 평가하는 말들뿐이었다고 대답했다. 회의 때 교장이 자기 이야기를 하는 것과 같은 구체적인 행동에 대해 한 번도 언급한 적이 없었던 교사들은, 교장과 함께 모였을 때 그것을 이야기해 보자는 데에 동의했다.

회의가 시작되자마자 교직원들이 했던 불평을 이해할 수 있었다. 논의 주제가 무엇이든 상관없이 교장은 "그 얘기를 들으니 생각나는 게 있는데." 하면서 자신의 어린 시절이나 전쟁 경험담을 말하기 시작했다. 나는 교사들이 교장의 행동에 불만을 털어놓기를 기다렸다. 하지만 그들은 NVC 대신 무언의 비난들을 하고 있었다. 몇몇은 눈을 굴리고 있었고, 어떤 교사는 하품을 했고, 또 다른 교사는 시계를 몇 번 들여다보고 있었다.

나는 이 불편한 상황을 지켜보다가 마침내 "혹시 뭔가 말씀하실 분 있나요?"라고 교사들에게 물었다. 그러자 어색한 침묵이 흘렀다. 교사들과 만났던 자리에서 제일 먼저 말을 꺼냈던 교사가 용기를 내어 말했다. "교장 선생님! 선생님은 말씀이 너무 많으세요."

이 사례에서 보듯이, 오랜 습관을 버리고 관찰과 평가를 구분하는 능력을 익히는 것은 쉬운 일이 아니다. 결국 교사들은 자신들에게 불편했던 교장의 특정한 행동을 명확히 말하는 데 성공했다. 교장은 진지하게 이야기를 듣고 나서 교사들에게 물었다.

"왜 지금까지 내게 그런 말을 해 주지 않았습니까?"

교장은 자기가 이야기를 길게 늘어놓는 습관이 있다는 것을 시인했다. 그러고는 또 자신에게 왜 그런 습관이 생겼는지 말하기 시작하는 게 아닌가! 나는 그 습관이 다시 나왔다고 기분이 상하지 않게 상기시켜 주고 교장의 이야기를 중단시켰다. 그러고 나서 교사들에게 교장의 이야기를 더 이상 듣고 싶지 않을 때 교사들이 교장에게 그것을 부드럽게 알려 주는 방법을 논의하는 것으로 회의를 마쳤다.

관찰과 평가 구별하기

다음 표는 평가와 분리된 관찰과 평가가 섞인 관찰이 어떻게 다른 지를 보여 준다.

표현에 쓰는 말	평가가 섞인 관찰	평가와 분리된 관찰
1. '~이다(to be)' 표현 평가자가 자신이 그렇게 평가한 까닭을 표현하지 않을 때	너는 아주 후한 사람이다.	점심 먹을 돈을 전부 다른 사람에게 주는 것을 보니, 너는 아주 후한 사람이라는 생각이 든다.
2. 평가가 들어 있는 동사를 쓰는 것	그는 늑장을 부려.	그는 시험 보기 전날 밤에만 공부를 한다.
3. 다른 사람의 생각, 느낌, 의도나 욕구에 대해 자신이 추측한 것만이 사실이라고 암시하는 말	그 사람은 그 일을 제때 못 끝낼 거야.	내 생각에는 그가 일을 제때 못 끝낼 것 같다. (혹은) 그가 "나는 이 일을 제때 못 끝낼 거야."라고 하는 말을 들었다.
4. 사실과 추측을 혼동	균형 잡힌 식사를 하지 않으면 건강을 해치게 된다.	네가 균형 잡힌 식사를 하지 않으면 건강을 해칠까 봐 걱정돼.
5. 지칭 대상이 구체적이지 않을 때	소수민족 사람들은 집 관리를 소홀히 해.	나는 은행로 16번지에 사는 소수민족 일가족이 집 앞에 쌓인 눈을 치우는 걸 본 적이 없어.

6. 사실을 나타내지 않고, 능력을 나타내는 표현을 쓰는 것	그는 형편없는 축구 선수야.	그는 20차례 경기에 나가서 한 골도 넣지 못했어.
7. 형용사나 부사를 평가로 쓰였다는 것을 밝히지 않고 쓰는 것	그는 못생겼어.	나는 그의 외모에 끌리지 않아.

유의할 사항: '언제나, 한 번도, 결코, ~한 적이 없다, ~할 때마다'와 같은 어구들도 다음과 같이 사용할 때에는 관찰을 나타낸다.

　　–내가 잭이 통화하는 것을 볼 때마다 잭은 적어도 30분 이상
　　　통화를 했다.
　　–내가 기억하는 한, 네가 내게 편지를 쓴 적이 한 번도 없다.

어떤 때에는 이런 낱말들이 과장하는 데 사용되는데, 그때에는 관찰과 평가가 섞인 상태이다.

　　–너는 언제나 바빠.
　　–그녀는 필요할 때는 꼭 없어.

뜻을 강조하기 위해 이런 말을 사용하면 연민보다는 오히려 상대의 변명을 불러온다.
'자주'와 '좀처럼 ~하지 않는다'와 같은 표현도 평가와 관찰을 혼동하게 할 수 있다.

평가	관찰
너는 내가 원하는 건 좀처럼 하지 않아.	너는 최근에 내가 제안한 세 가지를 다 하기 싫다고 했다.
그는 너무 자주 온다.	그는 1주일에 적어도 세 번은 온다.

요 약

NVC의 첫 번째 요소는 평가와 관찰을 분리하는 것이다. 관찰에 평가를 섞으면 듣는 사람은 그것을 비판으로 받아들이고 우리가 하는 말에 저항감을 느끼기 쉽다. NVC는 고정적인 일반화를 피하고 진행 중인 변화를 반영하는 언어이다. 관찰을 표현하는 말은 때와 맥락에 맞게 구체적이어야 한다. 예컨 대 "그는 시간 개념이 없다."가 아니라, "그는 지난 세 번의 약속에서 모두 30분이 지난 후에 왔다."라고 하면 관찰에 따른 표현이 된다.

"우리가 본 강사 중에서 가장 오만한 사람"

　다음은 내가 했던 워크숍에서 나왔던 대화이다. 나는 NVC를 30분 정도 소개한 뒤에 참가자들의 반응을 들어 보기 위해 잠시 말을 멈추었다. 한 사람이 손을 들고 "당신은 우리가 본 강사들 중에서 제일 오만한 사람이에요!"라고 말했다.

　사람들이 이렇게 말할 때 내가 대응할 수 있는 방법이 몇 가지 있다. 그중 한 가지는 그 말을 개인적으로 받아들이는 것이다. 그 말에 기가 죽거나, 자신을 변호 또는 변명하고 싶은 충동이 강하다면 그 말을 개인적으로 받아들인 것이다. 또 다른 선택(많이 해 봐서 나에게 익숙한)은 상대가 나를 공격했다고 보고 반격을 하는 것이다. 그러나 이 상황에서 나는 그가 한 말의 이면에 과연 무엇이 있는가에 초점을 맞춘다는 세 번째 방법을 선택했다.

마셜 　(그 사람이 관찰한 것을 추측하면서) 여러분께 이야기할 기회를 드리지 않고 30분 동안 계속 제 관점만 말한 것에 대해 말씀하시는 건가요?

참가자 　아니요, 당신은 이 모든 것이 아주 쉽고 간단한 것처럼 말하고 있잖아요.

마셜 　(좀 더 명확히 이해하려고) 어떤 사람들에겐 이 방법이 어려울 수도 있다는 것을 제가 이야기하지 않아서 그런가요?

참가자 아니요, 어떤 사람들이 아니고 바로 당신을 말하는 거예요!

마셜 저 자신도 이 방법을 적용하기가 힘들다는 점을 언급하지 않은 것을 말씀하시는 건가요?

참가자 그래요.

마셜 저 스스로도 적용하기 어려울 때가 있다는 말씀을 듣고 싶으셨기 때문에 불쾌하셨나요?

참가자 (잠시 주저하다가) 그래요.

마셜 (그의 느낌과 욕구를 알게 되어 편안해진 마음으로 그가 내게 부탁하고 있는 것에 관심을 돌렸다.) 저 자신도 이렇게 말하며 사는 것이 힘들다는 것을 제가 이 자리에서 인정했으면 하십니까?

참가자 네.

마셜 (그의 관찰과 느낌, 욕구, 그리고 부탁이 확실해지자 그의 부탁에 응할 마음이 있는지 속으로 살핀다.) 네. 저도 이 방법이 어렵다는 것을 자주 느낍니다. 이 워크숍을 계속하다 보면 선생님께서는 저 자신도 때로는 이 방법을 적용하기가 정말 어려웠다는 이야기를, 또 어떻게 해야 할지 몰라 난감했던 때도 있었다는 이야기를 듣게 되실 겁니다. 하지만 힘들어도 제가 계속 노력하는 것은, 이 방법을 사용할 때 다른 사람과 가깝게 연결될 수 있기 때문입니다.

관찰인가 평가인가?

다음은 관찰과 평가를 구별하는 능력을 기르기 위한 연습문제이다.
평가가 섞이지 않은 관찰을 나타내는 항목에 동그라미를 쳐 보자.

1. 상우는 어제 이유 없이 내게 화를 냈다.

2. 소라는 어제 저녁에 텔레비전을 보면서 손톱을 물어뜯었다.

3. 용준이는 회의 시간에 내 의견을 묻지 않았다.

4. 우리 아버지는 좋은 분이다.

5. 영애는 일을 너무 많이 한다.

6. 민수는 공격적이다.

7. 동원이는 나를 무시한다.

8. 우리 아이는 이를 자주 닦지 않는다.

9. 상희는 내게 노란색 옷이 어울리지 않는다고 말했다.

10. 이모는 나와 이야기할 때마다 불평을 한다.

11. 우리 아이는 말을 듣지 않는다.

12. 그는 좋은 학교를 나왔다.

【 연습문제 1에 대한 나의 대답 】

1. 만약 이 번호에 동그라미를 쳤다면 우리 견해는 일치하지 않는다. 나는 '이유 없이'라는 말은 평가라고 생각한다. 또한 "상우는 화를 냈다."라고 추측하는 것도 평가라고 본다. 상우는 마음에 상처를 입었거나 두려움, 슬픔, 혹은 또 다른 느낌이 들었을 수도 있다. 평가가 섞이지 않은 관찰 표현은 "상우는 내게 화났다고 말했다." 또는 "상우는 주먹으로 탁자를 쳤다."와 같은 것이다.

2. 이 번호에 동그라미를 쳤다면 이 문장이 평가가 섞이지 않은 관찰이라는 데 우리 의견이 일치한다.

3. 이 번호에 동그라미를 쳤다면 이 문장이 평가가 섞이지 않은 관찰이라는 데 우리 의견이 일치한다.

4. 만약 이 번호에 동그라미를 쳤다면 우리 견해는 일치하지 않는다. 나는 '좋은 분'이라는 말이 평가라고 생각한다. "지난 25년간 우리 아버지는 월급의 10분의 1을 자선단체에 기부하셨다."와 같은 것이 관찰의 예일 것이다.

5. 만약 이 번호에 동그라미를 쳤다면 우리 견해는 일치하지 않는다. 나는 '너무 많이'라는 말은 평가라고 생각한다. "영애는 이번 주에 60시간 넘게 일했다."와 같은 표현이 관찰의 예일 것이다.

6. 만약 이 번호에 동그라미를 쳤다면 우리 견해는 일치하지 않는다.

나는 '공격적'이라는 말은 평가라고 생각한다. 평가가 섞이지 않은 관찰 표현은 "민수는 여동생이 텔레비전 채널을 돌리자 때렸다."와 같은 것이다.

7. 만약 이 번호에 동그라미를 쳤다면 우리 견해는 일치하지 않는다. 나는 '무시한다'라는 말은 평가라고 생각한다. 관찰 표현은 "동원이는 내가 전화를 세 번 걸고 문자 메시지를 보냈는데 답이 없었다."와 같은 문장일 것이다.

8. 만약 이 번호에 동그라미를 쳤다면 우리 견해는 일치하지 않는다. 나는 '자주'라는 말은 평가라고 생각한다. "우리 아이는 이번 주에 두 번 자기 전에 이를 닦지 않았다."와 같은 문장이 관찰의 예일 것이다.

9. 이 번호에 동그라미를 쳤다면 이 문장이 평가가 섞이지 않은 관찰이라는 데 우리 견해는 일치한다. "노란색 옷이 어울리지 않는다."라는 상대의 말을 그대로 인용하는 것은 관찰이다.

10. 만약 이 번호에 동그라미를 쳤다면 우리 견해는 일치하지 않는다. 나는 '불평을 한다'는 평가라고 생각한다. "이모는 이번 주에 세 번 내게 전화를 걸었다. 그리고 그때마다 사람들이 자신을 대하는 태도가 싫다고 말했다."와 같은 문장이 관찰의 예일 것이다.

11. 만약 이 번호에 동그라미를 쳤다면 우리 견해는 일치하지 않는다. 나는 '말을 듣지 않는다'는 평가라고 생각한다. 관찰 표현은 "내가 아이에게 이번 주말에 할머니 댁에 가자고 했을 때 싫다고 했다."

와 같은 문장이 될 것이다.

12. 만약 이 번호에 동그라미를 쳤다면 우리 견해는 일치하지 않는다. 나는 '좋은 학교'라는 말은 평가라고 생각한다. 관찰 표현은 "그는 ○○대학교를 나왔다."가 될 것이다. 나는 '좋은'이라는 긍정적인 말도 평가이기는 마찬가지라고 생각한다.

제 4 장

느낌을 알아차리고
표현하기

우리의 느낌은
그 순간 자신의 욕구와 기대에 따른 것이기도 하지만,
다른 사람들의 말과 행동을
어떻게 받아들이기로 선택하느냐에도 달려 있다.

마셜 B. 로젠버그

NVC의 첫 번째 요소는 관찰과 평가를 분리하는 것이다. 그리고 두 번째 요소는 우리의 느낌을 표현하는 것이다. 정신분석학자 롤로 메이Rollo May는 "성숙한 사람은 여러 가지 감정의 미묘한 차이를 마치 교향곡의 여러 음처럼 강하고 정열적인 것부터 섬세하고 예민한 느낌까지 모두 구별할 능력이 있다."라고 말했다. 그러나 사람들 대부분은 '기상나팔' 정도로밖에 자신의 느낌을 표현하지 못한다.

느낌을 표현하지 않을 때의 무거운 대가

우리가 일상생활에서 사용하는 욕을 다 적으면, 우리의 느낌을 표현하는 어휘 수보다 훨씬 많다. 내가 미국에서 학교를 다닌 20여 년 동안 내게 느낌을 물어본 사람을 나는 단 한 명도 기억할 수가 없다. 느낌은 별로 중요하게 여겨지지 않았다. 가치 있다고 여겨지는 것은 지위나 권위 있는 사람들이 규정해 놓은 '올바른 사고방식'이었다. 우리는 자신의 내적인 동기에 따라 행동하기보다 '다른 사람의 기준'에 따르도록 훈련되고 있다. 그리고 우리는 '어떻게 하면 남들이 옳다고 생각하는 말과 행동을 할 수 있나?'를 생각하면서 '머릿속에서' 살아간다.

아홉 살 무렵 선생님과 나누었던 대화를 돌이켜보면, 내가 어떻게 나의 느낌에서 멀어지기 시작했는지를 알 수 있다. 한번은 방과 후에 아이들이 나를 때려 주겠다고 밖에서 기다리고 있어 교실 안에 숨어 있었는데, 한 선생님이 나를 발견하고 집으로 돌아가라고 하셨다. 선생님께 나가기가 무섭다고 설명했더니, "큰 애들은 겁을 내는 게 아니다!"라고 야단을 치셨다. 나는 몇 년 후에 운동을 시작하면서 더욱 자신의 느낌에서 멀어지게 되었다. 운동 코치들은 대부분 신체적 고통이 심할지라도 '자신의 모든 것을 바쳐' 경기에 임하는 운동선수를 높이 평가했다. 내가 그런 코치들의 말에 얼마나 잘 따랐던지, 손목이 부러졌는데도 치료하지 않은 채 한 달 동안 계속 야구를 한 적도 있다.

워크숍에 참석한 한 대학생이 같은 방을 쓰는 친구가 밤에 음악을 너무 크게 틀어 놓기 때문에 잠을 못 잔다고 말했다. 그럴 때 어떤 느낌이 드는지를 표현해 보라고 하자, 그 학생은 "밤에 음악을 크게 트는 건 옳지 않다고 느껴요."라고 대답했다. 나는 그에게 '~하다고'라는 말과 '느끼다'라는 말을 함께 사용하면 느낌이 아닌 자신의 의견을 표현하는 것이라고 지적해 주었다. 그에게 느낌을 다시 표현해 보라고 하자 "사람들이 그런 행동을 한다는 것은 성격 장애가 있기 때문이라고 느낍니다."라고 대답했다. 나는 이 표현 역시 느낌이 아니라 의견이라고 설명해 주었다. 그러자 그 학생은 잠시 생각에 잠기더니 다소 화난 목소리로 대답했다.

"그렇다면 나는 아무 느낌도 없어요!"

이 학생은 분명히 강한 감정을 느끼고 있었다. 그러나 불행하게도 그는 자신의 느낌을 표현하는 방법은커녕 그 느낌이 무엇인지조차 알아차리지 못했다. 자신의 느낌을 알아내고 표현하기가 어려운 것은 누구에게나 마찬가지이다. 내 경험에 의하면, 자신의 감정을 나타내는 것을 금기시하는 직업을 가진 사람들—변호사·기술자·경찰관·기업 경영자·직업 군인들에겐 더욱 그런 것 같다. 가족 사이에서로 느낌을 주고받으며 소통하는 것이 어려워지면 그 대가는 심각하다. 컨트리 가수인 레바 매킨타이어는 아버지가 돌아가신 후에 노래를 한 곡 만들어 〈내가 알지 못했던 가장 위대한 사람〉이라고 제목을 붙였다. 그녀는 이 노래를 통해, 아버지와 정서적 연결을 원했지만 그러지 못했던 수많은 사람들의 아쉬움을 표현했다.

나는 자주 이런 말을 듣는다.

"달리 듣지는 마세요. 저는 정말 좋은 사람과 결혼해서 살고 있어요. 하지만 솔직히 나는 남편이 무엇을 느끼는지 전혀 알 수가 없어요."

이런 불만을 품은 한 여성이 남편과 함께 워크숍에 와서 "나는 벽하고 결혼해서 사는 것처럼 느껴져요."라고 남편에게 말했다. 이에 남편은 말 한마디 없이 말 그대로 벽처럼 꿈쩍도 않고 앉아 있었다. 이 모습에 화가 난 그 여성은 나를 돌아보면서 큰 소리로 말했다.

"보세요! 매일 이렇답니다. 남편은 앉아서 아무 말도 하지 않아요. 정말 벽이랑 사는 것 같아요."

나는 "남편과 정서적으로 좀 더 친밀한 관계를 원하기 때문에 외로움을 느끼시는 것 같군요."라고 말했다. 그녀가 내 말에 동의했을 때, 나는 '벽하고 사는 것처럼 느껴져요'와 같은 말로는 그녀의 느낌과 욕구에 남편이 관심을 기울이도록 하기는 어려우리라는 점을 설명해 주었다. 사실 이런 표현은 다른 사람들이 우리의 느낌을 이해하기보다는 오히려 비판으로 들을 가능성을 높인다. 게다가 말이 씨가되어 말한 대로 되어 버릴 때도 많다. 남편은 자신이 벽 같다는 말을 들었을 때 그 말을 비난으로 받아들여 기분이 상하고 실망해서 아예 더 반응을 하지 않게 된다. 그러다 보면 아내가 가진 벽 같다는 인상이 더욱 굳어지는 결과를 가져올 수 있다.

자신의 느낌을 표현하는 어휘력을 키우면 친밀한 사이뿐 아니라 사업 관계에서도 여러 가지 효과를 볼 수 있다. 나는 스위스의 어느 대기업의 기술 부서에서 일하는 엔지니어들과 상담한 적이 있다. 그들은 다른 부서 직원들이 자신들을 피한다는 것을 알고 걱정하고 있었다. 다른 부서 직원들에게 이들을 피하는 이유를 물어보았을 때 이런 대답을 들었다.

"우리는 기술부에 가서 그 사람들과 상의하는 게 지겨워요. 마치 기계하고 이야기하는 것 같거든요."

나는 기술부 직원들과 함께 시간을 보내며 다른 부서 동료들과 대화할 때 인간적인 면을 좀 더 표현하라고 권했다. 그러자 문제는 한결 누그러졌다.

또 다른 사례로, 어느 병원에서 의료진과 회의를 앞두고 고민하고 있는 원무과 직원들과 상담한 적이 있다. 그들은 최근에 의사들이 17대 1로 부결시킨 적이 있는 사업에 대해 새로운 지지를 바라고 있었다. 원무과 직원들은 이 문제에 관하여 의사들과 의논할 때 NVC를 활용하는 방법을 알고 싶어 했다.

나는 연습 시간에 원무과 직원 역할을 하면서 "이 문제를 다시 제기하려니 정말 두렵습니다."라는 말로 이야기를 꺼냈다. 왜냐하면 직원들이 이 문제로 의사들과 다시 맞서야 한다는 사실에 얼마나 겁을 먹고 있는지 느낄 수 있었기 때문이었다. 내가 다음 이야기를 꺼내기도 전에 직원 중 한 사람이 이의를 제기하고 나섰다. "그건 안 돼요.

의사들에게 우리가 두려워한다는 말은 절대로 할 수가 없어요!"

내가 왜 두렵다는 말을 할 수 없냐고 묻자, 그가 서슴지 않고 대답했다.

"만약 우리가 그들을 두려워한다는 걸 알면, 의사들은 우리를 묵사발로 만들걸요!"

나는 이 대답에 놀라지 않았다. 왜냐하면 나는 직장에서 자신의 느낌을 드러내는 것은 상상도 할 수 없다는 말을 자주 들어 왔기 때문이다. 그러나 나는 직원 중 한 명이 이번 회의에서 두렵지만 말하기 힘든 내면의 느낌을 그대로 표현해 보겠다는 말을 듣고 기뻤다. 평소처럼 논리적이고 사무적인 방법 대신에, 의사들에게 견해를 바꾸어 주기를 바라는 이유를 밝히면서 자신들의 느낌도 함께 표현하기로 한 것이다. 그들은 의사들이 사뭇 다르게 반응하는 것을 느낄 수 있었다. 회의가 끝날 무렵 의사들이 자기들을 묵사발로 만드는 대신 전에 내린 결정을 번복하고 도리어 17대 1로 그 사업을 지지하기로 했을 때, 그들은 감탄과 동시에 안도감을 느꼈다. 이 같은 극적인 반전은 자신의 솔직한 느낌을 인정하는 것이 직장에서도 얼마나 큰 변화를 가져올 수 있는지를 직원들이 깨닫게 해 주었다.

> 자신의 솔직한 느낌을 인정하고 표현하는 것이 갈등을 해결하는 데 도움이 될 수 있다.

마지막으로, 느낌을 감추는 것이 가져오는 영향에 대하여 나에게 가르침을 준 한 일화를 여기 소개하겠다. 도심의 빈민 지역에 살고 있는 학생들에게 NVC를 가르치던 때의 일이다. 첫날 내가 교실에 들어서자 생기에 넘쳐 큰 소리로 이야기를 나누던 학생들이 갑자기 조용해졌다. 나는 "안녕하세요!"라고 학생들에게 인사했다. 침묵. 나는 마음이 매우 불편했지만 그것을 표현하기도 두려웠다. 나는 아주 사무적인 태도로 "오늘 수업에서는 여러분의 집이나 친구들 사이에서 도움이 될 수 있는 대화 방법을 공부하게 될 것입니다."라고 말했다.

나는 NVC에 대한 소개를 계속했다. 하지만 누구도 제대로 듣는 것처럼 보이지 않았다. 한 여자아이는 가방을 뒤져 손톱 줄을 꺼내더니 손톱을 손질하기 시작했다. 창가에 앉은 학생들은 바깥 광경이 더 재미있는 듯 창밖을 바라보고 있었다. 나는 점점 더 거북해졌지만 거기에 대해서는 아무 말도 하지 않았다. 마침내 나보다 더 용기를 가진 한 학생이 큰 소리로 말했다.

"흑인들이랑 같이 있는 게 싫으신 거죠?"

나는 머리를 한 대 맞은 것 같았다. 그리고 거북한 느낌을 숨기려고 애쓴 것이 그 학생으로 하여금 나를 그렇게 보게 만들었다는 점을 바로 깨달았다.

"거북하게 느껴지는 것은 사실입니다." 하고 인정했다.

"하지만 내가 그렇게 느끼는 것은 여러분이 흑인이라서가 아니라 여기에 내가 아는 사람이 하나도 없고, 내가 교실에 들어왔을 때 여러분이 나를 받아 주기를 바랐기 때문이지요."

내가 느낌을 솔직하게 표현하자 학생들에게 눈에 보이는 변화가 나타났다. 그들은 나에 대해 질문을 하기 시작했고, 그들 자신의 이야기를 하면서 NVC에 호기심을 나타내기 시작했다.

느낌과 느낌이 아닌 것

우리가 '느낀다'라는 말은 쓰면서도 실제로는 느낌을 표현하지 않을 때가 많다. 예를 들자면, "나는 공정한 대우를 받지 못했다고 느낀다."라는 말에서 '느낀다'를 '생각한다'로 바꾸면 의미가 좀 더 명확하게 전달될 것이다. 일반적으로 '느낀다'라는 말을 다음과 같은 말과 함께 쓰면 느낌이 정확하게 표현되지 않는다.

1. ~한다고, ~와 같이, 마치 ~처럼
느낌과 생각을 구별한다.

"당신이 좀 더 분별이 있어야 한다고 느껴."

(추측할 수 있는 느낌으로 '걱정된다', '난처하다' 등이 있다.)

"나는 실패한 사람같이 느껴져."

(추측할 수 있는 느낌으로 '좌절스럽다', '괴롭다' 등이 있다.)

"마치 벽하고 사는 것처럼 느껴져."

(추측할 수 있는 느낌으로 '답답하다', '외롭다' 등이 있다.)

2. 대명사: 내가, 너는, 그 남자는, 그 여자는, 그들은, 그것은

"나는 내가 항상 대기 상태인 것처럼 느껴."

(추측할 수 있는 느낌으로 '긴장된다', '불안하다' 등이 있다.)

"나는 그것이 쓸모없다고 느껴."

(추측할 수 있는 느낌으로 '무기력하다', '귀찮다' 등이 있다.)

3. 사람을 가리키는 명사나 이름

"나는 <u>윤희</u>가 꽤 책임감 있는 사람이라고 느껴."

(추측할 수 있느 느낌으로 '든든하다', '고맙다' 등이 있다.)

"<u>상사</u>가 우리를 조종하는 것처럼 느껴져."

(추측할 수 있는 느낌으로 '불쾌하다', '혼란스럽다' 등이 있다.)

반대로 '느낀다'라는 말을 전혀 쓰지 않으면서도 자신의 실제 느낌을 표현할 수 있다. '짜증스러운 느낌이다' 대신에 단순하게 '짜증 난다'라고 표현할 수 있다.

우리가 실제로 느끼는 것과 자신에 대한 생각을 구별한다.

NVC에서는 우리 자신에 관해 표현할 때에도 실제 느낌을 나타내는 말과 나 자신에 대한 생각을 나타내는 말을 구별한다.

1. 자신에 관한 생각을 나타내는 표현

"나는 기타 연주자로서 부족하다고 느낀다."

자신의 느낌을 명확하게 표현하기보다는 기타 연주자로서 자신의 능력에 대한 평가를 나타내는 문장이다.

2. 실제의 느낌을 나타내는 표현

"나는 기타 연주자로서 나 자신이 실망스럽다."

"나는 기타 연주자로서 좌절감을 느낀다."

자신을 '부족하다'라고 평가하는 이면의 느낌은 실망, 조바심, 좌절, 그 밖의 또 다른 감정일 수 있다.

또한, 우리가 다른 사람의 행동에 대한 우리의 생각과 느낌을 구별하는 것도 중요하다. 다음은 우리가 흔히 느낌 표현이라고 착각하는 예문들이다. 그러나 실제로 그것들은 우리의 느낌이 아니라, 다른 사람들의 행동에 대한 우리의 생각을 표현하고 있다.

> 다른 사람들의 반응과 태도에 대한 우리의 생각과 느낌을 구별한다.

1. **"나는 같이 일하는 동료들에게 별로 중요하지 않은 것처럼 느껴져."**

   여기서 '중요하지 않다'는 느낌이 아니라 다른 사람이 나를 그렇게 평가하리라는 나의 생각이다. 이때의 실제 느낌은 '슬프다' 아니면 '실망스럽다'일 것이다.

2. **"내가 오해를 받고 있다고 느낀다."**

   여기서 '오해를 받고 있다'는 실제 느낌이라기보다는 다른 사람이 나를 어떻게 이해하고 있는지를 평가한 말이다. 이 상황에서 느낌은 '걱정스럽다' 또는 '괴롭다'라고 할 수 있을 것이다.

3. **"나는 무시당하고 있다고 느낀다."**

   이 또한 자신의 느낌을 명확하게 나타내는 문장이라기보다 다른 사람의 행동에 대한 나의 해석에 더 가깝다. 만약 혼자만의 시간을 갖고 싶었다면 그때의 느낌은 안도감이었을 것이다. 그러나 다른 사람들과 함께하는 것이 욕구였다면 그때는 마음 아프게 느꼈을 것이다.

'무시당하다'와 같은 말은 느낌이 아니라 다른 사람의 행동에 대한 우리의 생각이나 해석을 나타낸다. 다음은 그런 낱말들의 예이다.

갇힌	방해받은	오해받은
강요당한	배신당한	위협받은
거절당한	버림받은	의심받은
공격당한	사기당한	이용당한
속박된	선동당한	인정받지 못한
궁지에 몰린	불신받은	조종당한
놀림 받은	압력을 받은	지지받지 못한
당연하게 여겨진	압박받은	학대받은
따돌려진	무시당한	협박받은

느낌을 표현하는 어휘 늘리기

느낌을 표현할 때에는 뜻이 모호한 말이나 추상적인 말보다 구체적인 느낌을 나타내는 낱말을 사용하는 것이 도움이 된다. 예를 들자면 "그거 좋을 것 같은 느낌인데."라고 할 때 '좋다'는 '설레다' '기쁘다' '마음이 놓인다' 등 여러 가지 다른 느낌을 의미할 수 있다. '좋다' '나쁘다'와 같은 단어로는 듣는 사람에게 우리가 실제로 어떤 느낌을 가지고 있는지 알리기 어렵다.

다음 목록은 다양한 감정 상태를 분명하고 명확하게 표현하는 힘을 기르는 데 도움이 되도록 느낌말들을 정리한 것이다.

욕구가 충족될 때 느낌을 나타내는 말

즐거운
행복한
기분이 들뜨는
희망에 찬
기쁜
만족스러운
유쾌한
용기를 얻은
고무된
감사하는
자신감이 생기는
영감을 받은
안심되는
마음이 놓이는
감동한
자랑스러운
의기양양한
열광적인
낙관적인

평화로운
고요한
평온한
조용한

차분한
침착한
만족한
몰두하는
열중하는
마음이 넓어지는
애정이 생기는
사랑스러운
영광스러운
축복받은
흡족한
긴장이 풀리는
분명한

사랑하는
따뜻한
다정한
친근한
편안한
고마운
우호적인
세심한
애정 어린

자신감 있는
기민한
차분한
고무된
희망에 찬
영감을 받은
낙관적인
자신에 찬
확고한

감사하는
놀라운
고마운
반가운
감동한
경이로운
뭉클한
안도하는
감격스러운

열중하는
몰두하는
재미있는
호기심이 생기는

몰입하는
흥미진진한

명랑한
모험심이 강한
생생한

열렬한
열광적인
기운찬
열정적인
활기가 넘치는
들뜬

생기가 도는
상쾌한
흥분한
열의가 넘치는

욕구가 충족되지 않았을 때 느낌을 나타내는 말

두려운
염려하는
신경 쓰이는
끔찍한
전전긍긍하는
겁나는
의심스러운
무서운
근심스러운
걱정되는

슬픈
괴로운
충격받은
실망스러운
낙심한
난감한
가망이 없는
상심한
외로운

불행한
풀이 죽은
불쌍한
우울한

화나는
짜증 나는
골치 아픈
성가신
침통한
정떨어지는
역겨운
분노가 치미는
격분한
좌절스러운
분개한
억울한

피곤한
심드렁한

지겨운
지루한
지치는
맥 풀리는
힘 빠지는
답답한
무감각한
침울한
관심이 없는

혼란스러운
당황스러운
어쩔 줄 모르는
주저하는
당혹한
심난한
미심쩍은
부끄러운
민망한

불편한	미운	조심스러운
분리된	섭섭한	조마조마한
방해받은	갑갑한	힘든
꺼리는	속상한	의기소침한
불안정한		놀란
기가 죽은	긴장되는	
비참한	고통스러운	
어색한	주저하는	

요 약

자신을 표현하는 데 필요한 두 번째 요소는 느낌이다. 자신의 느낌을 명확하고 구체적으로 표현할 수 있는 어휘를 늘리면 우리는 좀 더 쉽게 서로 연결될 수 있다. 그리고 우리의 느낌을 표현함으로써 자신의 솔직한 내면을 인정하는 것이 갈등을 해결하는 데 도움이 될 수 있다. NVC에서는 느낌을 표현하는 말과 생각·평가·해석을 나타내는 말을 구별한다.

느낌 표현하기

느낌을 표현하는 말에 대해 우리의 견해가 일치하는지 알아보자. 다음에서 느낌을 표현한 문장이라고 생각되는 번호에 동그라미를 쳐 보자.

1. 당신이 나를 사랑하지 않는 것같이 느껴져.
2. 네가 떠난다니 슬프다.
3. 아빠가 그렇게 큰 소리로 말할 때는 무서워요.
4. 그 사람이 나를 보고도 아는 체를 하지 않으면 무시당한 것처럼 느껴져.
5. 네가 올 수 있다니 기쁘다.
6. 너를 한 대 때려 주고 싶은 느낌이야.
7. 나는 오해를 받고 있는 느낌이다.
8. 당신이 우리들을 위해서 해 준 것에 대해서 좋게 느껴요.
9. 나는 쓸모가 없는 것 같아.
10. 빨리 하라는 말을 들으면 조급해져요.

【 연습문제 2에 대한 나의 대답 】

1. 이 번호에 동그라미를 쳤다면 우리의 견해는 서로 다르다. 내가 보기에 '당신이 나를 사랑하지 않는다.'는 느낌보다는 상대방이 그러하리라는, 말하는 사람의 생각을 나타내고 있다. 느낌을 나타내는 표현으로 바꾸면 '나는 슬프다.' 또는 '나는 외롭다.'가 될 것이다.

2. 이 번호에 동그라미를 쳤다면 느낌을 표현한 문장이라는 데 대해 우리 견해가 일치한다.

3. 이 번호에 동그라미를 쳤다면 느낌을 표현한 문장이라는 데 대해 우리 견해가 일치한다.

4. 이 번호에 동그라미를 쳤다면 우리의 견해는 서로 다르다. 나는 '무시당했다'가 느낌을 나타내는 표현이라고 생각하지 않는다. 내가 보기에는 상대방이 자신을 대하는 태도에 대한 생각을 표현하는 말이다. 느낌을 나타내는 표현으로 바꾼다면 '그 사람이 들어오면서 인사를 하지 않을 때 나는 섭섭하다.' 정도가 될 것이다.

5. 이 번호에 동그라미를 쳤다면 느낌을 표현한 문장이라는 데 대해 우리 견해가 일치한다.

6. 이 번호에 동그라미를 쳤다면 우리의 견해는 서로 다르다. 나는 '때려 주고 싶다'가 느낌을 나타내는 표현이라고 생각하지 않는다. 그보다는 오히려 말하는 사람이 상상하는 행동을 나타내는 표현

이다. 느낌 표현의 예로는 '나는 네게 화가 났다.'가 있다.

7. 이 번호에 동그라미를 쳤다면 우리의 견해는 서로 다르다. 내가 보기에 '오해를 받고 있다'는 상대방의 태도에 대한 말하는 사람의 생각이다. 이 상황에서 느낌 표현의 예는 '나는 좌절감을 느낀다.' 또는 '실망했다' 등이다.

8. 이 번호에 동그라미를 쳤다면 느낌을 표현한 문장이라는 데 대해 우리의 견해가 일치한다. 하지만 느낌을 표현할 때 '좋다'라는 단어를 사용하면 그 의미가 모호해질 수 있다. 이 상황에서는 '고맙다' '만족스럽다' '힘이 난다' 등이 더 명확한 느낌 표현이겠다.

9. 이 번호에 동그라미를 쳤다면 우리의 견해는 서로 다르다. '쓸모가 없다'는 말하는 사람이 어떻게 느끼는가를 나타내는 말이 아니라, 스스로에 대해 생각하는 바를 나타내는 말이다. 이때의 느낌은 '슬프다'나 '실망스럽다' 정도가 될 것이다.

10. 이 번호에 동그라미를 쳤다면 느낌을 표현한 문장이라는 데 대해 우리 견해가 일치한다.

가면

가늘고 하얀 손에
언제나 들린 가면 하나
그녀 얼굴 앞엔 항상 가면이 있었지.

그 손은
정말 가면을 잘 들고
있었지.
하지만 가끔,
아무리 작은
손끝의 떨림으로라도
가면을 든 그 손이
흔들린 적은 없었던가요?

아주 오랫동안 궁금했지요.
하지만 감히 묻지 못했어요.
그러다가
우연히 나는
가면의 뒤를 보았는데,
아무것도
없었어요.
그녀는 얼굴이 없었어요.

그녀는 그저
우아하게
가면을 든
손이 되어 버리고 말았어요.

지은이 모름

제 5 장

욕구를 의식함으로써
자신의 느낌에 대해
책임지기

우리는 상황 자체가 아니라,
그 상황을 바라보는 우리의 관점 때문에 고통을 당한다.

에픽테토스

듣기 힘든 말을 들었을 때: 네 가지 선택

NVC의 세 번째 요소는 우리 느낌의 근원을 의식하는 것이다. NVC는 다른 사람들의 말과 행동이 우리의 느낌을 불러일으키는 **자극**은 될 수 있어도, 결코 우리 느낌의 **원인**은 아니라는 인식을 새롭게 해 준다. 우리의 느낌은 그 순간 자신의 필요와 기대에 따른 것이기도 하지만, 다른 사람의 말과 행동을 어떻게 받아들이기로 선택했는가에도 달려 있다. 우리는 NVC의 세 번째 요소인 욕구를 이해함으로써 우리가 자신의 느낌을 어떻게 일으키는지 그 책임을 받아들이게 된다.

> 다른 사람의 말과 행동은 우리 느낌의 자극이 될 수는 있어도, 원인은 아니다.

다른 사람들이 말이나 다른 식으로 우리에게 부정적인 메시지를 주었을 때, 그것을 받아들이는 데 우리는 네 가지 선택이 있다. 첫 번째는 비난과 비판을 개인적으로 받아들이는 것이다. 가령 어떤 사람이 화가 나서 "당신은 내가 지금까지 본 사람 중에서 가장 이기적인 사람이야!"라고 말했을 때, 내가 그 말을 개인적으로 받아들이는 선택을 한다면 "아, 내가 좀 더 신경을 써야만 했는데!"라고 반응했을 것이다. 이는 다른 사람의 판단을 그대로 받아들이면서 자신을 비난하는 것이다. 이러한 선택은 우리 마음을 죄책감, 수치심, 그리고 우울 쪽으로 기울게 하기 때문에 자존감에 큰 손상을 입힐 수 있다.

> 듣기 힘든 말을 받아들이는 네 가지 방식:
> 첫째, 자신을 탓하기

두 번째 선택은 말하는 상대방의 잘못을 찾아 비난하는 것이다. 예를 들자면 "당

> 둘째, 다른 사람을 탓하기

신은 내가 지금까지 본 사람 중에서 가장 이기적인 사람이야!"라는 말을 듣고서 "당신은 그런 말을 할 자격이 없어요! 나는 항상 당신이 원하는 것을 배려해 주었는데, 정말 이기적인 사람은 바로 당신이에요."라고 반박할 수 있다. 상대방의 말을 이런 식으로 받아들이고 비난할 때 우리는 분노를 느끼게 될 것이다.

셋째, 자신의 느낌과 욕구 인식하기

부정적인 메세지를 받아들일 때 우리의 세 번째 선택은 자신의 느낌과 욕구에 의식의 빛을 비추는 것이다. 그러면 우리는 이렇게 대답할 수 있을 것이다. "당신이 만난 사람 중에서 제가 가장 이기적이라는 말을 듣고 마음이 아팠어요. 왜냐하면 당신이 원하는 것에 대해 내가 얼마나 신경 쓰고 노력했는지 인정받고 싶었기 때문입니다." 이렇게 자신의 느낌과 욕구에 초점을 맞추면, '마음이 아픈' 느낌은 자신의 노력을 알아주었으면 하는 욕구에서 비롯했다는 것을 깨닫게 된다.

넷째, 다른 사람의 느낌과 욕구 인식하기

끝으로, 듣기 힘든 말을 들었을 때 네 번째 선택은 '상대방'이 지금 표현하고 있는 느낌과 욕구에 우리 의식의 불을 비추는 것이다. 예컨대 이렇게 물어볼 수 있을 것이다. "당신이 원하는 것에 대해 좀 더 배려받기를 원했기 때문에 실망하셨어요?"

자신의 욕구와 희망, 기대, 가치관, 그리고 생각을 인정함으로써 우리는 다른 사람을 탓하기보다 자신의 느낌에 대해 스스로 책임을 진다. 다음에서 실망을 나타내는 여러 표현들 사이의 차이를 알아보자.

예 1) **앤** "네가 어제 저녁에 오지 않아서 나를 실망시켰어."

톰 "걱정되는 일이 있어서 너와 상의하고 싶었기 때문에 네가
오지 않았을 때 실망했어."

앤은 자신의 실망에 대한 책임을 오로지 상대방에게 지우고 있다. 하지만 톰은 자신이 실망한 이유를 충족되지 않은 자신의 욕구에서 찾고 있다.

예 2) **앤** "그 사람들이 계약을 취소해서 정말 나를 짜증 나게 만들어!"
톰 "그 사람들이 계약을 취소한 것은 너무 무책임한 행동이
라고 생각하기 때문에 나는 정말 짜증 나."

앤은 자기 짜증의 책임을 오로지 다른 사람들의 행동 탓으로 넘기고 있다. 그 반면에, 톰은 느낌 뒤에 있는 자신의 생각을 인정함으로써 자신의 느낌에 대한 책임을 받아들이고 있다. 톰은 남을 무책임하다고 비난하는 자신의 생각이 짜증을 불러일으킨다는 것을 인정하고 있다. 하지만 NVC에서 권하는 것은 톰이 한 걸음 더 나아가 자신이 원하는 어떤 욕구나 기대, 희망, 가치관이 충족되지 않았는지 명확히 아는 것이다. 우리가 자신의 욕구와 느낌을 잘 연결할수록 다른 사람들이 우리에게 공감으로 반응하기가 더욱 쉬워질 것이다. 톰이 느낌을 자신이 원하는 것과 연결한다면 "그들이 계약을 취소했을 때 정말로 짜증 났어. 왜냐하면 작년에 해고한 직원들을 다시 부를 수 있는 기회를 바랐기 때문이야."라고 말할 수 있을 것이다.

자기 느낌의 책임을 다른 사람에게 돌려 그 사람이 죄책감을 느끼

게 하는 것은 죄책감을 행동의 동기로 이
용할 때 쓰는 기본 심리 과정이다. 만약 부
모가 "네 성적이 나쁘면 엄마와 아빠는 마
음이 아프다."라고 말한다면 부모의 행복
이나 불행의 원인이 아이의 행동에 있다고 말하는 것이다. 언뜻 보면
다른 사람의 느낌에 책임을 지는 것을 긍정적인 배려라고 착각하기
쉽다. 아이들이 부모를 걱정하고, 부모가 속상해하는 것을 미안해하
는 것으로 볼 수도 있다. 하지만 아이들이 이런 책임감을 느끼면서
부모가 원하는 대로 태도를 바꾼다면, 그것은 가슴에서 나온 즐거운
행동이 아니라 죄책감을 피하기 위한 행동일 뿐이다.

우리가 자신의 느낌에 대한 책임을 숨기는 데 보통 사용하는 말로
다음과 같은 것이 있다.

1. 주어로 비인칭의 '그것' '저것'을 쓸 때

"우리 회사 소개 책자에 오타가 있으면 그것은 정말 나를 화나게 해."

"저것은 나를 정말 짜증 나게 해."

2. 다른 사람의 행동만을 나의 느낌의 원인으로 말할 때

"내 생일에 네가 전화를 안 하면 섭섭해."

"네가 음식을 남기면 엄마는 걱정스러워."

3. '~때문에 나는 ~를 느낀다.'라는 문장에서 '~때문에'의 주어로 내가

　아닌 다른 사람을 말할 때

"당신이 나를 사랑하지 않기 때문에 나는 마음이 아파."

"부장이 약속을 지키지 않았기 때문에 나는 화가 난다."

위의 예문들을 '나는 ~이 중요하기 때문에 나는 ~을 느낀다.'라는 표현으로 바꾸면 자신의 느낌에 대한 책임 의식을 깊게 할 수 있다. 예를 들어 보자.

> 욕구와 느낌을 연결한다: '나는 ~이 중요하기 때문에 ~을 느낀다.'

(1) "나는 우리 회사가 전문가라는 인상을 주고 싶기 때문에 회사 소개 책자에 오타가 있으면 나는 정말 화가 난다."

(2) "엄마는 네가 튼튼하고 건강하게 자라기를 원하기 때문에 네가 음식을 남기면 엄마는 걱정스러워."

(3) "나는 이번 주말에 동생을 보러 가려고 오랫동안 기다려 왔기 때문에 부장이 약속을 지키지 않아 나는 매우 화가 난다."

느낌의 근원은 욕구

다른 사람을 비판하고, 비난하고, 분석하고, 해석하는 것은 자신의 욕구를 돌려서 표현하는 것이다. 어떤 사람이 "넌 나를 한 번도 이해한 적이 없어!"라고 했다면, 실제로는 이해받고 싶은 자신의 욕구가 충족되고 있지 않다는 말을 하고 있는 것이다. 또 아내

> 다른 사람에 대한 비판은 충족되지 않은 자기 욕구의 왜곡된 표현이다.

가 "당신은 이번 주 내내 밤 늦게까지 일만 했어요. 당신은 나보다 일을 더 사랑하는 것 같아요."라고 했다면, 남편과 친밀한 관계를 맺고 싶은 자신의 욕구가 충족되고 있지 않다는 말을 하고 있는 것이다.

우리가 이렇게 자신의 욕구를 평가, 해석, 이미지 등을 사용해서 간접적으로 표현하면 상대는 그 말들을 비판으로 듣기 쉽다. 대체로 사람들은 비난처럼 들리는 말을 들으면 자기 방어에 나서거나 반격을 하게 된다. 만약 우리가 다른 사람들로부터 공감받기를 원하면서 그 사람의 행동을 비판하거나 분석하는 식으로 우리의 욕구를 표현한다면 도리어 역효과를 내게 된다. 우리의 느낌을 욕구와 좀 더 직접적으로 연결할수록 상대방은 더 쉽게 우리의 욕구에 연민으로 반응하게 될 것이다.

불행하게도 우리 대부분은 필요나 욕구라는 면에서 생각하는 방법을 배운 적이 없다. 우리는 자신의 욕구가 충족되지 않았을 때 다른 사람의 탓으로 돌리는 데 익숙하다. 그래서 아이들의 옷이 옷걸이에 걸려 있기를 바라는데 의자 위에 놓여 있으면 아이들이 버릇이 없다고 판단한다. 또는 직장 동료들이 우리가 원하는 대로 일하지 않으면 그들을 무책임한 사람이라고 평가한다.

나는 캘리포니아 남부에서 농장주들과 계절 노동자 사이의 갈등을 중재해 달라는 부탁을 받은 적이 있다. 그들 사이의 갈등은 점점 더 적대적이고 폭력적으로 변하고 있었다. 나는 두 가지 질문으로 중재를 시작했다.

"각자 원하는 것이 무엇입니까? 그리고 그와 관련해 서로에게 부

> 자신에게 필요한 것을 표현하면 그 욕구가 충족될 가능성이 커진다.

탁하고 싶은 것이 무엇입니까?"

이 질문에 한 노동자가 이렇게 외쳤다.

"문제는 저 사람들이 인종차별을 하고 있다는 겁니다!"

그러자 농장주 중 한 명이 더 큰 소리로 말했다.

"문제는 이 사람들이 법과 질서를 지키지 않는다는 거요!"

흔히 그렇듯이, 두 집단은 자신들의 욕구를 명확하게 표현하기보다는 상대의 잘못으로 보이는 것을 분석하는 데 더 능숙했다.

그와 비슷한 상황으로, 서로 평화롭게 살기 위해 상호간의 신뢰를 쌓고 싶어 하는 이스라엘과 팔레스타인 사람들을 만난 적도 있었다. 나는 똑같은 질문으로 시작했다.

"여러분이 원하는 것과, 그와 관련해 서로에게 부탁하고 싶은 것이 무엇입니까?"

그러자 팔레스타인 측의 묵타(마을 대표)가 자신의 욕구를 직접 말하는 대신에 "당신들은 나치처럼 행동하고 있소!"라고 말했다. 이런 식의 말로 이스라엘 사람들의 협조를 얻기는 어려울 것이다.

그 말이 끝나자마자 한 이스라엘 여성이 벌떡 일어나서 "묵타, 어떻게 그런 말을 할 수가 있어요?"라고 대꾸했다.

신뢰와 화합을 위해 한자리에 모였지만 말을 단 한 번 주고받자 모이기 전보다 상황이 더 나빠졌다. 이런 일은 사람들이 자신의 욕구를 명확하게 표현하기보다는 남을 탓하거나 분석하는 데 더 익숙하기 때문에 일어난다. 이러한 상황에서 이스라엘 여성은 묵타에게 "저는 우리가 서로 존중하면서 대화하기를 원해요. 우리 행동을 당신이 어떻게 생각하느냐보다는 우리의 어떤 행동이 여러분을 불안

하게 하는지에 대해 말씀해 주시겠어요?"라고 자신의 욕구와 부탁
을 표현할 수 있었을 것이다.

사람들이 상대방을 탓하기보다 자신들이 원하는 것을 말하기 시작
하는 순간부터 모두의 욕구를 충족할 방법을 찾을 가능성이 훨씬 커
지는 것을 나는 여러 번 경험했다. 다음은 우리 모두가 공유하는 인간
의 기본적인 욕구 중 일부를 정리해 본 것이다.

자율성Autonomy
- 자신의 꿈, 목표, 가치관을 선택할 수 있는 자유
- 꿈, 목표, 가치관을 충족할 방법을 선택할 수 있는 자유

축하Celebration · **애도**Mourning
- 생명의 탄생이나 꿈의 실현을 축하
- 사랑하는 사람이나 꿈의 상실을 애도

상호 의존 Interdependence
- 감사
- 공감
- 공동체
- 배려
- 사랑
- 삶을 풍요롭게 하기 위한 기여
  (삶에 기여하기 위한 자신의 능력 행사)
- 수용
- 신뢰
- 안도
- 따뜻함
- 이해
- 정서적인 안정
- 솔직함(우리의 한계로부터 배울 수 있는
  힘을 주는 솔직함)
- 존중
- 지원
- 친밀함
- 소통

온전함Integrity
- 진정성 · 개별성 존중
- 창조성
- 의미/보람
- 자기 신뢰/자기 존중

놀이Play
- 웃음
- 재미

영적 교감 Spiritual Communion
- 아름다움
- 영감
- 조화
- 질서
- 평화

신체적 돌봄 Physical Nurturance
- 공기
- 물
- 음식
- 주거
- 자유로운 움직임/운동
- 삶을 위협하는 것들로부터 보호받는 것
- 휴식
- 성적 표현
- 신체적 접촉-스킨십

욕구를 표현하는 것의 어려움과
욕구를 표현하지 못했을 때의 고통

  자신의 욕구를 알아차리고 표현하는 것을 비판적으로 보는 사회에서는 욕구를 표현하는 것이 두려운 일이 될 수 있다. 특히 여성들은 그런 비판에 더 민감하다. 지난 수백 년간 사랑하는 여성의 이미지는 다른 사람을 돌보기 위해 자신의 욕구를 부인하고 희생하는 모습이었다. 여성들은 다른 사람을 돌보는 것을 최고의 미덕으로 여기도록 사회화되었기 때문에 자신의 욕구를 무시하며 살아왔다.

  한 워크숍에서 그런 신념을 내면화한 여성들에게 어떤 일이 일어나는가에 대해 토론한 적이 있다. 그런 여성들은 욕구를 표현할 때에도 자신의 욕구는 중요하지 않고, 자신은 그에 대한 진정한 권리도 없다는 생각을 반영하고 강화하는 방식으로 말을 한다. 가령, 바쁘게 하루를 보내서 몹시 피곤해도 자신이 바라는 것을 요구하는 데 두려움을 느끼기 때문에 저녁에 자기만의 시간을 갖고 싶다고 당당하게 말하지 못한다. 그 대신 마치 사정하는 듯한 투로 이렇게 말한다.

  "당신도 알다시피 나는 오늘 하루 종일 한 순간도 내 시간을 갖지 못했어요. 일주일 동안 쌓인 빨래를 모두 다 했고, 셔츠를 다렸고, 강아지를 수의사에게 데려갔고, 식사를 준비하고, 도시락을 싸고, 반상회 일로 이웃들에게 전화를 했어요. (애원하듯이) ……그러니까…… ."

그런데 이렇게 말하면 곧바로 "안 돼."라는 대답이 돌아온다. 이처럼 애원하는 듯한 부탁은 듣는 사람에게 연민보다 오히려 저항감을 불러일으킨다. 그런 식으로 부탁을 하면 상대방이 그 부탁 뒤의 욕구를 알아듣기 힘들고, 그것을 소중히 여기기도 어렵다. 더 나아가 자신이 상대에게 '~을 받아야 한다' 또는 '~을 받을 자격이 있다'라고 여기는 관점에서 나오는 여성의 하소연에 사람들은 부정적으로 반응한다. 상대의 부정적인 반응이 자신의 표현 방식 때문이라는 것을 깨닫지 못한 채, 결국 그 여성은 다시 한 번 자신의 욕구는 중요하지 않다고 믿게 된다.

자신의 욕구를 스스로 소중하게 생각하지 않는다면, 다른 사람도 그것을 소중히 여기지 않을 것이다.

한번은 내 어머니가 여성들이 자신의 욕구를 표현하는 데 얼마나 두려움을 느끼는지에 대해 이야기하는 모임에 참가하신 적이 있다. 그런데 어머니는 갑자기 일어나 밖으로 나가시더니 한동안 돌아오지 않으셨다. 다시 돌아오셨을 때에는 창백한 모습이어서 나는 "어머니, 괜찮으세요?"라고 물었다.

어머니는 "그래, 괜찮다. 하지만 받아들이기가 아주 힘든 사실 하나를 깨달았다."라고 대답하셨다.

"그게 뭔데요?"

"지난 40여 년 동안 내가 원하는 것을 네 아버지가 들어주지 않아서 화가 났는데, 내가 원하는 것이 정작 무엇인지 네 아버지에게 단 한 번도 분명하게 말한 적이 없다는 것을 방금 깨달았단다."

그것은 사실이었다. 나는 어머니가 자신이 원하는 것을 아버지에게 분명하게 표현하는 것을 단 한 번도 본 적이 없었다. 어머니는 욕구를 슬쩍 암시하기도 하고 여러 방법으로 돌려서 자신의 욕구를 표현했지, 한 번도 자신의 의사를 솔직하게 직접 말한 적이 없었다.

정서적 노예 상태로부터 정서적 해방으로

다른 사람들과 정서적으로 자유로운 관계를 맺으면서 살 수 있기까지 우리는 대개 세 단계를 거치는 것으로 보인다.

1단계: 내가 정서적 노예 상태라고 부르는 이 시기에는 자신이 다른 사람의 느낌에 책임이 있다고 믿는다. 남들을 기쁘게 해 주기 위해 항상 애써야 한다고 생각한

1단계: 정서적 노예 상태. 자신이 다른 사람의 느낌에 책임이 있다고 여긴다.

다. 만약 다른 사람들이 행복해 보이지 않으면, 그것에 대해 책임을 느끼면서 무언가를 해야 한다는 압박을 느낀다. 이런 느낌은 우리와 가장 가까운 사람들을 결국에는 우리가 부담스럽게 느끼게 만든다.

연인 관계에서 상대의 느낌에 책임지려는 태도는 그 관계를 유지하는 데 방해가 된다. 내가 늘 듣는 이야기 중에 표현만 다를 뿐 주제는 항상 같은 것이 있다.

"저는 누군가와 깊이 사귀는 것이 정말 두려워요. 상대가 괴로워하거나 무언가 원한다고 생각되면 심한 압박을 느껴요. 감옥에 갇힌 것 같고 질식할 것 같아요. 그래서 되도록 빨리 그 관계에서 벗어나야만

해요.”

이런 반응은 사랑하는 사람이 원하는 것을 돌보기 위해서 자신에게 중요한 것을 부인하는 것이 사랑이라고 생각하는 사람들에게 공통적으로 나타나는 현상이다. 관계의 초기 단계에서는 자유로운 상태에서 서로 공감하며 즐겁게 관계를 맺는다. 이때의 관계는 생동감이 넘치고 자연스러우며 경이롭다. 하지만 관계가 진지해지면 서로 상대의 느낌에 책임을 지기 시작한다.

만일 내가 이런 과정을 의식하는 사람이라면 스스로를 이렇게 이해할 것이다.

“관계에서 내가 내 중심을 잃는 것은 참을 수 없어. 저 사람이 괴로워하는 것을 보면 어찌해야 할지 모르겠어. 거기서 그저 벗어나고 싶어져.”

하지만 나의 인식이 그에 미치지 못했다면, 관계가 나빠질 때 그 책임을 상대방에게 돌리면서 다음과 같이 비난하기 쉬울 것이다.

“내 파트너는 원하는 게 많고 또 너무 의존적이라서 우리 관계에 많은 스트레스를 주고 있어.”

이런 상황에서 상대방은 자신의 욕구에 뭔가 문제가 있다는 생각을 무시하는 것이 좋다. 만약 상대방이 모든 게 그의 탓이라는 내 말을 그대로 받아들이면 상황은 더욱 나빠질 것이다. 그 반면에, 상대방이 나 자신의 정서적 노예 상태로부터 비롯한 나의 고통을 이해하면 다음과 같이 공감으로 반응할 수 있다.

“그래서 겁이 나는군요? 우리가 나눴던 깊은 관심과 사랑을 책임과 의무로 바꾸지 않으면서 그대로 관계를 유지하기가 힘들기 때문에…… 항상 나를 보살펴 주어야 한다는 생각 때문에…… 당신의 자유가 구속되는 것 같고 숨 막히는 느낌이 드는 거네요."

그러나 상대가 이런 공감 어린 반응 대신에 "내가 너무 많은 걸 요구하기 때문에 당신이 힘든가요?"라고 한다면, 두 사람 모두 정서적인 노예 상태에 빠져들어 관계를 지속하기가 어려울 것이다.

2단계: 얄미운 단계 이 단계에서 우리는 다른 사람의 느낌에 책임을 지고 나를 희생하면서 남의 기분을 맞춰 주며 살 때에 우리가 비싼 대가를 치르게 된다는 점을

2단계: 얄미운 단계. 화가 나고, 다른 사람의 느낌에 더 이상 책임지고 싶어하지 않는다.

인식하게 된다. 또 그동안 우리의 삶에서 얼마나 많은 것을 놓치고 살았으며 내면의 소리를 얼마나 무시하고 살았는지 깨닫게 되어 분노를 느낄 수도 있다. 나는 이 단계를 재미있게 '얄미운 단계'라고 부른다. 왜냐하면 이 단계에서는 다른 사람이 괴로워하는 모습을 보았을 때 "그건 당신 문제야! 난 당신의 느낌에 아무런 책임이 없어!"처럼 얄미운 말을 하는 경향이 있기 때문이다. 이 단계에서 우리는 다른 사람의 느낌에 대해 책임이 없다는 것은 분명하게 알지만 정서적인 노예 상태가 아닌 다른 방식으로 다른 사람에게 책임 있게 행동하는 법은 아직 모른다.

우리는 정서적인 노예 상태에서 벗어나서도 자신이 욕구를 가지고 있다는 것에 대해 여전히 두려움과 죄책감을 느낄 수 있다. 그래서 이 단계에서는 우리가 하는 욕구 표현이 다른 사람들에게 딱딱하고 고집스럽게 들릴 수가 있다. 내가 진행하던 워크숍의 휴식 시간에 한 젊은 여성이 자신이 처한 정서적 노예 상태를 통찰할 수 있

었다고 감사의 말을 했다. 쉬는 시간이 끝나고 사람들이 다시 모였을 때 나는 한 가지 활동을 제안했다. 그러자 그 여성이 단호하게 말했다.

"저는 다른 걸 했으면 좋겠어요."

다른 사람들과 일치하지 않는다 할지라도 자신의 욕구를 표현할 수 있다는, 이제 막 새롭게 찾아낸 권리를 그녀가 행사하고 있음을 나는 감지할 수 있었다.

나는 그녀가 원하는 것을 찾아가도록 도우려고 "당신이 원하는 게 저와 다르더라도 말입니까?"라고 물어보았다. 그녀는 잠시 생각하더니 "네…… 어…… 제 말은 그게 아니라" 하고 더듬거리면서 말했다. 이러한 혼돈은, 정서적 해방 단계로 가려면 단순히 자신의 욕구만을 주장하는 것 이상의 그 무엇이 필요하다는 것을 보여 준다.

나의 딸 말라가 정서적 해방을 향해 가는 과정에서 겪었던 사건이 생각난다. 말라는 다른 사람이 원하는 것을 들어주기 위해 자신의 욕구를 인정하지 않는 '아주 착한 아이'였다. 말라가 다른 사람을 기쁘게 하려고 자주 자신이 원하는 것을 억누른다는 것을 알게 되었을 때, 나는 딸에게 네가 자신의 욕구를 좀 더 자주 표현하는 것을 듣고 싶다고 말했다. 내가 이 이야기를 처음 꺼냈을 때 말라는 울면서 힘없이 항의했다.

"하지만 아빠, 저는 누구도 실망시키고 싶지 않아요!"

이 말을 듣고 나는 다른 사람의 기분을 상하지 않게 하려고 순응만 하는 것보다 솔직한 쪽이 다른 사람들에게 더 소중한 선물이 된다는 점을 말라에게 알려 주려고 노력했다. 또한 다른 사람의 기분이 상했을 때에도 말라가 어떻게 그 사람의 느낌에 책임을 지지 않으면서 공감할 수 있는지에 대해서도 이야기해 주었다.

얼마 후 딸이 자기 욕구를 좀 더 솔직하게 표현하기 시작했다는 증거를 보았다. 한번은 위아래가 붙은 작업복을 입고 등교한 말라와 얘기하다가 몹시 당황한 교장 선생님이 전화를 했다. 교장 선생님이 "말라, 어린 여학생은 그런 옷을 입는 게 아니다."라고 말했을 때, 말라가 "꺼져요!"라고 했다는 것이다. 축하할 만한 사건이었다. 왜냐하면 말라가 드디어 정서적 노예 단계를 졸업하고 얄미운 단계로 넘어갔기 때문이다.

말라는 다른 사람의 화를 상대해야 할 위험을 무릅쓰고라도 자기 자신의 욕구를 표현하는 법을 배우고 있었다. 물론 나는 말라가 다른 사람의 욕구도 존중하면서 자신의 욕구를 편안하게 주장하는 법을 머지않아 배우게 되리라고 믿었다.

3단계: 정서적 해방의 단계다. 이 단계에서 우리는 다른 사람들의 욕구에 대해 두려움, 죄책감 또는 수치심이 아니라 마음에서 우러난 연민으로 반응한다. 따라서

> 3단계: 정서적 해방. 우리는 자신의 의도와 행동에 따르는 책임을 받아들인다.

우리의 행동은 다른 사람은 물론 자신에게도 만족스럽다. 다른 사람의 느낌에는 책임을 지지 않지만, 우리는 자신의 의도와 행동에 대해서는 전적으로 책임을 진다.

또한 이 단계에서는 다른 사람을 희생시켜서는 자신의 욕구를 결코 충족할 수 없다는 점을 인식하게 된다. 정서적 해방이란 상대의 욕구 충족도 똑같이 존중하면서 우리가 원하는 바를 분명하게 표현

하는 것이다. NVC의 목적은 사람들이 이런 차원에서 유대 관계를
맺을 수 있도록 돕는 것이다.

요 약

NVC의 세 번째 요소는 우리 느낌 뒤에 있는 욕구를 인식하는 것이다. 다른 사람의 말이나 행동이 우리의 느낌에 자극이 될 수는 있지만 원인은 아니다. 누군가가 우리에게 부정적으로 말했을 때 우리가 그것을 받아들이는 데에는 네 가지 선택이 있다. 첫째, 자신을 탓하기. 둘째, 다른 사람을 탓하기. 셋째, 우리 자신의 느낌과 욕구 인식하기. 넷째, 상대방의 부정적인 말 속에 숨어 있는 상대방의 느낌과 욕구 인식하기.

다른 사람에 대한 비판, 판단, 분석, 평가 등은 우리 자신의 욕구나 가치관의 왜곡된 표현이다. 사람들은 비판을 받으면 자기 방어나 반격에 힘을 쏟는다. 우리 느낌을 자신의 욕구에 더 직접적으로 연결해 표현할수록 상대방은 더 쉽게 연민으로 반응한다.

하지만 자신의 욕구를 인식하고 표현하는 것을 비판적으로 보는 환경에서는 그것을 표현하기가 매우 두려울 수도 있다. 다른 사람을 돌보기 위해 자신의 욕구를 무시하도록 사회화된 여성들에게는 더욱 그렇다.

느낌에 대한 책임감을 키워 가는 과정에서 우리는 대개 세 단계를 거친다. 1.정서적 노예 단계. 다른 사람의 느낌에 대한 책임이 자신에게 있다고 믿는다. 2.얄미운 단계. 다른 사람의 느낌이나 욕구에 대해서 배려하기를 거부한다. 3.정서적 해방 단계. 다른 사람의 느낌이 아닌 자신의 느낌에 책임을 지는 단계로, 다른 사람을 무시하고 희생시키면서 자신의 욕구를 충족할 수는 없다는 것을 인식한다.

"사생아에게 낙인을"

NVC 연수생 중 한 명이 '푸드뱅크^{food bank}'에서 자원봉사를 하고 있었는데, 같이 일하는 한 여성 연장자가 신문을 읽다 말고 "지금 이 나라에 필요한 건 옛날처럼 사생아들에게 낙인을 찍는 일이야!"라고 갑자기 큰 소리로 말하는 것을 듣고 놀랐다.

이 연수생은 예전 같았으면 이런 말을 들었을 때 속으로는 심하게 비난하면서도 겉으로는 아무 말도 하지 않고, 조용히 그 느낌을 다른 것으로 돌려 버렸을 것이다. 하지만 이번에 이 연수생은 충격적으로 들린 그 사람의 말 뒤에 숨어 있는 느낌과 욕구에 주의를 기울여 보기로 했다.

연수생　신문에서 10대들의 임신에 관한 기사를 읽으셨어요?

동료　네, 이렇게 많은 아이들이 임신을 하고 있다는 것이 믿어지질 않아요!

연수생　(동료의 느낌과 충족되지 않은 욕구에 주의를 기울이면서) 태어나는 아이들이 안정된 가정에서 돌봄을 받으면서 자라기를 원하기 때문에 놀라신 거예요?

동료　당연하죠! 정말이지, 내가 이런 일을 저질렀다면 우리 아버지는 나를 가만두지 않았을 거예요.

연수생 선생님이 10대였을 때 여자아이가 임신하면 어떤 일이 벌어졌는지 기억이 나시는군요?

동료 그래요! 그때 우린 임신을 하면 어떤 일이 일어날지를 다 알고 있었죠. 요즘 애들과는 달리 우리는 임신하는 걸 언제나 두려워했어요.

연수생 요즘 애들은 임신을 해도 처벌받을까 봐 두려워하지 않는 게 화가 나세요?

동료 글쎄요, 적어도 겁을 주고 처벌을 하는 게 효과가 있었던 건 사실이지요! 신문에선 단지 임신하기 위해서 여러 남자와 자는 애들도 있다고 해요! 정말 못 믿겠어! 애는 그런 아이들이 낳고, 양육비는 결국 사회와 우리가 물어야 한다니까요!

　연수생은 이 말에서 두 가지 느낌을 이해할 수 있었다. 여자 아이들이 임신에 대한 두려움이 없는 것에 대한 놀라움, 그리고 그렇게 태어난 아이들에 대한 양육비를 납세자들이 감당하는 데 대한 억울함이었다. 연수생은 둘 중 어떤 느낌에 공감할지 결정했다.

연수생 요즘 애들은 남의 눈이나 책임감, 그리고 경제적인 여건에 상관없이 임신한다는 걸 알고 놀라셨어요? 과거에는 그런 것들을 심각하게 생각했는데 말이죠?

동료 (자신이 놀라는 이유를 이해받고 있다고 느끼자, 동료는 또 하나의 느낌인 억울함으로 옮겨 갔다. 여러 느낌이 동시에 일어날 때, 대부분의 사람들은 아직 공감받지 못한 느낌으로 돌아온다. 그렇기 때문에 듣는 사람은 여러 느낌에 한꺼번에 다 대응하려고 할 필요가 없다. 느낌들이 하나하나 떠오르면서 자연스럽게 공감이 이어진다.) 그래요. 그리고 또 그 돈은 결국 누가 낼 것 같아요?

연수생 우리가 내는 세금이 다른 용도로 쓰이기를 원하기 때문에 화가 나세요?

동료 정말 그래요! 내 아들 부부는 둘째 아이를 갖고 싶어도 그러질 못해요. 둘이 맞벌이를 하는데도 돈이 너무 많이 들기 때문에…….

연수생 그것 때문에 마음이 아프세요? 두 번째 손자를 정말 보고 싶은데…….

동료 그래요, 그렇게 되면 저만 좋은 일이겠어요?

연수생 ……아드님도 정말 그렇겠네요……. (연수생의 추측이 일부만 맞더라도, 동료가 계속해서 자신의 또 다른 관심사를 이야기할 것이기 때문에 공감의 흐름을 방해하지 않는다.)

동료 그래요, 게다가 아이가 외동딸로 자라는 것도 슬픈 일이지요.

연수생 아, 그러네요. 손녀인 케이티에게 동생이 있었으면 하시는군요?

동료 그랬으면 얼마나 좋겠어요.

이 시점에서 연수생은 동료의 태도에 다소 여유가 생겼음을 느낄 수 있었다. 잠시 침묵이 흘렀다. 연수생은 여전히 자신의 견해를 표현하고 싶은 마음이 있었지만, 더는 동료에게 '적대감'을 품고 있지 않아서 처음과 같은 긴박감이나 긴장을 느끼지 않게 된 것을 알고 마음이 놓였다. 동료의 말 뒤에 숨어 있는 느낌과 욕구를 이해한 연수생에게는, 이제 두 사람이 서로 '다른 세상'에서 사는 사람으로 느껴지지 않았다.

연수생 저는 처음에 사생아에게 다시 낙인을 찍어야 한다는 선생님의 말씀을 들었을 때(관찰), 걱정스러웠어요(느낌). 도움이 필요해서 여기에 찾아오는 모든 사람들을 깊이 이해하고 배려하는 것(욕구)이 저에게 매우 중요하기 때문이에요. 여기에 식료품을 받으러 오는 사람들 중에는 10대인 부모도 있는데(관찰) 그 사람들도 여기에서 환영받는다는 느낌을 받았으면 해요(욕구). 데샬이나 에이미가 남자 친구와 함께 여기에 들어오는 것을 볼 때 어떤 느낌이 드는지 말씀해 주시겠어요?(부탁)

연수생은 NVC 모델의 네 가지 요소인 관찰, 느낌, 욕구, 부탁을 모두 사용해 자신을 표현했다.

이 대화는 푸드뱅크에 오는 미혼 청소년들에게도 동료가 존중과 애정이 담긴 도움을 주리라고 연수생이 확신하게 될 때까지 더 이어졌다. 그보다 더 중요한 것은 서로 존중하면서 각자의 의견을 솔직하게 표현할 수 있다는 새로운 경험을 얻은 것이었다.

한편 동료는 10대의 임신에 대한 자신의 염려를 누군가가 충분히 들어 준 것에 만족을 느꼈다. 두 사람은 서로를 이해하게 되었다고 느꼈으며, 같은 생각 다른 생각을 적대감 없이 나누면서 관계가 전보다 나아졌다. 이 연수생이 NVC 교육을 받지 않았더라면 이들의 관계는 대화의 시작부터 어긋났을 것이며, 그것은 서로가 함께 하고 싶었던, 어려운 사람들을 보살피고 돕는 일에도 좋지 않은 영향을 끼쳤을 것이다.

욕구 인식하기

욕구를 인식하는 연습으로, 말하는 사람이 자신의 느낌에 대한 책임을 인정하고 있다고 생각되는 문장의 번호에 동그라미를 쳐 보자.

1. 중요한 회사 서류들을 회의실에 그대로 두고 나가면 정말 걱정스럽습니다.
2. 나는 서로 존중하는 것이 중요한데 당신이 그렇게 말하면 그 말이 모욕으로 들려서 정말 화가 나요.
3. 네가 늦게 와서 짜증이 나.
4. 저녁 시간을 함께 보내고 싶었는데 오지 않는다고 하니까 섭섭하네요.
5. 네가 하겠다고 약속한 일을 하지 않아서 정말 실망스러워.
6. 지금쯤 작업이 많이 진행됐으면 했는데 그렇지 못해서 걱정이에요.
7. 때때로 사람들이 하는 사소한 말에 상처를 받아요.
8. 네가 그 상을 타서 정말 기뻐.
9. 아빠가 소리를 지르면 겁이 나요.
10. 아이들이 오기 전에 집에 도착하고 싶었는데 저를 집까지 태워다 주신다니 고마워요.

【 연습문제 3에 대한 나의 대답 】

1. 이 번호에 동그라미를 쳤다면 우리의 견해는 서로 다르다. 이 문장은 말하는 이의 느낌에 대한 책임이 오로지 상대방의 행동에 있다고 암시한다. 이 문장에서는 말하는 이의 느낌에 영향을 미치는 자신의 욕구나 생각이 드러나지 않는다. 그렇게 하려면 다음과 같이 말할 수 있을 것이다. "회사 서류들을 회의실 바닥에 그대로 놓고 가면 화가 나요. 왜냐하면 우리 회사의 서류는 모두 이용하기 쉽고 안전하게 보관되기를 원하기 때문이에요."

2. 이 번호에 동그라미를 쳤다면, 말하는 이가 자신의 느낌에 대한 책임을 인정한다는 데에 우리 의견이 일치한다.

3. 이 번호에 동그라미를 쳤다면 우리의 견해는 서로 다르다. 자신의 느낌 뒤에 있는 욕구나 생각을 표현하기 위해서 다음과 같이 말할 수 있을 것이다. "우리가 앞자리에 앉을 수 있기를 바랐기 때문에 실망스러워."

4. 이 번호에 동그라미를 쳤다면, 말하는 이가 자신의 느낌에 대한 책임을 인정한다는 데에 우리 의견이 일치한다.

5. 이 번호에 동그라미를 쳤다면 우리의 견해는 서로 다르다. 느낌 뒤에 있는 욕구나 생각을 표현하기 위해서 다음과 같이 말할 수 있을 것이다. "나는 너의 말을 신뢰할 수 있기를 바라기 때문에 네가

약속한 일을 하지 않으면 정말 실망스러워."

6. 이 번호에 동그라미를 쳤다면, 말하는 이가 자신의 느낌에 대한 책임을 인정한다는 데에 우리 의견이 일치한다.

7. 이 번호에 동그라미를 쳤다면 우리의 견해는 서로 다르다. 느낌 뒤에 있는 욕구나 생각을 표현하기 위해서 다음과 같이 말할 수 있을 것이다. "나는 비판받기보다는 인정받고 싶기 때문에 사람들이 하는 사소한 말에도 마음이 아파요."

8. 이 번호에 동그라미를 쳤다면 우리의 견해는 서로 다르다. 느낌 뒤에 있는 욕구나 생각을 표현하기 위해서 다음과 같이 말할 수 있을 것이다. "네가 그 일에 들인 노력이 인정받기를 바랐기 때문에, 그 상을 받았을 때 나는 정말 기뻤어."

9. 이 번호에 동그라미를 쳤다면 우리의 견해는 서로 다르다. 느낌 뒤에 있는 욕구나 생각을 표현하기 위해서 다음과 같이 말할 수 있을 것이다. "아빠가 소리를 지르면 무섭고 겁이 나요. 왜냐하면 저는 우리 집이 편하고 모두가 안전하다는 것을 믿을 수 있는 것이 중요하기 때문이에요."

10. 이 번호에 동그라미를 쳤다면, 말하는 이가 자신의 느낌에 대한 책임을 인정한다는 데에 우리 의견이 일치한다.

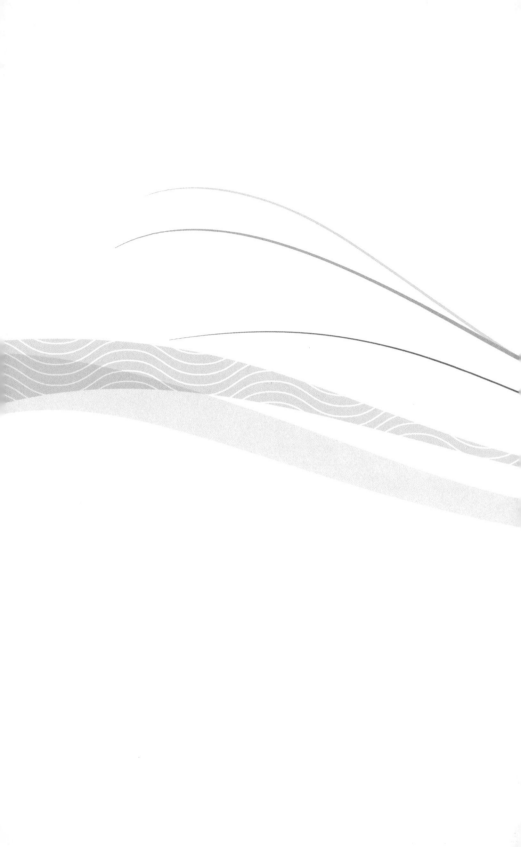

삶을 풍요롭게 하기 위해
부탁하기

얼마나 천천히 가고 있는지는 문제가 되지 않는다.
멈추지 않고 가기만 하면 된다.

공자

지금까지 NVC의 요소 중 처음 세 가지에 대해 알아보았다. 다른 사람을 비판·분석·비난하거나 진단하지 않으면서, 연민을 불러일으키는 방법으로 우리가 관찰하고 느끼고 원하는 것을 표현할 수 있게 되었다. 이제 NVC 모델의 네 번째 단계이자 마지막 요소인 '부탁'에 대해 이야기해 보자. 그것은 우리 삶을 풍요롭게 하기 위해 우리가 원하는 것을 다른 사람에게 부탁하는 방법이다. 우리의 욕구가 충족되지 않았을 때, 우리가 관찰하고 느끼고 원하는 것을 표현한 다음, 이어서 구체적인 부탁을 한다. 다시 말해 우리 욕구를 충족할 수 있는 행동을 부탁하는 것이다. 그러면 부탁을 어떻게 표현해야 다른 사람들이 연민으로 우리의 욕구에 더욱 기꺼이 반응하게 될까?

긍정적인 행동언어 사용하기

무엇보다, 우리가 원하지 않는 것 말고 우리가 원하는 것을 부탁한다.

부탁할 때에는 긍정적인 언어를 사용한다.

"'하지 마'를 어떻게 할 수 있나요?"

"하지 말라는 소리를 들으면 더 하고 싶어요."

내 친구 루스 베버마이어가 어린이를 위해 쓴 이 노랫말들은 부탁을 이렇게 부정으로 표현했을 때 나타나는 두 가지 문제점을 보여 준다. 즉, 실제로 무엇을 부탁하는 건지 분명하지 않으며, 더 나아가 저항감을 불러올 수 있다는 점이다.

워크숍에서 남편이 회사 일에 너무 많은 시간을 보내는 것에 좌절한 한 여성이 자신의 부정적 부탁이 어떻게 역효과를 일으켰는지 말한 적이 있다.

"남편에게 일에만 그렇게 많은 시간을 보내지 말라고 했더니 얼마 후에 남편이 골프 토너먼트에 등록했다고 말하는 거예요!"

그녀는 남편에게 원하지 않는 것(일에 너무 많은 시간을 보내는 것)은 잘 전했지만, 자신이 실제로 원하는 것을 부탁하는 데에는 실패했다. 남편에게 했던 부탁을 바꾸어 말해 보라고 하자 잠시 생각하더니 이렇게 말했다.

"남편에게 적어도 일주일에 하루 저녁은 나와 아이들과 함께 집에서 보내면 좋겠다고 말할걸 그랬어요."

나는 베트남전이 한창일 때, 전쟁 문제에 대하여 나와 견해가 다른 어떤 사람과 함께 텔레비전에 출연해 토론해 달라는 부탁을 받았다. 토론은 녹화방송이었기 때문에 나는 저녁에 집에서 방송을 볼 수 있었다. 그런데 내가 원치 않는 토론 방식으로 말하는 내 모습을 화면에서 보고, 나는 상당한 낭패감을 느꼈다. 그러면서 '다시 토론에 나가게 된다면, 절대로 저렇게 방어하는 자세를 취하지 말아야지. 다시는 상대가 나를 바보로 만들지 못하게 할 거야.'라고 결심했다. 여기서 주목할 것은, 내가 하고 싶은 것이 아니라 하고 싶지 않은 것에 대해서만 나 자신에게 다짐하고 있다는 점이다.

만회할 기회가 바로 다음 주에 찾아왔다. 같은 프로그램을 계속해 달라는 부탁을 받은 것이다. 나는 스튜디오로 가는 동안 내내 내가 하고 싶지 않은 것을 다시 한 번 되새겼다. 토론이 시작되자마자 상대는 지난주에 했던 것과 같은 방식으로 공격해 왔다. 그가 발언을 끝낸 후 10초 동안 나는 다짐했던 대로 했는데, 그것은 사실상 아무 말도 하지 않고 그저 앉아 있는 것이었다. 그런데 내가 입을 열자 그토록 피하려고 했던 말들이 마구 튀어나오는 게 아닌가! 이것은 자신이 원하는 것을 명확히 하지 않은 채 하고 싶지 않은 것만 정해 놓았을 때 어떤 일이 일어날 수 있는가를 보여 준 아픈 교훈이었다.

한번은 교장 선생님에게 많은 불만을 품고 있는 고등학생들과 상담해 달라는 부탁을 받았다. 학생들은 교장을 인종차별주의자로 보고 그에게 보복할 방법을 찾고 있었다. 학생들과 가까이 지내던 한 목사는 그런 상황이 폭력 사태로 이어질까 봐 걱정하고 있었다. 목사를 존경하는 마음에서 학생들은 나와 만나는 데 동의했다.

학생들은 교장의 행동 중에 차별 대우로 보이는 것들을 설명하기 시작했다. 몇 가지 주장을 더 들은 다음 나는 학생들에게, 교장에게 무엇을 원하는지 분명하게 표현해 보라고 제의했다.

"그게 무슨 소용이 있는데요?"

한 학생이 퉁명스럽게 비웃었다.

"우리가 무엇을 원하는지 벌써 교장실에 가서 이야기했는데 우리가 들은 대답은 '여기서 나가! 나는 너희들한테 이래라저래라 하는 말을 듣고 싶지 않아.'였단 말이에요."

나는 학생들에게 어떻게 부탁을 했는지 물어보았다. 학생들은 교장에게 자신들의 머리 모양에 대해서 간섭받고 싶지 않다고 말했다고 했다. 나는 학생들에게 원하지 않는 것보다 원하는 것을 표현했더라면 좀 더 협조적인 반응을 얻었을지 모른다고 말했다. 또, 학생들이 공평한 대우를 원한다고 교장에게 말했더니, 교장은 방어적으로 나오면서 "한 번도 불공평하게 대우한 적이 없다."고 강력하게 부인했다고 한다. 나는 학생들이 '공평한 대우'와 같은 막연한 말 대신에 구체적인 행동을 교장에게 부탁했더라면 교장이 좀 더 호의적으로 응하지 않았을까 하고 추측해 보았다.

우리는 긍정적인 행동언어로 부탁을 표현하는 방법을 함께 찾아냈다. 그래서 모임이 끝날 무렵에는 교장이 행동으로 옮겨 주기를 바라는 서른여덟 가지 부탁을 분명하게 나열할 수 있었다. "복장에 대한 규칙을 만들 때에는 흑인 학생 대표가 참여한다는 데에 동의해 주시기 바랍니다." "우리를 가리킬 때 '너희'라고 하지 말고 '흑인 학생들'이라고 하시기 바랍니다."와 같은 내용이었다. 다음 날 학생들은 우리가 연습한 긍정적 행동언어로 교장에게 부탁했다. 나는 그날 저녁, 학생들로부터 의기양양한 전화를 받았다. 교장이 서른여덟 가지 부탁에 모두 동의했다는 것이다!

긍정적인 언어를 사용하는 것 외에도, 부탁을 할 때에는 막연하고 추상적인 모호한 표현을 피하고 실행할 수 있는 구체적인 행동을 표현하는 것이 중요하다. 호수에 빠진 한 남자를 그린 만화가 있었다. 남자는 물에서 나오려고 발버둥치면서 물가에 있는 자신의 개에게 소리친다. "래시, 가서 도움을 청해!" 그런데 다음 그림에는 개가 긴 의자에 누워서 정신과 의사에게 상담을 받는 장면이 나온다. 래시가 주인의 명령대로 도움을 받고 있는 것이다. 도움에 대한 사람들의 생각이 얼마나 제각각인지를 알 수 있다. 내 가족 중에도, 설거지를 도와달라고 하면 설거지를 감독하는 일을 '돕는 것'이라고 생각하는 사람이 있다.

한 워크숍에서 불화를 겪고 있는 어느 부부가 구체적이지 않은 표현이 그들 사이에 이해와 소통을 얼마나 방해하고 있는지 실감나게 보여 주었다.

"내가 나 자신이 될 수 있게 해 주면 좋겠어요." 아내가 남편에게 말했다.

"이미 그렇게 하고 있잖아요!" 남편이 반박했다.

우리가 원하는 것을 명확하고, 긍정적이며, 구체적인 행동언어로 부탁한다.

"언제요, 당신은 그렇지 않아요!" 아내는 주장을 굽히지 않았다.

내가 긍정적인 행동언어로 말해 보라고 요청하자, 그녀는 이렇게 대답했다.

"나 자신이 될 수 있도록 내게 자유를 주었으면 해요."

하지만 이 말 역시 막연하여 방어적인 반응을 불러일으키기 쉽다. 자신의 부탁을 좀 더 명확하게 하려고 고심하더니, 그녀는 결국 이렇게 말했다.

"조금 이상하게 들릴지 모르지만, 실제로 제가 원하는 것은 내가 무엇을 하든 남편이 '좋아!' 하고 웃으면서 말해 주는 거예요."

인간관계 안에 있는 억압성이 이런 막연하고 추상적인 말들로 종종 감추어지기도 한다.

한번은 아버지와 열다섯 살 난 아들이 상담을 하러 왔는데, 그들 대화에서도 비슷하게 모호하고 추상적인 표현이 문제였다.

"내가 너한테 원하는 건 좀 더 책임감을 가져 달라는 거야. 이게 너무 많은 걸 바라는 거니?"라고 아버지가 말했다.

나는 아버지에게 어떻게 하면 아들이 그가 원하는 책임감을 보여 줄 수 있는지 구체적으로 말해 보라고 했다. 어떻게 하는 것이 명확하게 부탁하는 것인지 궁리하고 난 다음, 아버지는 조금 어색해하면서 말을 꺼냈다.

"글쎄, 어색하게 들리겠지만, 책임감을 가져 주기 바란다고 할 때 내가 정말로 의미하는 것은, 아들에게 무엇을 하라고 하면 아무 말 없이 그대로 하라는 거예요. 그것도 웃으면서 그렇게 하라는 거죠."

그러고 나서 그 아버지는 아들이 실제로 그렇게 행동한다면 그것은 책임감이라기보다는 복종이 아니겠느냐는 내 의견에 동의했다.

모호한 표현은 내면에 혼란을 일으킨다.

이 아버지처럼, 우리는 우리가 원하는 것을 이루는 데 도움이 될 구체적인 행동을 말하는 대신, 막연하고 추상적인 언어를 쓴다. 그리고 다른 사람이 어떻게 느끼고 어떻게 행동하기를 바라는지 암시하는 말을 한다. 예를 들어, 어떤 회사의 사장이 진심으로 사원들의 의견이 듣고 싶어서 이렇게 말했다고 하자. "여러분, 편하고 자유롭게 의견을 말씀해 주세요" 이 말은 직원들이 편하게 느끼기를 바라는 사장의 희망을 전할 수는 있어도, 그렇게 느낄 수 있기 위해 직원들이 무엇을 어떻게 해야 하는지를 알려 주지는 않는다. 그렇다면 사장은 구체적이고 긍정적인 행동언어를 사용하여 직원들에게 다음처럼 부탁할 수 있을 것이다. "제가 어떻게 하면 여러분께서 저를 편하게 생각하고 자유롭게 의사 표시를 할 수 있을지 말씀해 주시기 바랍니다."

다음은 모호한 말이 어떻게 우리 내면에서 혼란을 일으키는지 보여 주는 마지막 실례이다. 내가 임상심리학자로 일할 때 우울함을 호

소하며 찾아오는 내담자들과 예외 없이 나
누었던 대화를 소개하고자 한다. 내가 내
담자가 말하는 느낌에 깊이 공감하면서 충
분히 들어 주고 나면 대개 다음과 같은 대화가 이어진다.

> 우울은 우리가 '착한' 사람으로
> 행동할 때 얻는 보상이다.

마셜　"당신이 원하는데 얻지 못하고 있는 것이 무엇입니까?"

내담자　"제가 뭘 원하는지 저도 잘 모르겠습니다."

마셜　"그렇게 말씀하실 줄 알았습니다."

내담자　"왜요?"

마셜　"제 생각으로는 우리가 우울을 느끼는 것은 자신이 원하
　　　는 것을 얻지 못해서이고, 또 우리가 원하는 것을 얻을
　　　수 있는 방법을 한 번도 배운 적이 없기 때문입니다. 우
　　　리가 배운 것은 오로지 착한 아이, 좋은 부모가 되는 방
　　　법뿐입니다. 이런 식의 '착한' 사람이 되기 위해서는 우
　　　울에 익숙해져야 할 겁니다. 우울은 우리가 착한 사람으
　　　로만 행동할 때 얻는 보상이니까요. 하지만 좀 더 즐겁고
　　　생동감을 느끼고 싶으시다면, 당신의 삶을 더 행복하게
　　　만들기 위하여 다른 사람들이 무엇을 해 주기를 바라는
　　　지 분명하게 표현할 수 있어야 합니다."

내담자　"저는 단지 누군가로부터 사랑받고 싶을 뿐입니다. 그게
　　　뭐, 그렇게 말이 안 되는 소리는 아니지 않습니까?"

마셜　"네. 그렇게 시작하는 것은 좋습니다. 그러면 그 사랑받고
　　　싶다는 욕구를 충족하기 위하여 사람들이 무엇을 해 주

기를 바라는지 구체적으로 말씀해 보세요. 예를 들어 제가 지금 무엇을 해 드리면 좋겠습니까?"

내담자   "아, 아시잖아요……."

마셜   "글쎄요, 모르겠는데요. 어떻게 하면 저나 다른 사람이 당신이 받고 싶어 하는 사랑을 줄 수 있는지 말씀해 주셨으면 합니다."

내담자   "어려운데요."

마셜   "네, 부탁을 분명하게 말하는 것은 어려울 수 있어요. 하지만 생각해 보세요. 자기 자신조차 분명치 않은 것을 다른 사람이 알아서 해 주기가 얼마나 어려울지."

내담자   "제가 사랑을 받고 있다고 느끼기 위해서 다른 사람들이 무엇을 해 주기를 바라는지 이제 좀 보이기 시작하네요. 하지만 약간 부끄러운데요."

마셜   "네, 어색하게 느껴질 수 있죠. 저나 다른 사람이 어떻게 해 주면 좋을지 이제 말씀해 보세요."

내담자   "사랑받고 싶다고 할 때 제가 진정으로 원하는 것이 무엇인지 잘 생각해 보니까, 내가 무얼 원하는지를 상대방이 나보다 먼저 알아차리고 항상 그것을 해 주면 좋겠다는 거네요."

마셜   "명확하게 설명해 주셔서 고맙습니다. 만약 조건이 그렇다면, 당신의 사랑에 대한 욕구를 채워 줄 수 있는 사람을 찾기가 얼마나 어려울지를 이해하셨으면 합니다."

자기가 다른 사람들에게 무엇을 바라는지 모른다는 이 인식 부족이 좌절감과 우울증을 가져오는 중요한 요인이라는 점을 내담자들이 알게 될 때가 정말 많다.

의식하면서 부탁하기

때로는 말을 하지 않으면서도 명확하게 부탁을 할 수 있다. 거실에서 텔레비전을 보고 있는 언니가 부엌에 있는 당신에게 "나 목이 말라."라고 큰 소리로 말했다고 가정해 보자. 이런 경우에는 언니가 당신에게 부엌에서 물 한 잔을 갖다 달라고 부탁하고 있음이 명백하다.

하지만 그렇지 않은 경우도 있다. 우리는 자신의 불만을 표현하고서는 그 뒤에 숨은 우리의 부탁을 상대방이 이해했으리라고 잘못 추측하기도 한다. 예를 들어 어떤 주부가 남편에게 "저녁 식사를 준비하는 데 필요해서 식용유와 양파를 사다 달라고 했는데 잊어버리고 그냥 오면 어떻게 해요. 정말 짜증 나네."라고 말했다고 하자. 이 주부에게는 남편이 다시 가게로 가서 그것을 사다 달라는 뜻이 분명할지

> 단순히 느낌만을 표현하면, 듣는 사람에게 우리가 그들이 무엇을 하기를 원하는지가 분명하지 않을 수 있다.

모르지만, 남편은 단지 자신에게 죄책감을 주려고 아내가 그런 말을 한다고 생각할 수 있다.

더 많은 경우, 우리는 말을 하면서도 상대에게 무엇을 부탁하고 있는지 아예 의식하지 못하기도 한다. 우리는 다른 사람과 '함께' 대화

를 하는 것이 어떤 것인지 알지 못하면서, '다른 사람에게' 또는 '다른 사람을 향해' 이야기하면서 상대의 존재가 마치 휴지통인 양 우리의 말들을 던져 버린다. 이런 때 듣는 사람은 우리가 정확히 무엇을 부탁하고 있는지 알 수 없기 때문에 다음 일화에서처럼 괴로움을 겪을 수가 있다.

> 우리는 자신이 무엇을 부탁하는지 알아차리지 못할 때가 있다.

나는 댈러스 공항에서, 승객들을 각 항공사의 터미널로 태워다 주는 공항 내 셔틀 열차 안에 어떤 부부와 마주 앉아 있었다. 느린 속도로 가는 이 열차는 비행기 시간에 맞춰야 하는 승객들을 초조하게 만들 만했다. 남편이 부인 쪽을 쳐다보면서 격한 소리로 말했다.

"이렇게 느리게 가는 열차는 내 평생에 처음 보는군!"

부인은 남편이 어떤 대답을 원하는지 몰라서 난감해할 뿐 아무 말도 하지 않았다. 그러자 남편은 대부분의 사람들이 원하는 대답을 듣지 못했을 때 하는 행동을 했다. 전보다 더 큰 소리로 같은 말을 반복하는 것이다.

"이렇게 느려 터진 열차는 내 평생에 처음 본다니까!"

부인은 어떻게 대답해야 할지 몰라서 더욱 난처한 표정으로 남편에게 이렇게 말했다.

"열차들이 전부 자동으로 운행되고 있으니까 그렇죠."

내가 보기에 이런 정보는 남편을 안심시켜 줄 것 같지 않았고, 역시나 그랬다. 그는 이번에는 훨씬 더 큰 소리로 똑같은 말을 되풀이했다.

"이렇게 느려 터진 열차는 내 평생에 처음 본단 말이오!"

그러자 분명히 부인의 인내도 한계에 달해 남편의 말에 발끈하며 화를 냈다.

"그래서, 도대체 나보고 어떻게 하라는 말이에요? 나가서 열차를 밀기라도 하란 말이에요?"

이제 두 사람 모두 괴롭게 되었다.

남편은 어떤 대답을 원했을까? 아마 자신의 마음을 부인이 이해해 주기 바랐을 것이다. 만약 부인이 그 점을 알았다면 이렇게 대답했을 것이다.

"비행기를 놓칠까 봐 걱정돼요? 열차가 좀 더 빨리 갔으면 해서 짜증 나죠?"

앞의 대화에서 부인은 남편의 불평은 들었지만, 그가 무엇을 부탁하고 있는지는 알아차리지 못했다. 이와 반대로 자신의 느낌이나 욕구를 말하지 않고 부탁만 먼저 하는 상황도 똑같이 문제가 된다. 부탁이 의문문 형식을 취할 경우 특히 그렇다. "머리 좀 자르지 그러니?"와 같은 말을 할 때, 부모가 자신의 느낌과 욕구를 먼저 말하지 않으면, 자녀들에게 명령이나 공격적인 말로 들리기 쉽다.

> 말하는 사람의 느낌과 욕구를 표현하지 않는 부탁은 명령처럼 들릴 수 있다.

"네 머리가 너무 길어서 혹시나 앞이 안 보일까 봐 걱정된다. 특히 자전거를 탈 때 말이야. 머리를 좀 자르는 게 어떻겠니?"

그러나 사람들은 자신이 무엇을 부탁하는지 의식하지 못하면서 이야기할 때가 더 많다. "무언가를 바라는 것이 아니에요. 그냥 말을 하고 싶었을 뿐이에요."라고 할 수도 있을 것이다. 하지만 우리가 다른 사람에게 말을 할 때에는 언제나 상대에게 무엇인가를 요청하고 있다고 나는 믿는다. 열차 안의 남자처럼, 그것은 자신의 말을 이해했다는 언어적 혹은 비언어적 공감에서 오는 연결일 수도 있다. 또는 우리의 말에 대한 상대의 솔직한 반응을 알고 싶어 그것을 부탁할 수도 있다. 또, 우리의 욕구를 충족시켜 주리라고 생각하는 행동을 부탁할 수도 있다. 우리가 상대로부터 무엇을 받고 싶은지 명확하게 표현할수록 우리의 욕구가 충족될 가능성이 커진다.

> 자신이 받고 싶은 것에 대해 명확하게 할수록 그것을 받을 가능성이 커진다.

들은 대로 다시 말해 달라고 부탁하기

모두 알다시피, 우리가 한 말의 뜻이 항상 그대로 상대방에게 전해지는 것은 아니다. 우리가 한 말을 상대방이 우리가 뜻한 대로 이해를 했는지 분명하지 않을 때에는, 상대가 내 말을 어떻게 들었는지 분명히 물어보고 오해를 바로잡을 수 있어야 한다. 어떤 상황에서는 간단하게 "제 말이 분명한가요?"라고 묻는 것으로 충분하다. 또 다른 상황에서는 상대방이 "네, 알겠습니다."라는 대답을 했더라도, 그가 정말로 이해했는지 확신하기 위해서 무엇을 어떻게 들었는지 들은 대로

> 우리의 말이 제대로 전달되었는지 확인하기 위해, 상대방에게 들은 것을 다시 말해 달라고 부탁할 수 있다.

다시 말해 달라고 부탁할 수도 있다. 그러면 그들이 반복해 주는 말

에서 우리 뜻과 일치하지 않거나 빠진 것을 다시 말해 줄 기회를 갖게 된다.

예를 들어 어떤 선생님이 학생에게 다가가서 이렇게 말했다고 하자.

"피터, 어제 성적기록부를 보고 나니 조금 걱정이 된다. 네가 제출하지 않은 숙제에 대해서 알고 있는지 궁금해서 그러는데, 방과 후에 교무실로 올 수 있겠니?"

피터는 "네, 알았어요."라고 풀 죽은 목소리로 말하며 돌아선다. 그런데 선생님은 자신의 말이 정확하게 전달되었는지 염려스러워 피터에게 자신의 말을 들은 대로 되풀이해 달라고 부탁한다.

"내가 방금 한 말을 어떻게 들었는지 말해 줄 수 있겠니?"

피터는 이 질문에 "선생님은 제가 한 숙제가 맘에 들지 않는다고 하셨어요. 그래서 축구 연습에 나가지 말고 학교에 남으라고 하셨어요." 하고 대답한다. 선생님은 피터가 자기의 말을 제대로 이해하지 못했으리라는 추측이 확인되자 다시 설명하려고 한다. 그러나 다음 말을 하기 전에 신중을 기한다.

> 우리가 전달하고자 한 뜻을 어떻게 알아들었는지 다시 말해 달라고 부탁했을 때, 상대가 노력하는 모습을 보이면 이에 대해 감사를 표시한다.

"내 말을 제대로 듣지 않았구나." "내 말은 그게 아니야." 또는 "제대로 이해하지 못했어."와 같이 단정지어 하는 말은 피터로 하여금 야단을 맞고 있다고 생각하게 만들기 쉽다. 그러나 선생님이 다시 말해 달라는 자신의 부탁에 피터가 성실하게 대답했다고 생각한다면 이렇게 말할 수 있다.

"네가 들은 것을 말해 줘서 고마워. 그런데 내가 내 뜻을 정확하게 전달하지 못한 것 같구나. 그러니 다시 한 번 말해 줄게."

다른 사람에게 우리의 말을 되풀이해 달라고 하는 것은, 사람들이 그런 부탁을 하는 일은 거의 없기 때문에, 처음에는 어색하고 이상하게 느껴질 수 있다. 내가 다시 말해 달라고 부탁하는 것의 중요성을 강조할 때, 사람들은 대개 주저한다. 다음과 같은 반응이 나올까 봐 두려워하는 것이다. "넌 내가 귀머거리인 줄 아니?" 혹은 "그런 심리놀이 그만둬!" 이런 반응이 나오지 않도록 하기 위하여 되풀이해 말해 줄 것을 부탁하는 이유를 상대에게 먼저 설명할 수도 있다. 그 부탁이 상대의 이해력을 시험하려는 것이 아니라, 내가 전달하고자 한 뜻이 제대로 전해졌는지 확인하기 위해서라는 점을 명확히 하는 것이다. 만약 상대가 "나는 네가 무슨 말을 했는지 다 알아들었어. 난 바보가 아니야!"라고 한다면, 상대의 느낌과 욕구에 초점을 맞추고 소리 내어, 또는 마음속으로 조용히 "네 이해력을 존중해 주기를 원하기 때문에 짜증이 난다는 말이니?"라고 물어볼 수도 있다.

> 들은 것을 되풀이 말하고 싶어 하지 않는 상대의 마음을 알아줄 것

솔직한 반응 부탁하기

우리가 자신을 솔직하게 표현하고 이해를 받은 다음에는 상대가 그것에 대해 어떻게 느끼고 생각하는지를 알고 싶을 때가 있다. 우리가 원하는 솔직한 반응은 다음 세 가지 중 하나일 수 있다.

• 우리 말을 듣고 상대에게 떠오른 느낌과 그 느낌의 원인을 알고 싶을 때에는 이렇게 물어볼 수 있다. "제가 방금 한 말을 듣고 어떻게 느끼는지 말씀해 주시면 좋겠어요."

자신을 솔직하게 표현한 다음, 우리는 우리가 한 말에 대해서 (1) 상대가 무엇을 느끼는지,

• 내가 방금 한 말을 듣고 상대방이 어떤 생각을 하는지 알고 싶을 때도 있다. 이럴 때에는 특히 어떤 생각을 듣고 싶은지 구체적으로 표현하는 것이 중요하다. 예를 들자면 "제가 한 말에 대해서 어떻게 생각하는지 말씀해 주시면 좋겠습니다."라고 하기보다, "제 계획이 성공할 것이라고 생각하는지, 만약 그렇지 않다면 무엇이 방해 요인이라고 생각하는지 말씀해 주시면 좋겠습니다." 하는 식으로 구체적인 부탁을 하는 것이 좋다. 상대방의 어떤 생각을 알고 싶은지 구체적으로 말하지 않는다면, 상대방은 우리가 알고 싶어 하지 않는 다른 일에 대해 장황하게 말할 수도 있다.

(2) 상대가 무엇을 생각하는지,

• 어떤 때에는 내가 제안한 행동을 상대가 기꺼이 해 줄 의사가 있는지 알고 싶을 수도 있다. 그 경우에는 이렇게 부탁할 수 있다. "회의를 일주일 정도 연기하는 게 괜찮으신지 말씀해 주시겠어요?"

(3) 상대가 내 제안을 받아들일 의사가 있는지 알고 싶어 한다.

NVC를 적용할 때에는 우리가 상대에게 어떤 솔직한 반응을 원하는가를 인식하고, 그것을 구체적인 말로 부탁할 필요가 있다.

여러 사람에게 부탁하기

집단을 상대로 이야기할 때에는, 자신의 이야기를 하고 난 후 그들로부터 어떤 반응을 듣고 싶은지 분명히 말하는 것이 특히 중요하다. 그렇지 않으면 결국 어느 누구의 욕구도 충족하지 못하는 비생산적인 대화가 계속되는 상황이 될 수 있다.

나는 인종차별을 걱정하는 시민단체들로부터 도와달라는 부탁을 받을 때가 있다. 그런데 이들 모임에서 자주 나타나는 문제는 모임이 지루하고 뚜렷한 결과가 없이 끝난다는 것이다. 특히 빠듯한 살림에 아이들을 맡기는 비용과 교통비를 들이며 참석하러 온 사람들에게 이 점은 큰 문제였다. 그래서 결론도 없이 길게 계속되는 회의에 염증을 느낀 일부 회원들은 시간 낭비라고 하면서 모임을 떠나기도 했다. 게다가 그들이 실현하고자 하는 제도적인 변화는 대개 쉽지도 않고 빨리 오는 것도 아니다. 이런 여러 가지 이유로, 이런 단체에서 모임을 할 때에는 서로 협력해서 효율적으로 시간을 활용하는 것이 중요하다.

나는 어떤 지역의 교육 제도를 바꾸기 위해 모이는 회원들을 알고 있다. 이들은 교육 제도 안에 인종에 따라 학생들을 차별하는 여러 가지 요소가 있다고 믿고 있었다. 하지만 이들은 모임이 비생산적이어서 참석하는 회원 수가 줄어들자 내게 자신들의 모임을 관찰해 달라고 부탁해 왔다. 나는 이들에게 평소처럼 모임을 진행하도록 했고, NVC가 도움이 될 만한 점이 있다면 알려 주겠다고 말했다.

모임이 시작되자 한 남성이, 딸이 교장에게 부당한 대우를 받은 데 대해 항의와 우려를 제기하는 어느 소수민족 어머니에 관한 신문 기사 이야기를 꺼내서 회원들의 관심을 모았다. 그러자 한 여성 회원이 같은 학교에서 자신이 학생 시절에 겪었던 이야기를 하기 시작했다. 그러자 다른 한 사람도 비슷한 경험담을 이야기했다. 이렇게 20분 정도 지난 다음 나는 회원들에게 지금 나눈 이야기들로 모임의 목적이 충족되었냐고 물어보았다. "네!"라고 대답하는 사람이 아무도 없었다. "우리 모임은 매번 이런 식이에요! 저는 모임에 와서 이런 똑같은 이야기나 듣고 있을 정도로 한가한 사람이 아닙니다."라며 한 사람이 볼멘소리를 했다.

나는 처음에 이 이야기를 꺼낸 사람에게 물었다.

"신문 기사를 말씀하시면서 회원들로부터 어떤 반응을 기대했는지 이야기해 주시겠습니까?"

그는 이렇게 대답했다.

"저는 그저 그 기사가 흥미롭다고 생각했어요."

하지만 나는 신문 기사에 대한 그의 생각을 물어본 게 아니라, 그가 회원들로부터 어떤 반응을 원했는지를 묻고 있다고 말했다. 그러자 그는 잠시 생각하더니 다음과 같이 시인했다.

"제가 회원들한테 어떤 반응을 원했는지 잘 모르겠는데요."

바로 그것이 모임의 소중한 시간을 낭비하게 된 이유라고 나는 믿는다. 모임에서 우리 자신이 무엇을 원하는지 확실히 모르면서 말을 하면 토론은 이처럼 비생산적으로 흐른다. 하지만 그중 한 사람이라도 자신이 원하는 반응을 분명하게 부탁하는 것이 얼마나 중요한지 인식한다면, 그 같은 인식은 모인 사람 모두에게 전해질 수 있다. 예를 들자면, 신문 기사 이야기를 꺼낸 남성이 모임에서 원하는 반응을 분명하게 말하지 않았을 때, 다른 회원이 이렇게 말할 수 있다.

> 이야기하는 사람 자신이 어떤 반응을 원하는지 분명히 하지 않으면 모임의 시간이 낭비된다.

"회원들이 그 기사에 어떤 반응을 보이기를 바라시는지 잘 모르겠습니다. 우리에게 어떤 반응을 원하시는지 이야기해 주시겠습니까?"

이러한 개입은 소중한 시간을 낭비하는 것을 방지할 수 있다.

때때로 누구의 욕구도 충족하지 못한 채로 대화가 오래 늘어지기도 하는데, 그것은 이야기를 처음 시작한 사람이 그 대화에서 자신이 바라던 것을 얻었는지 여부를 분명히 하지 않았기 때문이다. 인도에서는 대화에서 자신이 원하던 반응을 얻었을 때 "버스(bas)"라고 말한다. 이 말은 "더 말 안 해도 돼요. 나는 이제 만족했고, 다른 이야기로 넘어가도 돼요."를 뜻한다. 우리의 모든 상호작용에서 '버스 의식'을 계발하고 장려한다면 크게 이로울 것이다.

부탁과 강요

부탁을 들은 사람이 자기가 그 부탁을 들어주지 않으면 비난이나

벌을 받으리라고 믿게 된다면 그 부탁은 강
요로 받아들여진 것이다. 강요를 받고 있
다고 생각하면 그들에게는 두 가지 선택밖
에 보이지 않는다. 복종 아니면 반항이다.

강요를 받으면 사람들은 두
가지 대처 방법을 생각한다.
복종 아니면 반항이다.

어느 경우든 부탁을 한 사람은 강압적으로 비치고, 듣는 사람은 즐
거운 마음으로 그 부탁에 응하기 어려워진다.

우리가 이전에 우리 부탁을 들어주지 않는 사람을 비난하고, 벌주
고, 죄책감을 심어 주었을수록 그 사람이 지금 우리의 부탁을 강요
로 들을 가능성이 크다. 다른 사람들이 그
렇게 했는데 우리가 그 대가를 치를 때도
있다. 왜냐하면 우리 주위에 있는 사람들
이 이전에 다른 사람의 부탁을 들어주지
않았을 때 얼마나 책망을 듣고 벌을 받고

부탁과 강요를 구별하는 방법:
부탁이 받아들여지지 않았을
때 부탁한 사람이 어떻게 행
동하는지 관찰한다.

죄책감을 품게 되었나에 따라, 그 후로 다른 사람들과의 관계에서도
그때의 기억대로 부탁을 강요로 들게 될 가능성은 그만큼 커지기 때
문이다.

다음 두 상황에서 부탁과 강요의 차이점을 알아보자. 잭이 친구인
제인에게 이렇게 말한다.

"오늘 외로운데 저녁에 시간을 같이 보낼 수 있을까?"

이것은 부탁인가 아니면 강요인가? 그 답은 제인이 부탁에 응하지
않았을 때 잭이 제인을 어떻게 대하는지를 볼 때까지는 알 수 없다.
제인이 "잭, 오늘은 좀 피곤해. 오늘 저녁에 누군가와 같이 있기를 바
란다면 다른 사람을 찾아보는 것이 어떻겠니?"라고 말했다고 하자.

이에 대해 잭이 "넌 역시 이기적이야!"라고 대답한다면 잭의 부탁은 강요였다. 제인이 휴식이 필요하다는 사실에 공감을 하는 대신에 그녀를 비난한 것이다.

부탁에 응하지 않았을 때 부탁한 사람이 비판이나 비난을 하면 강요이다.

그럼 두 번째 시나리오를 보자.

잭   "오늘 좀 외로운데 저녁에 만나서 시간을 같이 보낼 수 있을까?"

제인 "잭, 오늘은 좀 피곤해. 오늘 저녁에 누군가와 함께 있기를 바란다면 다른 사람을 찾아보는 게 어떻겠니?"

(잭은 아무 말도 없이 돌아선다.)

(잭이 언짢아하는 것을 느낀 제인이 묻는다.)

제인 "왜 그래? 뭐가 잘못됐니?"

잭   "아니야."

제인 "잭. 뭔가 언짢은 것 같은데, 말해 봐."

잭   "내가 지금 얼마나 외로운지 알잖아. 네가 정말 친구라면 오늘 저녁 함께 있어 줘야지."

여기에서도 잭은 제인을 이해하는 대신, 그녀가 자신의 좋은 친구가 아니라서 거절하고 있다고 제인의 반응을 해석하고 있다. 우리의 부탁이 안 받아들여질 때 그것을 거절로 보는 생각은 자기충족적 예언이 된다. 왜냐하면 주위 사람들은 우리의 부탁을 더욱 강요로 듣게 되고 우리 곁에 있는 것을 점점 싫어하게 되기 때문이다.

그 반면에 잭이 "제인, 오늘 저녁에는 피곤해서 혼자 쉬고 싶니?"라고 말하며 제인의 느낌과 욕구를 알아주었다면, 잭의 요청은 강요가 아니라 진실한 부탁이라는 것을 알 수 있다.

부탁에 응하지 않은 상대방에게 죄의식을 느끼게 하는 것은 강요다.

상대방이 즐거운 마음으로 할 수 있을 때에만 우리의 부탁을 들어달라는 의사 표시를 상대에게 분명히 하면, 우리가 강요가 아닌 부탁을 하고 있다는 사실을 상대방이 믿는 데 도움이 될 수 있다. 그래서 "상 좀 차려 줘." 대신에 "상 좀 차려 줄 수 있겠니?"라고 요청하는 것이 좋다.

그러나 진심으로 부탁하고 있다는 사실을 알리는 가장 확실한 방법은, 상대방이 우리의 부탁에 응하지 않았을 때 그 사람의 말에 공감해 주는 것이다. 다른 사람이 우리의 부탁을 들어주지 않았을 때, 우리가 나타내는 반응에 따라 우리의 말이 강요가 아니라 부탁이었다는 사실이 드러난다. 상대가 우리의 부탁을 들어줄 수 없는 이유에 대해 공감의 이해를 보여 줄 준비가 되어 있다면 우리는 강요가 아니라 부탁을 한 것이라고 나는 생각한다. 우리가 강요가 아니라 부탁을 하기로 선택했다는 것은 상대가 그 부탁에 "아니요."라고 했을 때 바로 포기한다는 말이 아니다. 그것은 상대방이 "예."라고 대답하지 않는 이유를 충분히 공감으로 이해할 때까지는 상대방을 설득하지 않는다는 것을 의미한다.

말한 사람이 상대의 욕구를 이해하는 태도를 보인다면 부탁이다.

부탁할 때 목적을 분명하게 인식하기

　진정한 부탁을 하기 위해서는 우리가 부탁하는 목적이 무엇인지를 분명하게 인식할 필요가 있다. 그 목적이 단지 상대방과 그들의 행동을 변화시키거나 자신이 하고 싶은 대로 하려는 것이라면 NVC는 적절한 방법이 아니다. NVC는 상대가 스스로 원해서 변화하고 연민으로 반응하기를 바라는 사람들을 위해 만들어졌다. NVC의 목적은 솔직함과 공감을 바탕으로 인간관계를 맺는 것이다. 우리의 가장 중요한 목적이 질적인 유대를 맺고 모든 사람의 욕구가 충족되는 것임을 다른 사람들이 믿게 되면, 사람들은 우리의 부탁이 진정한 부탁이고 부탁으로 위장한 강요가 아님을 믿을 수 있게 될 것이다.

우리 목적은 솔직함과 공감에 바탕을 둔 연결이다.

　이러한 목적의식을 유지하는 것이 쉬운 일은 아니다. 특히 부모나 교사, 관리자처럼 다른 사람들에게 영향을 미쳐서 행동의 변화를 가져와야 하는 사람들에게는 더 어렵다. 워크숍 도중 점심시간을 이용해 집에 다녀온 한 어머니가 내게 이렇게 말했다.

　"마셜, 집에 가서 배운 대로 해 봤는데 효과가 없었어요."

　나는 그녀에게 집에서 어떻게 했냐고 물었다.

　"집에 가서 여기서 배운 대로 제 느낌과 욕구를 표현했어요. 아들을 비난하거나 비판하지 않으면서 단지 이렇게 말했어요. '얘야, 네가 엄마에게 하겠다고 약속한 일을 해 놓지 않은 것을 보았을 때, 나는 정말 실망했다. 왜냐하면 내가 돌아왔을 때 집이 깨끗이 정돈되어 있길 바랐기 때문이야.' 그러고 나서 아들에게 이렇게 부탁했지요. '지금 바로 청소를 해 줄 수 있겠니?'라고 말이지요."

나는 "NVC의 네 가지 구성 요소를 모두 잘 표현한 것처럼 보이는 데요."라고 말하면서 물었다.

"그다음에는 무슨 일이 일어났나요?"

"아이가 청소를 하지 않았어요."

"그래서 어떻게 하셨죠?"

"저는 아들에게 그렇게 게으르고 무책임해서는 세상을 살아갈 수 없다고 말했어요."

나는 그분이 아직 부탁과 강요를 구별하지 못하고 있다는 것을 알수 있었다. 그 여성은 여전히 자신의 '부탁'이 받아들여졌을 때에만 NVC 방식이 성공했다고 생각했다. 이것은 우리가 NVC를 처음 배울 때, 그 이면에 있는 목적을 인식하지 못한 채 기계적으로 NVC를 적용할 때 생기는 일이다.

하지만 우리가 아무리 목적을 인식하면서 주의 깊게 부탁했다 하더라도, 어떤 사람은 그것을 여전히 강요로 받아들일 수 있다. 특히 우리가 권력을 가진 자리에 있고, 또 상대방이 과거에 억압적이고 권위적인 사람을 경험했다면 더욱 그렇다.

한번은 어떤 고등학교에서 강의 부탁을 받았다. 그 학교에서 선생님들이 바라는 대로 협조하지 않는 학생들과 소통하는 데 NVC가 어떻게 도움이 될 수 있을지 선생님들에게 시범을 보여 달라는 것이었다.

나는 '사회적·정서적 부적응아'로 분류된 학생 40명을 만나게 되었

149

제6장_ 삶을 풍요롭게 하기 위해 부탁하기

다. 나는 그런 꼬리표가 얼마나 자기충족적 예언이 되는지 보고 놀랐다. 만약 학교에서 이런 꼬리표를 붙인다면, 누구라도 선생님들이 하라는 것은 모두 거부하고 자기 좋을 대로 재미를 보라는 허락을 받은 것이나 마찬가지 아닌가? 사람들에게 꼬리표를 붙일 때에는, 우리가 걱정하는 바로 그 행동을 그 사람들이 하게 만드는 식으로 그들을 대하는 경향이 있다. 그러고는 그 사람들에 대한 우리의 판단이 옳았다고 더욱 확신한다. 내가 교실에 들어섰을 때, 학생들 대부분은 창밖으로 몸을 내밀고 큰 소리로 운동장에 있는 친구들과 서로 욕을 하고 있었다. 하지만 나는 이들 학생 40명이 '사회적·정서적 부적응아'로 분류되었다는 것을 알았기 때문에 그것을 보고 놀라지 않았다. 나는 학생들에게 이렇게 부탁하는 것으로 시작했다.

"내가 누구인지 소개하고 오늘 여러분과 같이 무엇을 하려는지 말할 수 있게 모두 자리에 앉아 주면 좋겠습니다."

반 정도 되는 학생들이 자리에 앉았다. 나머지 학생들이 내 말을 들었는지 분명하지 않았기 때문에 다시 한 번 부탁했다. 그러자 창문턱에 걸터앉아 있던 두 명을 제외한 나머지 학생들이 자리로 돌아왔다. 공교롭게도 둘은 반에서 제일 몸집이 큰 학생들이었다.

나는 "이봐요, 학생들!" 하고 그들을 불렀다.

"두 사람 중에서 누구라도 내가 지금 뭐라고 말했는지 말해 줄 수 있겠어요?"

그러자 한 학생이 코웃음 치며 말했다.

"어, 우리보고 자리에 가서 앉아야 한다고 했잖아요?"

나는 혼자 생각했다.

'이런, 이 학생은 내 부탁을 강요로 받아들였군.'

나는 큰 소리로 말했다.

"보세요(나는 이 학생처럼 팔뚝이 굵고 게다가 문신까지 한 사람에게는 항상 존댓말을 쓴다), 내가 원하는 것을 어떻게 말해야 이래라저래라 하는 것처럼 들리지 않겠는지 내게 말해 줄 수 있겠어요?"

"뭐라고요?"

권위를 가진 사람에게 강요를 받는 데에 익숙한 그에게 나의 다른 접근 방식은 낯설었던 것이다. "여러분이 원하는 것을 무시하지 않으면서 내가 원하는 것을 전하려면 어떻게 말을 해야 할까요?" 하고 다시 말했다. 학생은 잠시 머뭇거리다가 어깨를 으쓱하며 대답했다.

"모르겠는데요."

"지금 학생과 나 사이에 일어나고 있는 이런 상황이 오늘 여러분과 이야기하고 싶은 내용의 좋은 예입니다. 다른 사람에게 명령을 하지 않으면서 원하는 말을 할 수 있다면, 우리는 서로 좀 더 즐거운 관계를 맺을 수 있다고 생각해요. 내가 원하는 것을 여러분에게 말할 때 그것은, 여러분이 꼭 그대로 해야 한다거나 내 말대로 하지 않으면 여러분을 괴롭히겠다는 뜻이 아닙니다. 이 말을 여러분이 믿을 수 있도록 하려면 어떻게 말을 할지 잘 모르겠어요."

다행히도 학생이 내 말을 이해한 모양이었다. 그는 옆에 있던 친구와 함께 자리로 돌아가 앉았다. 이 경우처럼 상대가 우리 부탁을 진정한 부탁으로 받아들이는 데에는 시간이 걸릴 수도 있다.

다음과 같은 생각들은 부탁을 자동적으로 강요로 만든다. 부탁할 때 이런 생각들이 우리 마음속에 있는지 돌아보는 것이 도움이 된다.

- 자기가 어질러 놓은 것은 자기가 치워야만 한다.
- 내가 요청한 일을 그 사람은 당연히 하기로 되어 있다.
- 나는 마땅히 임금을 인상받을 자격이 있다.
- 내가 그들을 늦게까지 일하게 한 것은 정당하다.
- 나는 며칠 더 휴가를 낼 권리가 있다.

우리가 이런 생각을 가지고 우리의 욕구를 표현할 때에는 상대가 부탁에 응하지 않으면 반드시 비난을 하게 된다. 언젠가 막내 아이가 쓰레기를 집 밖에 내놓지 않았을 때, 내 마음속에는 이런 독선적인 생각들이 있었다. 우리가 집안일을 나누어 하기로 했을 때 막내는 쓰레기를 집 밖에 내놓는 일을 맡기로 동의했다. 하지만 나와 막내 아이는 매일 이 문제를 가지고 실랑이를 벌였다. 나는 오로지 아들에게 쓰레기를 밖에 내놓게 하겠다는 일념으로 "쓰레기를 내놓는 일은 네 몫이야." "우리는 각자 맡은 일이 있어!" 등과 같은 말로 매일 다그치곤 했다.

그러던 어느 날 밤, 마침내 나는 왜 이 일이 안 되고 있는지에 대해서 아이가 그동안 해 오던 말을 주의하여 듣게 되었다. 그날 밤 아들과 대화한 후 나는 다음과 같은 노래를 만들었다. 내가 자신의 입장을 이해한다고 느낀 후로 아이는 내가 말하지 않아도 스스로 쓰레기를 집 밖에 내놓았다.

브렛의 노래

아빠의 의도가 강요가 아니라는 것을

분명히 알게 되면,

아빠의 부름에 응할 거예요.

하지만 아빠가 거만한 상사처럼 다가온다면

아빠는 벽을 만난 것처럼 느끼게 되실 거예요.

그동안 아빠가 내게 해 주신 모든 것을

엄숙하게

상기시켜 주실 때면,

또 한바탕할 마음의 준비를

하셔야 할걸요.

아빠가 침을 튀기며

소리를 지르고,

한탄하고, 불평하고, 노발대발하셔도

나는 쓰레기를 갖다 버리지 않을 거예요.

이제 아빠가 태도를 바꾼다 해도,

내가 아빠를 용서하고, 잊는 데에는

시간이 좀 걸릴 거예요.

왜냐하면 내가 아빠의 모든 기준에 맞게 행동할 때까지는

나를 한 인간으로 보지 않으셨기 때문이에요.

요 약

NVC의 네 번째 요소는 '우리가 각자 삶을 풍요롭게 하기 위해서 서로에게 무엇을 부탁하고 싶어 하는가?'라는 문제를 다루고 있다. 그것은 막연하고 추상적이거나 모호한 말을 피하고, 원하지 않는 것보다 우리가 원하는 것을 말함으로써 긍정적인 행동언어를 사용하는 것을 기억하는 일이다.

우리가 말할 때 상대에게 어떤 응답을 바라는지 분명히 할수록 우리가 원하는 것을 얻을 가능성은 더 커진다. 우리가 전하려는 뜻이 항상 그대로 전달되지는 않기 때문에 그것이 정확하게 전해졌는지 확인할 방법을 배울 필요가 있다. 특히 집단을 대상으로 말할 때에는 자신이 바라는 반응에 대하여 명확하게 인식할 필요가 있다. 그렇지 않으면 비생산적인 대화로 많은 사람의 시간을 낭비하게 된다.

상대방이 우리의 부탁에 응하지 않을 때 비난이나 처벌을 받게 되리라고 생각한다면, 이는 부탁이 강요로 받아들여진 것이다. 상대가 기꺼이 할 수 있을 때에만 우리의 부탁을 들어달라는 뜻을 명백히 함으로써, 그것이 강요가 아니라 부탁임을 상대가 믿도록 도울 수 있다. NVC의 목적은 자신이 원하는 것을 얻기 위해 다른 사람의 행동을 바꾸려는 것이 아니다. 솔직함과 공감에 바탕을 둔 인간관계를 형성하여 결국에는 모든 사람의 욕구가 충족되도록 하는 것이다.

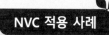

친한 친구의 흡연에 대해 함께 걱정하기

알과 버트는 30년 넘게 친한 친구로 지내왔다. 담배를 피우지 않는 알은 하루에 두 갑 정도 담배를 피우는 버트가 담배를 끊도록 설득하려고 그동안 여러 가지로 노력했다.

버트의 기침이 날이 갈수록 심해지는 것을 보면서 어느 날 알은 지금까지 표현하지 못한 걱정과 분노 속에 묻혀 있던 에너지로 갑자기 마음을 쏟아내기 시작했다.

알 버트, 벌써 여러 번 이야기했지만 한 번 더 들어 봐. 나는 그 망할 담배 때문에 네가 죽을까 봐 겁나! 너는 내 가장 친한 친구이고, 나는 네가 정말 오래 내 곁에 있어 주면 좋겠어. 제발 너를 이렇게 저렇게 판단한다고 생각하지 말아 줘. 내 뜻은 그런 게 아니야. 정말 네가 걱정될 뿐이야. (과거에 알이 버트에게 담배를 끊으라고 권유하면 버트는 종종 알이 자신을 판단하고 있다고 비난했다.)

버트 그래, 네가 걱정하는 거 알아. 우리는 오랫동안 친한 친구로 지내 왔으니까…….

알 (부탁으로) 담배를 끊을 생각이 있니?

버트 나도 끊을 수 있었으면 좋겠어.

알   (버트의 느낌과 욕구에 귀 기울이면서) 혹시 실패할까 봐 시작하기
가 망설여지니?

버트   그래…… 내가 전에 얼마나 여러 번 시도해 봤는지 너도 알잖
아……. 내가 담배를 끊지 못하기 때문에 사람들이 나를 못났
다고 생각하는 것 같아.

알   (버트가 부탁하려는 것을 추측하면서) 나는 그렇게 생각하지 않아.
그리고 만약 네가 다시 시도했다 실패한다고 해도 그렇게 생
각하지 않을 거야. 나는 그저 네가 다시 시도라도 했으면 해.

버트   고마워. 그런데 나는 너만 말하는 게 아니야……. 다른 사람들
말이야. 나는 그 사람들 눈빛만 봐도 알아. 나를 실패자라고
생각해…….

알   (버트의 느낌을 공감하면서) 담배를 끊는 일만으로도 힘든데 남
들이 너를 어떻게 생각하는지까지 걱정해야 하는 것 때문에
더 힘드니?

버트   내가 중독자일지도 모른다는 생각을 하면 정말 싫어. 또 스스
로 통제할 수 없는 무언가가 내 안에 있다는 건 더하고…….

알   (버트와 눈을 마주치며 이해한다는 뜻으로 고개를 끄덕인다. 버트의 마음
속 깊은 느낌과 욕구에 대한 알의 관심은 그의 눈과 침묵에 나타난다.)

버트   사실, 나는 더 담배를 피우고 싶지도 않아. 공공장소에서 담배
를 피우면 사람들이 무슨 부랑자 쳐다보듯 해서 민망할 때도
있고…….

알 (계속 버트의 말에 공감하면서) 정말 담배를 끊고 싶어도 또 실패할까 봐 주저하는구나. 또 그렇게 되면 자신감이나 네 스스로에 대한 이미지는 어떻게 될까도 걱정하는 것 같고…….

버트 그래, 그런 것 같아……. 나는 전에 누구한테도 이런 말을 한 적이 없어. 사람들이 내게 담배를 끊으라고 말하면, 그냥 꺼지라고 말했어. 나도 담배를 끊고 싶어. 하지만 강요받고 싶지는 않아.

알 나도 네게 강요하고 싶지 않아. 네가 성공하지 못할 수도 있다는 두려움을 떨치는 데 내가 어떤 도움이 될지 잘 모르겠지만, 네가 담배를 끊으려고 한다면 어떤 방법으로든 돕고 싶어. 내 말은, 만약 네가 원한다면 말이야…….

버트 그래. 네가 걱정하고 도와주려는 것은 고마워. 하지만…… 내가 아직 마음의 준비가 안 되었다면, 그래도 괜찮겠니?

알 물론이지. 버트, 네가 담배를 끊을 준비가 안 되었어도 나는 네 친구야. 단지 나는 너와 더 오랫동안 친구로 지내고 싶을 뿐이야! (알의 부탁은 강요가 아니라 진실한 부탁이었기 때문에 버트의 응답에 상관없이, 알은 버트와 좋은 관계를 유지하려는 의도를 잊지 않는다. 알은 "그래도 나는 네 친구야."라는 말로 자율성을 지키려는 버트의 욕구를 존중한다. 이 말과 동시에, "더 오랫동안 친구로 지내고 싶어."라는 말로 관계를 유지하고 싶은 자신의 욕구를 표현한다.)

버트 그럼, 다시 한 번 해 볼게……. 하지만 아무한테도 말하지 마,

알았지?

알 그래. 담배를 언제 끊을지는 네가 정해. 아무한테도 말하지 않을 거야.

부탁 표현하기

　다음은 명확하게 부탁하는 방법에 대해 우리의 생각이 일치하는
지를 알아보는 연습문제이다. 구체적인 행동을 부탁한다고 생각되
는 문장에 동그라미를 쳐 보자.

1. 네가 나를 이해해 주기 바란다.
2. 내 행동 중에서 네 마음에 들었던 한 가지를 이야기해 주면 좋
   겠다.
3. 네가 좀 더 자신감을 가지기를 바란다.
4. 네가 술을 끊었으면 좋겠다.
5. 어제 회의에 대해 제게 솔직하게 말해 주면 좋겠어요.
6. 제한 속도에 맞추거나 그보다 더 느리게 운전해 주세요.
7. 나는 당신에 대해 좀 더 알고 싶어요.
8. 내 사생활을 존중해 주기 바랍니다.
9. 저녁 식사 준비를 좀 더 자주 해 주면 좋겠어요.
10. 내가 집에 돌아오면 얼굴을 보고 인사를 해 주었으면 좋겠어.

【 연습문제 4에 대한 나의 대답 】

1. 이 번호에 동그라미를 쳤다면 우리의 견해는 일치하지 않는다. 나는 '이해하다'라는 단어가 말하는 사람의 부탁을 구체적으로 분명하게 표현하고 있다고 생각하지 않는다. "내가 한 말을 어떻게 들었는지 말해 주면 좋겠다."라고 말할 수 있을 것이다.

2. 이 번호에 동그라미를 쳤다면, 이 문장에서 말하는 사람이 부탁을 분명하게 나타냈다는 데 대해 우리의 의견이 일치한다.

3. 이 번호에 동그라미를 쳤다면 우리의 견해는 일치하지 않는다. 나는 '자신감을 가져라'라는 표현은 말하는 사람이 부탁하는 행동을 분명하게 나타내고 있지 않다고 생각한다. "네가 자신감을 기를 수 있도록 '자신감 육성 훈련'에 참가했으면 한다."고 말할 수 있을 것이다.

4. 이 번호에 동그라미를 쳤다면 우리의 견해는 일치하지 않는다. '술을 끊는 것'은 무언가를 하는 것(긍정적인 부탁)이 아니라, 무언가를 하지 않는 것(부정적인 부탁)이다. "술을 마심으로써 너의 어떤 욕구가 충족되는지 내게 말해 주면 좋겠다. 그래서 너의 그런 욕구를 충족할 수 있는 다른 방법을 함께 의논했으면 한다."라고 말할 수 있을 것이다.

5. 이 번호에 동그라미를 쳤다면 우리의 견해는 일치하지 않는다. '솔

직하게 이야기하다'라는 표현은 구체적인 행동을 가리키지 않는다. "어제 회의 때 내가 한 프레젠테이션에 대해 어떻게 생각하는지 말해 주었으면 한다. 그리고 또 내가 무엇을 어떻게 고쳤으면 하는지 말해 주면 좋겠다."고 하는 것이 더 정확한 표현이라고 할 수 있다.

6. 이 번호에 동그라미를 쳤다면 말하는 사람이 부탁을 명확하게 표현했다는 데에 우리 의견이 일치한다.

7. 이 번호에 동그라미를 쳤다면 우리의 견해는 일치하지 않는다. 이 문장에는 말하는 사람 자신이 바라는 상대방의 행동이나 반응이 구체적으로 나타나지 않는다. 이를테면 "일주일에 한 번은 저와 함께 점심 식사를 할 마음이 있는지 알고 싶어요."라고 구체적으로 부탁하는 것이 더 명확하게 자신의 의사를 전달하는 방법이다.

8. 이 번호에 동그라미를 쳤다면 우리의 견해는 일치하지 않는다. '사생활을 존중해 주기 바란다'라는 표현은 다소 추상적이다. 말하는 사람이 어떤 행동을 부탁하는지 분명하지 않다. "내 사무실에 들어오기 전에 먼저 노크를 해 주시겠어요?"라고 말할 수 있을 것이다.

9. 이 번호에 동그라미를 쳤다면 우리의 견해는 일치하지 않는다. '좀 더 자주'라는 말은 구체적이지 않다. "매주 월요일에는 저녁 준비를 해 주면 좋겠어요."라고 말할 수 있을 것이다.

10. 이 번호에 동그라미를 쳤다면, 이 문장에서 말하는 사람이 부탁을 분명하게 나타냈다는 데 대해 우리의 의견이 일치한다.

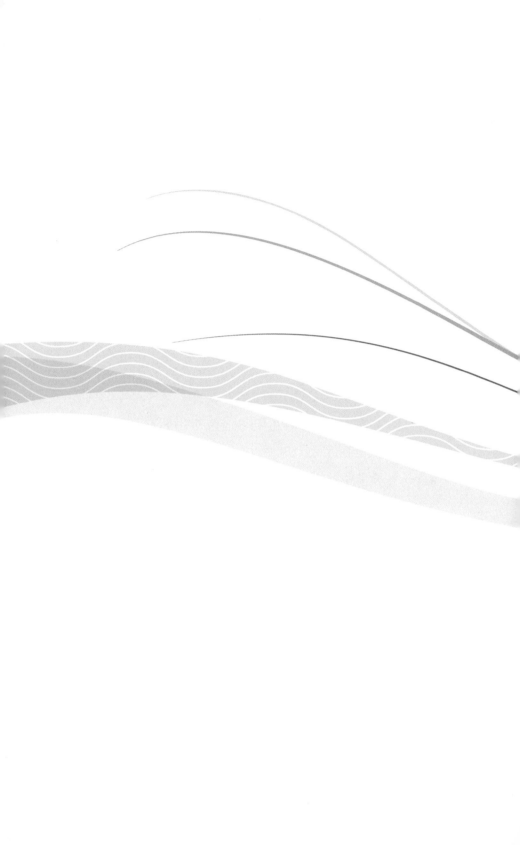

제 7 장

공감으로 듣기

진실은 결코 언어에 다 담을 수 없다.
우리는 모두 그것을 안다.
입이 한 가지를 말하고 있는 바로 그 순간,
마음은 다른 것을 말하고 있다.

캐서린 마셜

제3장부터 제6장까지는 NVC의 네 가지 요소—우리가 무엇을 관찰하고, 어떻게 느끼며, 무엇을 필요로 하는가, 그리고 삶을 풍요롭게 하기 위해서 무엇을 어떻게 부탁

NVC의 두 부분
– 솔직하게 말하기
– 공감으로 듣기

할 수 있는가에 대해 설명했다. 이제 이 네 요소를 적용해 자신을 표현하는 것에서 다른 사람의 관찰, 느낌, 욕구, 그리고 부탁을 귀 기울여 듣는 것으로 넘어가 보자. 우리는 상대의 말을 공감으로 이해하며 받아들이는 대화의 이 부분을 '공감으로 듣기'라고 부른다.

현존(현재에 있음): 무언가를 하려고 하지 말고 그곳에 그대로 있어라

공감이란 다른 사람이 경험하고 있는 것을 존중하는 마음으로 이해하는 것을 말한다. 장자(莊子)는 진정한 공감이란 자신

공감: 마음을 비우고 우리의 존재 전체로 듣는 것

의 존재 전체로 듣는 것이라고 말했다. "듣는 것에는 귀로만 듣는 것이 있고, 마음으로 이해하며 듣는 것이 있다. 그러나 영혼으로 들을 때에는 몸이나 마음 같은 어느 한 기능에 국한되지 않는다. 그래서 존재로 들을 때에는 이런 모든 기능들이 비워지는 것이 필수적이다. 이런 기능들이 비워졌을 때 존재 전체로 들을 수 있게 된다. 그러면 바로 앞에 있는 것을 그대로 직접 파악할 수 있게 된다. 그것은 절대로 귀로 듣거나 마음만으로 이해할 수 없는 것들이다."

인간관계에서 공감은 우리가 다른 사람에 대해 가진 선입견과 판단에서 벗어난 후에야 비로소 가능해진다. 철학자 마르틴 부버^{Martin Buber}는 삶이 우리에게 요구하는 이러한 '현존'에 대해서 이렇게 설명한다.

"서로 비슷한 점이 많음에도 불구하고 삶의 매 순간은 항상 새로 태어난 아기와 같이 이전에도 없었고, 절대로 다시 올 수도 없는 새로운 얼굴을 가진다. 그래서 삶이 당신에게 요구하는 순간 순간의 반응은 미리 준비할 수 있는 것이 아니다. 삶은 과거의 그 어떤 것도 요구하지 않는다. 지금 이 순간에 반응할 수 있는 능력, 바로 당신의 존재 그 자체를 요구한다."

공감에 필요한 존재의 상태를 유지하기는 쉽지 않다. 프랑스 작가 시몬 베유^{Simone Veil}는 이렇게 주장했다.

"고통을 받고 있는 사람에게 관심을 집중할 수 있는 능력은 매우 드물고 어려운 것이다. 그것은 거의 기적과 같은 일이다. 사실 기적이다. 스스로 그런 능력을 가졌다고 생각하는 사람들 대부분은 그것을 가지고 있지 않다."

조언을 해 주거나 안심시키기 전에 먼저 물어본다.

우리는 공감하는 대신 상대방을 안심시키고 조언을 하고 싶은 강한 충동을 느끼거나, 우리의 견해나 느낌을 설명하려는 경향이 있다. 이와 달리 공감은 상대방이 하는 말에 우리의 모든 관심을 집중하는 것이다. 그리고 상대방이 자신을 충분히 표현하고 이해받았다고 느낄 수 있는 시간과 공간을 주는 것이다. 불교의 가르침에는 이러한 능력을 적절히 표현하는 말이 있다.

"무언가를 하려고 하지 말고 그곳에 그대로 있어라."

상대가 위로나 조언을 받고 싶어 하리라고 추측하면서 공감이 필요한 사람에게 "이렇게 해 봐."라고 해결책을 말해 주는 것은 그 사람에게 좌절감을 안겨 줄 수 있다. 이에 관해 내가 딸에게 배운 것이 있다. 내 딸은 안심시켜 주는 말이나 조언을 하기 전에 먼저 상대방이 그것을 원하는지 물어보라는 교훈을 가르쳐 주었다. 하루는 딸아이가 거울을 보면서 "난 돼지처럼 못생겼어."라고 했다.

그 말을 들은 나는 "그렇지 않아. 네 얼굴은 하느님이 지구상에 창조한 얼굴 중에서 제일 예쁘고 멋져."라고 했다. 딸은 화난 얼굴로 나를 쏘아보면서 "아이, 아빠!"라고 하면서 문을 쾅 닫고 나가 버렸다. 나중에 나는 딸아이가 공감을 원했다는 사실을 깨달았다. 상황에 맞지 않게 안심시켜 주는 말을 하는 대신, 이렇게 물어볼 수 있었을 것이다.

"오늘 네 모습이 마음에 안 들어?"

우리가 일상에서 하는 말 중에서 다른 사람과 공감으로 연결하는 데 방해가 되는 장애물을 아래에 몇 가지 적어 보았다.

- 조언하기: "내 생각에 너는 ~해야 해." "왜 ~하지 않았니?"
- 한술 더 뜨기: "그건 아무것도 아니야, 나한테는 더한 일이 있었는데……."
- 가르치려 들기: "이건 네게 정말 좋은 경험이니까 여기서 ~을 배워."
- 위로하기: "그건 네 잘못이 아니야. 너는 최선을 다했어."

- 다른 이야기 꺼내기: "그 말을 들으니 생각나는데⋯⋯."
- 말을 끊기: "그만하고 기운 내."
- 동정하기: "참 안됐다, 어쩌면 좋니."
- 심문하기: "언제부터 그랬어? 무슨 일이 있었는데?"
- 설명하기: "그게 어떻게 된 거냐 하면⋯⋯."
- 바로잡기: "그건 네가 잘못 생각하고 있는거야."

랍비 헤럴드 쿠쉬너Harold Kushner는 그의 책『왜 착한 사람에게 나쁜 일이 일어날까When Bad Things Happen to Good People』에서, 자신의 아들이 죽어갈 때 사람들이 위로로 해 준 말들이 오히려 듣기에 고통스러웠다고 말하고 있다. 그가 더욱 가슴 아팠던 것은 지난 20년간 자신도 다른 사람들에게 비슷한 상황에서 똑같은 식으로 위로의 말을 해 왔다는 깨달음이었다.

문제를 '해결해 주고', 다른 사람의 기분을 더 좋게 해 주어야 한다는 생각이 우리가 온 존재로 그 자리에 있는 것을 방해한다. 특히 상담사나 심리치료사와 같은 직업을 가진 사람들은 이런 생각에 빠지기 쉽다. 23명의 정신 건강 전문가들을 교육할 때 있었던 일이다. 나는 그들에게 "정말 우울해요. 더 살 이유를 모르겠어요."라고 말하는 내담자에게 어떻게 반응할지 그대로 써 보라고 했다. 나는 대답을 쓴 종이를 걷고 나서, "이제 여러분 자신이 우울하다고 한 그 내담자라고 생각해 보십시오. 그리고 여러분이 쓴 답을 제가 하나씩 읽을 때, 자신의 마음이 이해를 받았다고 느끼면 손을 들어 주세요."라고 말했다. 23개의 응답 중 세 개에만 몇 명이 손을 들었다. "이런 증상이

언제 시작되었습니까?"와 같은 질문이 가
장 흔한 응답이었다. 이러한 질문은 전문가
가 문제를 분석하고 치료하기 위해 필요한

머리로 하는 이해는 공감을 방해한다.

정보를 모으는 것으로 보일 수도 있다. 그러나 이렇게 머리로 이해하
는 것은 공감할 때 필요한 존재로 있는 것을 방해한다. 내담자의 이
야기를 들을 때 그 사람의 이야기가 우리 머릿속에 있는 어느 이론
과 어떻게 맞는지를 생각하고 있다면, 우리는 그 사람을 쳐다보고 있
는 것이지 그와 함께 있는 것이 아니다. 공감의 열쇠는 바로 우리의
존재이다. 그 사람 자신과 그 사람이 겪는 고통에 온전히 함께 있어
주는 것이다. 이 점이 공감을 머리로 하는 이해나 동정과 구별해 준
다. 때로 우리는 다른 사람의 느낌을 같이 느낌으로써 이들을 동정
하기로 선택할 수도 있다. 그럴 경우 우리가 그 순간 다른 사람에게
공감하고 있는 것이 아니라 동정하고 있다는 점을 의식하는 것이 도
움이 된다.

느낌과 욕구에 귀 기울이기

　NVC는 사람들이 어떤 말로 자신을 표
현하든 그 사람의 관찰, 느낌, 욕구, 그리고
삶을 풍요롭게 하기 위해 하는 부탁을 듣
는 것이다. 새로 이사 온 이웃이 급한 일로
부탁을 해서 자동차를 빌려주었다고 상상

다른 사람이 어떤 말을 하든
우리는 이들이 무엇을
(1) 관찰하고,
(2) 느끼고,
(3) 필요로 하고,
(4) 부탁하는가에만
귀를 기울인다.

해 보자. 이 사실을 알고 가족들이 강하게 반응한다.

"처음 보는 사람을 믿고 차를 빌려주다니, 정말 멍청하네요!"

이 상황에서 우리는 이 말을 개인적으로 받아들여 자신을 탓하거나 아니면 가족들을 비판하고 비난하는 대신에 NVC를 이용하여 그들의 느낌과 욕구에 귀를 기울일 수 있다.

이 상황에서는 가족들이 관찰하고 반응하는 것이 무엇인지 분명하다. 잘 모르는 사람에게 차를 빌려준 일에 대해 반응하고 있는 것이다. 그러나 어떤 상황에서는 상대방이 무엇을 관찰했는지 분명하지 않을 수 있다. 만약 직장 동료가 "당신은 조직 생활을 잘하지 못한다."라고 말했다면, 아마도 그 사람이 왜 그런 말을 하는지 대개는 추측할 수 있겠지만 그 정확한 까닭은 모를 수 있다.

다음 내용은 워크숍에 참가한 한 부부의 대화이다. 이 대화는 우리가 다른 사람의 느낌에 책임을 지면서 그들의 말을 개인적으로 받아들이는 데 익숙하기 때문에 상대방의 느낌과 욕구에 초점을 맞추기가 어렵다는 것을 보여 준다.

대화에 나오는 여성은 남편이 하는 말 뒤에 숨어 있는 느낌과 욕구를 듣는 방법을 배우고 싶어 했다. 나는 그녀에게 우선 남편의 느낌과 욕구를 추측해 본 다음, 그에게 확인해 보라고 제안했다.

남편 "당신과 이야기해 봤자 무슨 소용이 있겠어? 당신은 내 말을 듣지 않는데."

부인 "당신, 나 때문에 속상해요?"

마셜 "부인께서 '나 때문에'라고 말하면, 남편의 느낌은 부인 때

문에 생겼다는 뜻이 됩니다. '당신은 나 때문에 속상해요?'
라고 말하기보다 '당신은 ~(욕구)를 원하기 때문에 불만스
러운가요?'라고 말하는 게 좋겠어요. 그러면 부인께서는 남
편의 마음속에서 무엇이 일고 있는지에 더 주의를 집중할
수 있게 됩니다. 그뿐 아니라 부인께서 남편의 말을 자기 탓
으로 받아들일 가능성도 적어지지요."

부인 "그런데 그걸 어떻게 말로 하지요? 당신은 속상한가요? 왜
냐하면 당신은…… 왜냐하면 당신은……, 그다음은 뭐죠?"

마셜 "남편이 한 말에 주의를 기울여 보세요. '당신과 이야기해
봤자 무슨 소용이 있겠어? 당신은 내 말을 듣지 않는데.'라
는 말에서 실마리를 얻으세요. 남편이 그렇게 말할 때, 남
편이 원하지만 얻지 못하고 있는 것이 무엇인지 한번 생각
해 보세요."

부인 (남편의 말에 표현된 욕구에 공감하려고 노력하면서) "당신은
내가 당신을 이해하지 못한다는 생각이 들어서 불만스러
운가요?"

마셜 "그 말은 남편이 원하는 것보다 남
편의 생각에 초점을 맞추고 있다
는 사실에 유의하세요. 다른 사람
이 당신에 대해 어떻게 생각하느냐보다 그가 무엇을 원하
고 있느냐에 관심을 기울인다면 사람들이 덜 위협적으로
보일 겁니다. 당신이 남편의 말을 들어 주지 않아서 그가 불
만을 느낀다고 생각하기보다는, 남편에게 '당신은 ~(욕구)

> 다른 사람이 우리를 어떻게 생
> 각하는지보다 그 사람이 무엇
> 을 필요로 하는지에 귀를 기울
> 인다.

을 원하지만 그것을 얻지 못해서 불만을 느끼나요?'라고
말해 보세요. 그렇게 남편의 욕구에 초점을 맞춰 보세요."

부인 (다시 시도하면서) "당신은 이해받기를 원하는데 그게 안 돼
서 불만을 느끼나요?"

마셜 "그게 제가 생각했던 겁니다. 남편의 말을 그렇게 들으니 뭔
가 다르세요?"

부인 "분명히 큰 차이가 있네요. 내가 무언가를 잘못했다는 소리
로 들리지 않고, 남편의 마음속에서 무슨 일이 일어나고 있
는지를 알 수 있네요."

바꾸어 말하기Paraphrasing

상대방이 무엇을 관찰하고, 느끼고, 필요로 하고 또 부탁하는지에
초점을 두고 잘 들은 다음에, 상대가 한 말을 우리가 제대로 이해했
는지 확인할 필요를 느낄 때가 있다. 제6장에서 우리는 상대방이 우
리의 말을 어떻게 들었는지 말해 달라고 부탁하는 방법에 대해 이야
기했다. 이제는 우리가 들은 것을 상대편에게 어떻게 말해 줄 수 있
는지에 대해 알아보자.

우리가 상대방의 말을 정확하게 들었다면, 그 말을 되풀이해 줌으
로써 그들의 의사가 제대로 전달되었다는 것을 확인해 줄 수 있다. 한
편 우리가 되풀이한 말이 정확하지 않다면, 상대방은 우리가 잘못 이
해한 부분을 바로잡을 기회를 가지게 된다. 이렇게 바꾸어 말하는 과

정의 또 다른 이점은, 상대방이 자신이 한 말에 대해 다시 한 번 생각하고 자신 안으로 더 깊이 들어갈 기회를 얻게 된다는 것이다.

들은 말을 상대에게 되풀이해 말해 줄 때에는, 우리가 그의 말을 어떻게 이해하고 있는지 보여 주는 동시에 우리가 잘못 이해한 부분을 상대가 바로잡을 수 있도록 질문 형태로 하는 것이 좋다. 다음과 같이 관찰, 느낌, 욕구, 부탁에 맞춰서 질문해 본다.

1. 상대방이 관찰한 것

"지난주에 저녁 때마다 내가 집에 없었던 걸 말하는 거니?"

2. 상대방의 느낌과 그 느낌의 원인인 욕구

"가족끼리 좀 더 친밀한 시간을 가지기를 바라기 때문에 실망했니?"

3. 상대방이 하고 있는 부탁

"내가 앞으로 일주일에 두 번은 식구들과 함께 저녁을 먹을 의사가 있는지 말해 주기를 원하는 거니?"

위와 같은 방식으로 질문하기 위해서 우리는 상대방의 내면에서 무슨 일이 일어나고 있는지를 추측할 필요가 있다. 그리고 잘못 추측한 부분은 상대가 바로잡아 주도록 요청할 필요가 있다. 위 질문과 아래 질문의 차이점을 살펴보자.

1) "지금 뭘 갖고 얘기하는 거야?"

2) "기분이 어때?" "왜 그렇게 느껴?"

3) "내가 어떻게 해 주면 좋겠어?"

두 번째 질문들의 공통점은 상대방의 내적 현실에 대한 이해 없이 정보만을 묻는 다는 것이다. 이런 질문이 상대방의 마음을 알기 위한 가장 직접적인 방법처럼 보일 수도 있다. 하지만 나는 이런 질문이 우리가 얻고자 하는 정보를 얻는 가장 안전한 방법이 아님을 깨달았다. 이런 질문은 듣는 사람에게 학생을 조사하는 교사나 내담자를 대하는 심리치료사 같은 인상을 줄 수 있다. 그래도 이런 식으로 묻기로 한다면, 그런 질문을 하게 된 우리 자신의 느낌과 욕구를

물어볼 때에는 우선 우리 자신의 느낌과 욕구를 표현한다.

먼저 표현하면 듣는 사람이 어느 정도 편안함을 느낄 수 있다. "내가 뭘 했는데?"라고 묻는 대신 "네가 무엇에 관해서 그렇게 이야기하는지 좀 더 분명하게 알고 싶은데 그렇지 못해 난감해. 나의 어떤 행동 때문에 네가 나를 그렇게 보게 됐는지 말해 줄래?"라고 말할 수 있다. 상황이나 억양을 통해 우리의 욕구와 느낌이 이미 명확하게 전해졌다면 이 단계를 생략할 수도 있다. 때로는 굳이 다시 말하는 것이 오히려 방해가 될 수 있다. 그러나 자신의 질문에 강한 감정이 실려 있을 때에는 특히 자신의 느낌이나 욕구를 먼저 표현하는 것이 매우 중요하다.

그러면 어떤 경우에 상대의 말을 다시 반복해 줄 것인가? 물론 상대방의 말을 정확하게 이해했는지 자신이 없을 때 우리의 추측이 맞는지 확인하기 위해서 다시 물어볼 수 있다. 그러나 우리가 상대방의 말을 정확히 이해했다고 확신하더라도 상대방이 그것을 확인하고 싶어 하는 것 같을 때에는 우리가 들은 말을 되풀이해 줄 수 있다. 상대방이 우리에게 "잘 알아들었니?" 혹은 "내가 무슨 말을 했는지 이해하니?"라고 말하면서 명백하게 확인하고 싶어 할 때에도 반복해

준다. 이때 "응. 이해했어."라고만 하기보다는 명확하게 그 사람의 뜻을 요약해서 다시 말해 주면 상대를 더 안심시킬 수 있다.

NVC 프로그램에 참가해 교육을 받기 시작한 한 여성의 이야기이다. 병원에서 자원봉사하는 그 여성은 함께 일하는 간호사들로부터 나이 든 한 여성 환자와 이야기를 좀 해 달라는 부탁을 받았다.

"우리는 이 환자에게 병이 그리 심각하지 않고, 약을 계속 복용하면 좋아질 수 있다고 말했어요. 하지만 이 환자는 병실에 앉아서 하루 종일 '죽고 싶어, 이제 그만 죽어야지.'라는 말만 계속해요."

그 여성이 찾아갔을 때, 환자는 간호사들 말대로 병실에 혼자 앉아서 "죽어야지."라는 말을 되뇌고 있었다.

"그렇게 많이 힘드세요?"

그 여성이 공감하면서 말했다. 그러자 그 환자는 놀라면서 "죽어야지."라는 소리를 멈추었고, 다소 안심하는 듯이 보였다. 그 환자는 자신이 얼마나 절망적으로 느끼는지 아무도 이해해 주지 않는 것에 대해 이야기하기 시작했고, 그 여성은 환자의 느낌을 계속 반복해서 확인해 주었다. 이들의 대화에 온정이 흐르기 시작하면서 두 사람은 얼마 안 되어 서로 팔짱을 끼고 앉아 이야기하게 되었다. 환자는 밥을 먹고 약도 다시 복용하기 시작했으며 기분도 나아 보였다. 그날 저녁, 간호사들은 그 여성에게 비결을 물어보았다. 간호사들도 그 나름대로 환자에게 조언을 해 주고 또 안심시키려고 많은 노력을 기울였지만, 그 환자에게 진정으로 필요했던 것은 자신의 마음속 깊은 곳에 있는 절망감을 들어 줄 수 있는 사람과의 연결이었다.

들은 말을 언제 어떻게 되풀이해서 확인해 주어야 하는지에 관한 확실한 기준은 없다. 그러나 강한 느낌을 표현하는 사람들은 대체로 자신의 의도를 확인해 주기를 바란다고 생각하면 안전할 것이다. 우리가 말을 할 때에는 우리 말을 반복해 주기를 원하는지 아닌지를 상대방에게 분명히 말해 줌으로써 듣는 사람을 편하게 해 줄 수 있다.

강한 감정이 담긴 말은 반복해 준다.

그러나 경우에 따라서는 문화규범 때문에 상대의 말을 반복해서 다시 확인하지 않는 편이 좋을 때도 있다. 한 중국인 남성이 워크숍에 참가한 적이 있다. 그는 자신의 아버지가 하는 비난 뒤에 담긴 느낌과 욕구를 파악하고 이해하는 방법을 배웠다. 워크숍에 참가하기 전에는 계속되는 아버지의 비난과 공격을 참을 수 없었다. 그래서 아버지를 만나기가 두려웠고, 때로는 몇 달 동안이나 아버지를 피하기도 했다. 이 남성은 10년 후에 나를 찾아와서, 느낌과 욕구를 이해하게 된 덕분에 부자 관계가 근본적으로 바뀌어, 이제 아버지와 가까워졌고 서로 사랑을 느끼는 관계로까지 되었다고 했다. 그는 아버지의 느낌과 욕구에 귀를 기울이기는 하지만 아버지의 말을 다시 반복해서 확인하지는 않는다고 했다.

공감과 이해에 더 크게 도움이 될 때에만 상대방의 말을 되풀이해 확인한다.

"나는 절대 밖으로 말을 하지는 않아요. 우리나라 사람들은 느낌을 직접 표현하는 데 익숙하지 않거든요. 하지만 내가 아버지의 말을 공격으로 듣지 않고 아버지의 느낌과 욕구로 이해한 덕분에 관계는 몰라보게 좋아졌어요."

나는 "앞으로도 아버지와 말할 때 느낌에 대해 절대로 말하지 않을 건가요? 서로 느낌을 들을 수 있으면 아주 도움이 될 텐데……"라고 물었다.

그는 이렇게 대답했다.

"절대는 아니고요. 저는 그렇게 할 마음의 준비가 됐어요. 이제 사이가 매우 좋아졌기 때문에 제가 아버지께 '서로의 느낌을 들을 수 있으면 좋겠어요.'라고 말씀드리면 아버지께서 제 말을 받아들이실지도 몰라요……."

상대방의 말을 우리 자신의 말로 바꾸어 확인할 때에는 억양이 아주 중요하다. 자신이 한 말을 도로 듣게 될 때, 사람들은 아주 작은 비평이나 비꼬는 기미에도 민감하다. 또, 우리가 상대의 마음 안에서 일어나고 있는 일을 모두 알고 있는 것처럼 단언하듯이 말하면 상대는 그것도 부정적으로 받아들일 수 있다. 다른 사람의 느낌과 욕구를 주의 깊게 듣고 다시 바꾸어 말해 주는 경우라면, 우리가 상대를 이해했다고 단언하는 것이 아니라 올바로 이해했는지 물어보고 있다는 사실이 우리의 억양을 통해서 상대에게 전해진다.

한편 상대방의 말을 되풀이해 주는 우리의 의도가 오해받을 가능성이 있다는 점도 염두에 두어야 한다. 상대방으로부터 "그런 말장난 그만둬!"라는 소리를 들을 수도 있다. 그런 일이 일어날 때에도 우리는 그 말 뒤에 있는 상대의 느낌과 욕구를 이해하려는 노력을 계속한다. 이 경우에 아마도 상대는 우리의 의도를 믿지 않고 있을 터이고, 따라서 우리가 다시 말해 주는 것을 편하게 받아들이려면 상대방은 먼저 우리의 의도에 대한 더 많은 이해가 필요할 것이다. 앞에서 보았듯이 그 말("그런 말장난 그만둬!") 뒤의 느낌과 욕구에 우리 관심의 초점을 두면 모든 비난, 공격, 모욕, 판단은 사라진다. 이런 연습을 하위협적인 표현 뒤에는 단지 자신의 필요를 채우려고 우리에게 호소하는 사람이 있을 뿐이다.

면 할수록 우리는 아주 단순한 진실을 깨닫게 된다. 우리에게 위협적으로 들렸던 모든 메시지 뒤에는, 자신들의 삶에 기여해 달라고 우리에게 호소하는, 충족되지 않은 욕구를 가진 사람이 있다는 것이다. 이 점을 의식하면서 다른 사람의 말을 들으면, 우리는 그 사람이 하는 말에 비인간적인 취급을 받았다고 느끼지 않게 될 것이다. 다른 사람이 자신을 경멸한다고 생각하거나 스스로를 부정적으로 보는 생각에 빠졌을 때에만 우리는 비인간적인 대우를 받는다고 느끼게 된다. 작가이며 신화학자인 조지프 캠벨Joseph Campbell은 "더없는 행복을 느끼려면 다른 사람이 나를 어떻게 생각할까 하는 생각을 내려놓아야 한다."고 말했다. 전에 비

듣기 힘든 말은 누군가의 삶을 풍요롭게 할 수 있는 기회가 된다.

판이나 비난으로 들리던 말이 선물로 보일 때, 곧 고통을 겪는 사람에게 뭔가 기여할 수 있는 기회로 보일 때 우리는 더없는 행복을 느끼기 시작한다.

우리가 상대방의 말을 바꿔 말해 주는데 상대방이 우리의 의도와 진심을 계속해서 믿지 않는 상황이 생길 때에는, 우리 자신의 의도를 좀 더 면밀히 들여다볼 필요가 있다. 어쩌면 우리는 분명한 목적의식 없이 상대의 말을 되풀이하거나 NVC 모델을 기계적으로 적용하고 있는지도 모른다. 상대방을 진정으로 이해하려고 노력하기보다는 NVC를 '정확하게' 적용하는 데에 더 관심을 두고 있지는 않았는지 스스로 물어볼 필요가 있다. 또는 비록 NVC를 대화에 적용하기는 하지만 다른 사람의 행동을 바꾸는 것이 우리의 유일한 관심이었는지도 모른다.

워크숍 참가자 중 어떤 사람들은 상대의 말을 반복 확인하는 것을 시간 낭비로 보고 꺼린다. NVC 연습 시간에 한 시청 직원은 이렇게 말했다.

"내 일은 시민들에게 정보와 해결 방안을 내주는 것이지, 한가하게 앉아서 심리치료나 하라고 월급을 받고 있는 게 아닙니다."

하지만 그는 불만에 찬 시민들과 부딪치고 있었다. 왜냐하면 사람들이 저마다 중요하게 생각하는 민원을 가지고 그를 찾아갔으나 충분한 이해를 받지 못했다고 느꼈기 때문이다. 그들 중 몇 사람이 나중에 내게 이렇게 털어놓았다.

"그 사람한테 가면 정보만 잔뜩 줘요. 그런데 그 사람이 정말 우리 말을 듣고 있는지 알 수가 없어요. 그래서 그 사람이 늘어놓는 정보도 사실 믿음이 가지 않아요."

상대방의 말을 반복해 주는 것은 시간을 낭비하는 것이 아니라 오히려 절약해 준다. 노사 협상에 관한 연구들에 의하면, 협상 당사자들이 저마다 자기 견해를 말하기 전에 바로 앞 사람의 발언을 정확하게 되풀이해서 확인하기로 합의한 경우, 분쟁 해결에 드는 시간이 반으로 줄었다고 한다.

> 상대의 말을 반복해 확인하는 것은 시간을 절약해 준다.

상대의 말을 바꾸어 말해 주는 것에 대해 처음에 회의적인 태도를 보이던 한 남성이 생각난다. 그는 부인과 함께 NVC 워크숍에 참가했는데, 그때 부부는 결혼 생활에 심각한 문제를 겪고 있었다.

"당신은 내가 무슨 말을 하는지 전혀 듣지 않아요."

"나는 당신 말을 듣고 있어!"라고 남편이 대답했다.

"아니에요, 당신은 안 들어요!" 하고 부인이 반박했다.

나는 남편에게 다음과 같이 말했다.

"제가 보기에 지금 부인의 말을 바로 증명해 주셨네요. 당신이 듣고 있다는 걸 부인이 알 수 있도록 대답하지 않았거든요."

내 말에 그는 의아해했다. 그래서 내가 남편 역할을 대신해 보겠다고 제안했다. 부인과 대화를 잘하지 못하고 있었기 때문에 그는 기꺼이 동의했다. 부인과 나는 다음과 같이 대화를 나누었다.

부인: "당신은 내 말을 전혀 듣지 않아요."

남편 역할을 하는 마셜: "우리가 같이 이야기할 때 더 깊은 연결을 느낄 수 있기를 원하기 때문에 좌절감을 많이 느끼는 것 같네요."

부인은 비로소 자신이 이해를 받았다는 확신이 들자 눈물을 글썽거렸다. 나는 남편을 돌아보고 설명했다.

"당신이 부인의 말을 이해했다는 확인의 표시로 부인의 느낌과 욕구를 말해 주는 것이 바로 부인이 원하는 것이라고 저는 믿습니다."

그는 기가 막힌 듯 "그게 아내가 원하는 전부란 말입니까?"라고 말했다. 그렇게 간단한 행동이 아내에게 그런 영향을 줄 수 있다는 사실이 믿기지 않는 모양이었다.

잠시 후, 자신이 아주 강한 느낌으로 한 말을 부인이 반복 확인해 주었을 때, 남편은 그 만족감을 직접 체험할 수 있었다. 부인이 자신이 한 말을 하나하나 반복해 주었을 때, 그 느낌을 음미한 다음 남편은 "이건 효과가 있군요."라고 말했다. 누군가가 우리와 연민으로 연결되어 있음을 분명히 느껴 보는 것은 아주 감동적인 경험이다.

공감 지속하기

공감으로 들을 때에는 해결 방안이나 부탁을 듣는 쪽으로 관심을 돌리기 전에 상대방에게 충분히 자신을 표현할 기회를 주는 것이 중요하다. 너무 빨리 상대의 부탁으로 옮겨 가면 상대방의 느낌과 욕구에 우리가 진정으로 관심을 기울이고 있다는 점이 전달되지 않을 수도 있다. 그럴 경우, 상대방은 우리가 그들에게서 벗어나고 싶어서 서두른다거나, 아니면 그들의 문제를 해결해 주려고 한다는 인상을 받을 수 있다. 더욱이 사람들이 처음에 한 말들은 종종 빙산의 일각과 같다. 그 말들 다음에는 아직 표현되지는 않았지만 그와 연결된 더 강한 느낌이 따라 나올 수 있다. 상대방의 마음속에서 일어나는 일에 계속 관심을 둠으로써, 우리는 상대방이 자신의 마음속을 좀 더 깊이 관찰하고 표현할 수 있는 기회를 주게 된다. 만약 우리가 관심의 초점을 너무 성급하게 그들의 부탁이나 우리 자신을 표현하는 것으로 옮기면, 상대방이 자신의 내면세계를 좀 더 깊이 들여다보고 표현할 흐름을 막게 될 것이다.

어떤 어머니가 나를 찾아와서 "우리 아이는 도저히 어떻게 해 볼 수가 없어요. 무슨 말을 해도 듣지를 않아요."라고 했다면,

> 지속적으로 공감하면, 상대방은 자신의 마음속 더 깊은 곳에 닿을 수 있다.

이때 우리는 "지금 정말로 힘이 드셔서 아드님과 연결할 방법을 찾고 싶은 마음이 간절하시군요."라고 말함으로써 그 어머니의 느낌과 욕구를 반영해 줄 수 있다. 이렇게 말을 바꾸어 반복해 줄 때 상대방은 좀 더 깊이 생각할 기회를 갖게 된다. 이때 우리가 상대방의 뜻을 정

확하게 반영했다면 그 어머니는 또 다른 느낌을 말할 수 있다.

"어쩌면 제 잘못인지도 몰라요. 아이에게 항상 소리를 지르거든요."

우리는 그 어머니가 표현하는 느낌과 욕구에 계속 귀를 기울이며, 이렇게 말할 수 있을 것이다.

"아이를 좀 더 이해해 주었더라면 좋았을 거라는 생각 때문에 마음이 아프시나요?"

우리가 반응해주는 말에서 자신이 잘 이해받고 있다고 느낀다면, 그 어머니는 자신의 더 깊은 느낌으로 들어가 이렇게 말할 수도 있다.

"저는 엄마로서 완전히 실패작이에요."

우리는 그녀가 표현하는 느낌과 욕구에 계속해서 머무른다.

"그래서 많이 실망스러우신가요? 그리고 아이와 좀 다르게 관계를 맺고 싶으신 거죠?"

말하는 사람이 문제와 관련된 모든 느낌을 다 드러낼 때까지 이렇게 계속한다.

그러면 우리가 상대방에게 충분히 공감해주었다는 증거는 무엇인가? 첫째, 상대방은 마음속에서 일어나는 모든 느낌을 충분히 공감으로 이해받았다고 느낄 때 편안한 안도감을 느낀다. 이때 우리도 몸에서 같이 긴장이 풀리는 것을 느끼면서 그것을 알아차리게 된다. 둘째,

> 상대방이 충분히 공감을
> 받았을 때에는
> 1. 긴장이 해소됨을 느낀다.
> 2. 상대방이 말을 멈춘다.

더 확실한 신호는 상대가 말을 멈추는 것이다. 만약 우리가 이 과정에 충분히 오랫동안 머물렀는지 확실치 않다면, "더 하고 싶은 말이

있으세요?"라고 상대에게 물어볼 수 있다.

자신의 고통 때문에
다른 사람에게 공감할 수 없을 때

　자신이 가지고 있지 않은 것을 남에게
주는 것은 불가능하다. 마찬가지로, 공감
하려는 노력을 기울이는데도 공감할 수 없
거나 공감하고 싶은 마음이 들지 않는다면, 그것은 다른 사람에게
공감해 주기에는 우리 자신이 너무도 공감에 굶주려 있어서 다른 사
람에게 줄 수 없다는 증거이다. 만약 우리가 자신의 고통 때문에 상
대방에게 공감하기가 어렵다는 것을 솔직히 인정한다면, 우리에게
필요한 공감을 그에게서 받게 될 수도 있다.

우리는 공감을 주기 위해 공감
이 필요하다.

　그런가 하면, 우리는 '응급치료용' 자기 공감이 필요할 때도 있다.
그것은 우리가 다른 사람에게 공감할 때와 같이 우리의 온 존재와
관심으로 내면의 소리에 귀를 기울이는 것이다. 국제연합^{UN}의 전 사
무총장인 다그 함마르셸드$^{Dag \, Hammarskjold}$는 이렇게 말했다.

　"내면의 소리에 충실하게 귀를 기울일수록 외부에서 일어나는 일
을 더 잘 들을 수 있다."

　자신에게 공감을 하는 데 능숙해지면, 우리는 대개 단 몇 초 만에
자연스럽게 힘이 샘솟는 것을 느끼게 되어 다시 우리의 온 존재로 상
대방과 있을 수 있게 된다. 그러나 만약 이런 에너지의 흐름을 느끼

지 못한다면 두 가지 다른 선택이 있다.

우리는 비폭력적으로 소리를 지를 수 있다. 나는 서로 죽고 죽이는 두 폭력 조직 사이에서 사흘 동안 힘든 중재를 한 적이 있다. 한쪽은 '검은 이집트인'이라 불리는 폭력단이었고, 다른 한쪽은 동부 세인트루이스 경찰이었다. 한 달 동안 이들 사이에서 경찰 한 명을 포함해 세 명이 죽었다. 두 집단을 한자리에 모이게 하여 서로의 말에 귀를 귀울여 갈등을 해소하도록 돕느라 긴장 속에서 사흘을 보낸 후, 집으로 돌아가는 차 안에서 나는 앞으로 다시는 이런 대립의 중간에 서고 싶지 않다는 생각을 했다.

집에 도착하여 문을 열고 들어서서 내가 처음 본 광경은 아이들이 서로 엉켜 싸우는 모습이었다. 나는 아이들에게 공감할 기력이 없었다. 그래서 나는 비폭력적으로 소리를 질렀다.

"애들아, 난 지금 너무 힘들어. 너희가 싸우는 것을 대하고 싶지 않아. 나는 지금 정말 조용히 평화롭게 있고 싶어!"

그러자 당시 아홉 살이던 큰아이가 갑자기 멈추고 나를 보더니 이렇게 물었다.

"아빠, 힘들었던 일에 대해 이야기하고 싶으세요?"

상대를 비난하지 않으면서 자신이 괴로운 이유를 꾸밈없이 표현할 수 있다면, 곤경에 처한 사람들이라도 우리의 욕구를 들어 줄 수 있다는 것을 알았다. 나는 "너희 도대체 왜 그러니? 너희는 싸움밖에 할 줄 모르니? 나는 오늘 정말 힘든 하루를 보내고 집에 왔단 말이야." 하고 소리를 지르거나 어떻게든 아이들의 행동이 잘못되었다는 식으로 말하기를 원치 않는다. 대신, 그 순간 나 자신의 절실한 욕구와 고통에 초점을 두어 비폭력적으로 외쳐 보는 것이다.

하지만 상대방 역시 감정이 격한 상태라서 우리 말을 들어 줄 수도 없고 우리를 가만 놔두지도 않을 때, 우리가 선택할 수 있는 다른 방법은 그 상황에서 몸을 피하는 것이다. 다시 말해, 우리가 다른 마음 상태로 그 상황을 마주하는 데 필요한 공감을 얻을 수 있는 기회와 시간을 자신에게 주는 것이다.

요 약

공감이란 다른 사람이 경험하는 것을 존중하는 마음으로 이해하는 것이다. 그러나 우리는 공감을 하는 대신에 자신의 견해나 느낌을 설명하거나, 조언을 하거나, 상대를 안심시키고 싶은 충동을 강하게 느낀다. 그러나 공감은 우리에게 마음을 비우고 온 존재로 다른 사람의 말에 귀를 기울일 것을 요구한다. NVC에서는 다른 사람이 자신을 어떤 말로 표현하든 상관없이 그들이 무엇을 관찰하고, 느끼고, 필요로 하고, 부탁하고 있는가를 듣는다. 그리고 우리가 이해한 것을 상대에게 되풀이해서 들려줌으로써 상대의 뜻을 확인할 수 있다. 상대를 도와주기 위해 우리의 관심을 해결 방안이나 부탁으로 돌리기 전에, 상대가 자신을 충분히 표현할 수 있는 기회를 주면서 계속해서 공감에 머무른다.

다른 사람에게 공감을 해 주기 위해서는 우리가 먼저 공감이 필요하다. 우리 자신이 방어적이 되거나 남에게 공감하기 어려울 때에는 (1) 멈추고, 심호흡을 하고, 자기 공감을 하거나, (2) 비폭력적으로 소리를 지르거나, (3) 잠시 그 자리를 떠나 자신을 위한 공감의 시간을 가진다.

부인과 죽어가는 남편 사이의 연결

다음은 폐암 말기 진단을 받은 환자의 집에서 일어난 일이다. 집에는 방문간호사, 환자, 그리고 환자의 아내가 있다. 이 대화는 환자가 병원에 입원하기 전, 아내와 정서적으로 연결하고 자신의 죽음에 대하여 이야기할 수 있는 마지막 순간에 진행되었다. 부인이 남편을 돌보던 물리치료사에 대한 불평을 간호사에게 하는 것으로 대화는 시작했다.

부인　그 치료사는 형편없어요.

간호사　(부인의 느낌과 욕구에 귀 기울이면서) 뭔가 좀 다른 치료를 원하셨기 때문에 화가 나셨나요?

부인　그 치료사는 아무것도 하지 않아요. 남편의 맥박이 빨라지면 걷지도 못하게 했어요.

간호사　(부인의 느낌과 욕구에 계속 귀 기울이면서) 물리치료사가 남편을 억지로라도 움직이게 해서 남편의 상태가 나아지기를 바라시는데, 그러지 않아 걱정하시는 거죠?

부인　(울기 시작한다.) 네, 너무 겁이 나요.

간호사　남편을 잃으실까 봐 겁이 나시지요?

부인　네, 우리는 정말 오랜 세월을 함께했거든요.

간호사	(두려움 뒤에 숨은 다른 느낌에 귀 기울이면서) 남편이 세상을 떠나면 어떻게 견딜지 걱정되시지요?
부인	남편 없이 살아가는 건 상상조차 할 수 없어요. 언제나 저를 위해 뭐든지 다 해 주었거든요. 언제나…….
간호사	남편 없이 살아갈 생각을 하니 슬프시지요?
부인	남편 말고는 내게 아무도 없어요. 남편은 내 전부예요. 딸은 지금 나하고는 말도 하지 않아요.
간호사	마음이 아프세요? 따님과 좀 더 좋은 관계를 갖고 싶으셔서.
부인	그랬으면 얼마나 좋겠어요. 그런데 딸애는 너무 이기적이에요. 내가 왜 아이를 가질 생각을 했는지 모르겠어요. 지금 와서 내게 좋을 게 하나도 없어요!
간호사	남편이 아픈 동안 가족의 도움이 필요하시기 때문에 화도 나고 실망스러우세요?
부인	네, 지금 남편의 상태는 심각해요. 저 혼자서 어떻게 이걸 견뎌 낼 수 있을지 모르겠어요. 제겐 아무도 없어요……. 지금 여기 있는 당신 말고는 이야기할 사람도 없어요. 남편도 그런 이야기를 하지 않아요. ……좀 보세요! (남편은 아무 반응 없이 누워 있다.) 한마디도 하지 않아요!
간호사	그래서 슬프시죠? 두 분이 서로 의지하고 좀 더 깊은 연결을 느끼고 싶으셔서…….
부인	네. (그녀는 잠시 말을 멈추었다가 부탁한다.) 제게 하신 것처럼 남편

에게도 이야기 좀 해 주세요.

간호사 (부인의 부탁 뒤에 숨은 욕구를 분명히 이해하고 싶은 마음에서) 남편께서도 자신이 어떻게 느끼는지를 표현할 수 있도록 제가 도와드리기를 원하시나요?

부인 네, 네, 바로 그거예요! 저는 남편이 편안하게 이야기하길 바라요. 그리고 남편이 어떻게 느끼는지 알고 싶어요. (간호사의 도움으로 부인도 자신이 무엇을 원하는지 자각하면서 더 정확한 말로 표현하려고 노력한다. 이 순간이 매우 중요하다. 왜냐하면 자신이 원하지 않는 것이 무엇인지는 알아도 무엇을 원하는지 자각하기란 쉽지 않기 때문이다. 우리는 여기서, 구체적인 부탁—"제게 한 것처럼 남편에게도 이야기 좀 해 주세요."—은 상대가 행동을 할 수 있는 능력을 부여하는 선물임을 알 수 있다. 간호사는 이제 부인이 원하는 것을 분명히 이해하고 그에 따라 구체적으로 행동할 수 있게 되었다. 간호사와 부인이 함께 연민의 마음으로 협력하게 되자 방 안의 분위기가 바뀐다.)

간호사 (남편에게) 부인이 하신 말씀에 대해서 어떻게 생각하세요?

남편 저는 아내를 정말 사랑해요.

간호사 부인과 이런 이야기를 할 기회를 갖게 되서서 좋으세요?

남편 네, 우리는 그런 이야기를 할 필요가 있어요.

간호사 암에 걸린 것에 대해 어떻게 느끼는지 이야기해 주실 수 있으세요?

남편 (짧은 침묵 후에) 아주 안좋아요. ('좋다' '나쁘다'라는 단어는 대부분 자신의 특정한 느낌을 아직 제대로 인식하지 못했을 때 사용된다. 그가 자신의 느낌을 좀 더 정확하게 표현하면 그가 원하는, 부인과의 정서적인 교류에 도움이 될 것이다.)

간호사 (남편이 좀 더 정확하게 표현할 수 있도록 돕기 위해) 죽는다는 것이 두려우세요?

남편 아니요, 두렵지는 않아요. (이때 간호사의 추측이 정확하지 않았다 해도 대화의 흐름을 방해하지 않는다.)

간호사 죽는다고 생각하면 화가 나시나요? (이 환자가 내면의 느낌을 말로 쉽게 표현하지 못하기 때문에 정확한 표현이 생각날 때까지 간호사가 계속 도와준다.)

남편 아니요, 화가 난 건 아니에요.

간호사 (두 번의 추측이 빗나가자, 간호사는 자신의 느낌을 표현하기로 한다.) 음, 지금 어떻게 느끼시는지 궁금하네요. 말씀해 주실 수 있겠어요?

남편 아내가 저 없이 어떻게 혼자 살아갈까 걱정이 돼요.

간호사 아, 부인께서 혼자서 잘 견뎌 내실지 걱정되신다고요?

남편 네, 아내가 저를 못 잊어할까 봐 걱정이 돼요.

간호사 (간호사는 죽음을 앞둔 환자들이 가끔 뒤에 남겨진 사람들에 대한 걱정에 붙잡혀 때로는 떠나기 전에, 사랑하는 사람들이 자신의 죽음을 받아들일 수 있다는 확신이 필요하다는 것을 알고 있다.) 부인께서 어떻게 생각하시는지 알고 싶으세요?

남편   네.

이 대목에서 부인이 대화에 참여한다. 간호사의 도움을 받아서 부부는 서로 솔직하게 심정을 말하기 시작했다. 이 대화는 부인이 물리치료사에 대한 불평을 하는 것으로 시작했다. 이어진 대화로 공감대가 형성된 후에, 부인은 자신이 진정으로 원하는 것은 삶의 중대한 단계에서 남편과 좀 더 깊은 유대를 맺는 것이라는 사실을 깨닫는다.

공감과 그렇지 않은 것 구별하기

공감에 대하여 서로 잘 이해했는지 연습문제를 통해 알아보자. '앤'의 내면에서 일어나고 있는 일에 상대방이 공감으로 반응하고 있다고 생각되는 문장의 번호에 동그라미를 쳐 보자.

1. **앤** 내가 왜 그렇게 바보 같은 짓을 했을까?

    톰 완벽한 사람은 없어. 너 자신을 너무 심하게 대하지 마!

2. **앤** 내 생각으로는 외국인 노동자들을 모두 자기 나라로 돌려보내야 해.

    톰 정말 그렇게 하면 해결되리라고 생각하니?

3. **앤** 너는 신이 아니야!

    톰 너는 이 문제를 다르게 볼 수도 있다는 걸 내가 받아들였으면 해서 짜증이 나니?

4. **앤** 너는 나라는 존재를 당연하게 생각해. 나 없이 네가 어떻게 살지 궁금하다.

    톰 아니야! 나는 너를 당연하게 생각하지 않아.

5. **앤** 네가 나한테 어떻게 그런 말을 할 수 있어?

    톰 내가 이런 말을 해서 마음이 상했니?

6. **앤** 남편을 생각하면 정말 화가 나. 내가 필요할 때에는 늘 옆에 없

다니까.

수잔 남편이 좀 더 네 곁에 있어야 한다고 생각해?

7. **앤** 몸무게가 점점 늘어나서 아주 짜증 나.

수잔 달리기를 하면 도움이 될지도 몰라.

8. **앤** 딸아이 결혼 준비 때문에 걱정돼서 죽겠어. 신랑 쪽 집안 사람들은 도움이 안 돼. 그 사람들은 결혼식 계획을 자꾸 자기들 마음대로 바꿔.

수잔 신랑 쪽 사람들이 계획을 바꿀 때마다 네가 얼마나 힘든지 그 사람들이 좀 이해해 주기를 바라기 때문에 많이 속상해?

9. **앤** 친척들이 아무 연락도 없이 불쑥 찾아오면 내 생활을 침해받은 것 같은 느낌이 들어. 그리고 그런 일이 있을 때마다 예전에 부모님이 내 생각을 무시하면서 당신들 마음대로 내 일을 결정하던 게 떠올라.

수잔 네 마음이 어떤지 알 수 있어. 나도 그런 기분이 들곤 했어.

10. **앤** 실적이 실망스럽군요. 지난달 그쪽 부서가 생산량을 두 배로 올려 주었으면 했는데…….

캐빈 실망하시는 걸 이해합니다. 하지만 저희 부서 직원들이 병으로 결근을 많이 했습니다.

【 연습문제 5에 대한 나의 대답 】

1. 나는 '톰'이 '앤'의 말에 공감하기보다 '앤'을 안심시키려 한다고 생각되어 이 번호에 동그라미를 치지 않았다. 공감으로 반응하는 예: "좀 더 깊이 생각하고 행동했으면 해서 실망스럽니?"

2. '톰'이 '앤'의 말에 공감하기보다 '앤'을 가르치려는 것으로 보인다. 공감으로 반응하는 예: "그 문제에 대해 뭔가 해결 방법이 있었으면 해서 걱정이 되니?"

3. 이 번호에 동그라미를 쳤다면 우리의 견해는 같다. 나는 '톰'이 '앤'의 말에 공감한다고 생각한다.

4. 나는 '톰'이 '앤'의 마음속에서 일어나는 일에 공감하기보다 오히려 '앤'의 말에 반대하고 자신을 방어한다고 생각한다. 공감으로 반응하는 예: "네가 하는 일들에 대해서 감사와 인정을 받고 싶어서 실망스럽니?"

5. 나는 '톰'이 '앤'의 말에 공감하기보다 오히려 '앤'의 느낌에 책임을 느낀다고 본다. '톰'이 공감한다면 이렇게 말할 수 있을 것이다. "네가 제안한 대로 내가 따라 주었으면 해서 마음이 상했니?"

6. 이 번호에 동그라미를 쳤다면 우리의 견해는 부분적으로 일치한다. 나는 '수잔'이 '앤'의 생각은 이해했다고 본다. 하지만 우리가 상대의 생각보다 그 뒤의 느낌과 욕구에 좀 더 귀를 기울일 수 있다

면 더 깊은 연결이 가능하다고 생각한다. 따라서 '수잔'이 이렇게 말했으면 좀 더 좋았으리라고 생각한다. "남편과 좀 더 함께 있기를 원하기 때문에 화가 나?"

7. 나는 '수잔'의 반응이 공감이라기보다는 조언이라고 생각한다. 공감의 예: "네가 원하는 몸무게를 유지하고 싶기 때문에 속상해?"

8. 나는 '수잔'이 '앤'의 말에 공감하고 있다고 생각한다.

9. 나는 '수잔'이 '앤'의 말을 공감하며 귀 기울여 듣기보다는, 자신이 '앤'의 말을 이해했다고 가정하면서 자신의 느낌을 이야기하고 있다고 생각한다. 공감의 예: "너의 사생활에 대한 존경과 배려를 원하기 때문에 짜증 나?"

10. 나는 '캐빈'이 '앤'의 느낌에 관심을 집중하면서 대화를 시작하기는 했다고 생각한다. 하지만 곧 자신의 관심을 설명 쪽으로 옮겨 갔다. 공감의 예: "기대하신 대로 이루어지기를 원했기 때문에 실망스러우세요?"

말은 마음의 창(아니면 벽)

당신의 말로 선고를 받은 것처럼 느끼면서
떠나기 전에 꼭 알고 싶은 것은
그것이 정말 당신이 말하려고 했던 뜻인가요?
내가 변호에 나서기 전에,
상처를 입고 두려워하며
말로 벽을 쌓기 전에,
말해 주세요, 내가 바로 들었나요?
말은 창이 될 수도, 벽이 될 수도 있어요.
말은 우리를 구속하기도 하고 자유롭게 풀어주기도 하지요.
내가 말을 할 때나 들을 때,
사랑의 빛이 나를 통해 빛나기를 바라요.

꼭 하고 싶은 말이 있어요.
그것은 내게 너무나 소중한 것이에요.
만약 내 뜻이 분명하지 않다면,
제가 자유롭게 되도록 도와주시겠어요?
만약 당신을 무시하는 것처럼 보였다면,
만약 내 말이 냉정하게 들렸다면,
내 말에서
우리가 서로 나누려는 마음을 들어 주세요.

루스 베버마이어Ruth Bebermeyer

제 8 장

공감의 힘

진정한 자유는
우리 형제들이 걸친 모든 속박의 사슬을 나누는 것,
그리고, 가슴과 손으로,
다른 이의 해방을 위해 진심을 다하는 것!

제임스 러셀 로웰

마음의 상처를 치유하는 공감

칼 로저스^{Carl Rogers}는 공감의 효과를 이렇게 묘사했다.

"……어떤 사람이 나를 판단하지 않고, 나를 책임지려 하거나 나에게 영향을 미치려 하지 않으면서…… 내 말을 진지하게 귀 기울여 들어 줄 때에는 정말 기분이 좋다. ……누군가 내 이야기를 듣고 나를 이해해 주면, 나는 새로운 눈으로 세상을 다시 보게 되어 앞으로 나아갈 수 있게 된다. 암담해 보이던 일도 누군가가 진정으로 들어 주면 해결 방법을 찾을 수 있다는 것은 정말 놀라운 일이다. 해결의 실마리가 보이지 않던 일도 누군가가 잘 들어 주면 마치 맑은 시냇물 흐르듯 풀리곤 한다."

> 공감은 우리로 하여금 세상을 새로운 눈으로 보고, 계속 앞으로 나아갈 수 있게 한다.

공감과 관련해 내가 좋아하는 이야기가 하나 있다. 어떤 대안학교의 교장에게 들은 이야기이다. 어느 날 점심 식사 후에 교장실로 돌아와 보니, 밀리라는 초등학생이 풀이 죽은 채 앉아서 기다리고 있었다. 그녀가 다가가 앉자 밀리는 "앤더슨 선생님, 선생님은 다른 사람들에게 상처만 입히면서 한 주를 보낸 적이 있으세요? 그럴 생각은 전혀 아니었는데 말이에요." 하고 말했다.

"그래. 네가 하는 말을 이해할 수 있을 것 같구나."

교장이 대답했다. 그러자 밀리는 자기가 한 주를 어떻게 보냈는지 이야기하기 시작했다.

교장은 내게 이렇게 말했다.

"그때 나는 매우 중요한 회의에 가야 했고, 외투도 그대로 입은 채

> "뭔가 하려고만 하지 말고
> ······."

였어요. 회의실에서 사람들이 나를 기다릴 텐데 하는 걱정으로 조바심이 났어요. 그래서 밀리에게 물었죠. '밀리, 내가 너를 위해 무엇을 해 주면 좋겠니?' 그러자 밀리는 손을 내 양어깨에 올리고, 내 눈을 똑바로 쳐다보면서 이렇게 말했답니다. '앤더슨 선생님, 저는 아무것도 바라지 않아요, 다만 선생님이 제 말을 들어 주셨으면 해요.' 그때가 바로 내 인생에서 가장 중요한 깨달음을 얻은 순간이었어요. 어린아이가 나를 가르친 셈이죠. 나는 생각했지요. '회의실에서 나를 기다리는 어른들은 신경 쓰지 말자!' 그러고는 밀리와 좀 더 조용히 이야기를 나눌 수 있도록 벤치로 자리를 옮겼어요. 밀리가 하고 싶은 말을 다 할 때까지 나는 팔로 밀리의 어깨를 감쌌고, 밀리는 머리를 내 어깨에 기대고 팔로 내 허리를 감쌌어요. 그런데 말이죠, 그게 오래 걸리지도 않았어요."

내 일에 가장 보람을 느끼는 순간은 NVC를 통해 다른 사람과 공감으로 연결하는 능력을 길렀다는 말을 들을 때이다. 스위스에 사는 친구 로리는 여섯 살짜리 아들이 자신이 이야기하는 도중에 화를 내며 뛰쳐나가는 바람에 얼마나 속이 상했는지 모른다고 이야기했다. 그런데 최근에 엄마와 함께 NVC 워크숍에 왔던 그녀의 열 살짜리 딸 이사벨이 그때 이렇게 말했다.

"엄마, 화 많이 나지? 엄마는 동생이 골이 났을 때 밖으로 뛰쳐나가는 대신 엄마하고 이야기하면 좋겠지?"

로리는 딸의 말을 듣는 순간 자신의 긴장이 사라지고, 그래서 아들이 돌아왔을 때 좀 더 그 아이를 이해하는 마음으로 대할 수 있게 되어서 놀랐다고 했다.

한 대학 강사는 강사들 몇 명이 공감하면서 듣는 법과 자기 자신을 더 솔직하게 표현하는 법을 배운 것이 학생들과의 관계에 어떤 영향을 미쳤는지 이야기했다.

"학생들이 마음을 열기 시작했어요. 그리고 공부를 하는 데 방해가 되는 여러 개인적인 애로 사항에 대해 말하기 시작했어요. 학생들이 이런 문제에 대해 솔직하게 표현하게 되면서 그들의 학업 성취도는 더욱 올라갔어요. 그렇게 들어 주는 것은 시간이 많이 들긴 하지만 충분히 가치가 있는 일이었습니다. 그런데 불행하게도 학장은 우리에게, 당신들은 상담사가 아니니까 학생들과 그런 이야기를 하는 시간을 줄이고 가르치는 데 더 많은 시간을 쓰라고 했습니다."

그 문제에 어떻게 대처했느냐고 묻자 그는 이렇게 대답했다.

"우리는 학장이 걱정하는 것을 공감으로 들어 주었습니다. 그분은 혹시 우리가 감당할 수 없는 상황을 맞을까 봐 걱정하고 있다고 했습니다. 또, 학생들의 말을 들어 주더라도 우리가 가르치는 일을 소홀히 하지 않으리라는 확신이 필요하다는 말도 들을 수 있었습니다. 학장도 우리가 이렇게 그를 이해하는 마음으로 듣자 안심하는 것 같았습니다. 우리는 학생들의 말을 계속 들어 주었습니다. 왜냐하면 우리가 학생들의 말을 더 들어 줄수록 학생들이 공부도 더 잘한다는 것을 깨달았기 때문이죠."

상하관계가 있는 조직에서 일할 때에는 자신보다 높은 지위에 있는 사람의 말을 명령이나 판단으로 받아들이는 경향이 있

자신보다 권력과 지위, 그리고 재력을 더 많이 가진 것처럼 보이는 사람들과 공감하기는 더 어렵다.

다. 동료나 자신보다 지위가 낮은 사람들과는 비교적 쉽게 공감할 수 있는 반면에, 우리가 '윗사람'으로 보는 사람들 앞에서는 공감하기보다 자신을 방어하거나 변명하는 자세를 취할 때가 많다. 그래서 나는 이들이 학생은 물론이고 학장과도 공감대를 형성할 수 있었다는 이야기를 들었을 때 특히 기뻤다.

공감과 자신의 여린 면을 내보일 수 있는 능력

상대의 말에 공감할수록
우리는 더 안전하다는 느낌을
받는다.

NVC로 우리 자신을 표현하는 일은, 마음속 깊은 곳의 느낌과 욕구를 드러내야 하기 때문에 어렵게 느껴질 수도 있다. 하지만 다른 사람과 먼저 공감대를 형성하면 자기표현을 하기도 쉬워진다. 왜냐하면 상대방의 인간적인 면을 접하게 되고, 우리 모두가 공유하는 공통점을 알게 되기 때문이다. 다른 사람의 말 뒤에 있는 느낌과 욕구에 연결할수록 다른 사람에게 마음을 여는 것에 대한 두려움도 줄어든다. 우리가 자신의 여린 면을 드러내기를 가장 꺼리는 때는 자신의 권위나 통제력을 잃을까 두려워서 '강인한 이미지'를 유지하려 할 때이다.

클리블랜드 거리의 갱들과 상담할 때였다. 그때 나는 마음이 상했다는 내 느낌과 나를 좀 더 존중해 주었으면 한다는 욕구를 솔직히 말하면서, 나의 여린 면을 그들에게 드러낸 적이 있다. 그러자 그중 한 명이 비웃었다.

"오, 저~런! 마음이 상하셨다네! 안됐네!"

그러자 그의 친구들이 다 같이 웃으며 거들었다. 그런 상황에서 나는 그들이 내 여린 면을 이용한다고 해석할 수도 있었고(선택 2 다른 사람을 탓하기), 아니면 그들의 행동 뒤에 숨은 느낌과 욕구에 귀를 기울일 수도 있었다(선택 4 다른 사람을 공감하기).

만약 내가 모욕과 조롱을 당하고 있다고 생각했다면, 아마 나는 상처받고 화나고 겁도 나서 공감하기 어려웠을 것이다. 그럴 때에는 우선 그 자리를 떠나 자신과 공감하거나, 다른 믿을 수 있는 사람에게 공감을 받을 필요가 있다. 내 안에서 이렇게 강하게 일고 있는 느낌과 욕구를 찾아서 그에 대해 충분히 공감을 받고 나면, 다시 돌아왔을 때 그들이 하는 말을 들어 줄 마음의 자세를 갖출 수 있게 될 것이다. 고통스러운 상황에서는 마음속 깊은 곳에 있는 자신의 욕구를 알아내기 위해서 우선 우리 머릿속의 비판적인 생각들을 넘어설 수 있는 충분한 공감을 받을 필요가 있다.

"오, 저~런! 마음이 상하셨다네! 안됐네!"라는 말과 다음에 이어진 비웃음 소리를 더 주의 깊게 듣자, 나는 그들이 화가 나 있으며, 죄책감을 갖거나 조종당하고 싶어 하지 않는다는 것을 알아차릴 수 있었다.

그 순간에 그들은 과거에 은연중 마땅치 않다는 의미로 "그러면 내 마음이 아파."라고 말하던 사람들에게 반응하고 있는지도 모른다. 이런 추측이 실제로 정확한지는 그들에게 물어보지 않았기 때문에 알 수 없다. 하지만 나는 이런 추측에 관심을 집중함으로써 그들의 말과 행동을 개인적으로 받아들이거나 화를 내지 않을 수 있었다. 그들이 나를 얼마나 무례하게 대하는지 판단하는 대신, 그들의 행동 뒤에 숨은 고통과 욕구를 듣는 데 집중했다.

"이봐요!" 하고 그들 중 한 명이 말문을 열었다.

"당신은 지금 말도 안 되는 헛소리를 하고 있어요! 여기 저쪽 갱 한 놈이 있고, 그는 총을 가지고 있는데 당신은 없다고 상상해 봐요. 그런데도 거기 서서 그놈들하고 이야기를 하라는 거요? 말도 안 되는 소리!"

그러자 모두가 다시 웃기 시작했다. 나는 다시 그들의 느낌과 욕구에 주의를 집중했다.

"여기 현실과 동떨어진 것을 배우는 것에 질렸다는 말처럼 들리는군요?"

"당연하죠. 누구든 이 근처에 사는 사람이라면 지금 당신이 한 말이 얼마나 허튼소린지 다 알 걸요."

"그러니까, 누군가 여러분에게 뭘 가르치려면 이곳 실정을 잘 알아야 한다는 말인가요?"

"그렇죠. 어떤 녀석들은 당신 입에서 두 마디가 나오기 전에 날려 버릴 텐데!"

"여러분에게 뭔가를 가르치려는 사람은 이곳이 얼마나 위험한지 알고 있는 사람이라고 믿을 수 있는 게 중요하다는 거군요?"

나는 들은 말을 때로는 반복하면서 그의 말에 계속 귀를 기울였다. 우리의 대화는 40여 분간 이어졌다. 그리고 나는 변화를 느꼈다. 그들은 내가 진심으로 이해한다고 느낀 것이다. 프로그램을 담당하던 상담사가 그들의 변화를 느끼고 물어보았다.

"여러분은 이분을 어떻게 생각하십니까?"

나를 가장 힘들게 했던 사람이 대답했다.

"우리가 봤던 강사 중에서 제일 낫군요."

상담사는 놀라며 나를 돌아보고 조용히 말했다.

"하지만 당신이 뭔가 특별한 말을 한 것도 아니잖아요!"

그러나 그들이 내게 던진 말들이 모두 보편적인 인간의 느낌과 욕구로 해석될 수 있다는 점을 실제로 보여 줌으로써, 나는 사실 많은 것을 이야기했던 것이다.

> 다른 사람의 느낌과 욕구에 귀 기울이는 것만으로도 우리는 '많은 것'을 말할 수 있다.

공감으로 위기를 면하기

긴박한 상황에서 다른 사람에게 공감하는 능력이 있으면 일어날 수도 있는 폭력을 막을 수 있다.

세인트루이스의 어떤 선생님이 들려준 이야기이다. 도심 빈민 지역에 있는 그 학교 교사들은 학교 당국으로부터 수업이 끝나면 안전을 위해 바로 퇴근하라는 주의를 받았지만, 그 여교사는 방과 후에 학생을 돕기 위해 학교에 남아 있었다. 그런데 한 젊은 남자가 교실로 들어왔다. 그리고 두 사람 사이에 다음과 같은 대화가 오갔다.

남자 "옷 다 벗어."

교사 (그가 몸을 떠는 것을 눈치 채고) "지금 매우 두려우시군요?"

남자 "내 말 못 들었어? 옷 벗으라니까!"

교사 "지금 정말 화가 나서 시키는 대로 했으면 좋겠어요?"

남자 "그래. 내가 시키는 대로 안 하면 다칠 거야!"

교사 "내가 다치지 않고 당신이 원하는 것도 얻을 수 있는 다른 방법은 없을까요?"

남자 "벗으라고 했잖아!"

교사 "내가 당신 말대로 따라 주기 바란다는 걸 알겠어요. 하지만 저도 지금 얼마나 겁나고 무서운지 알아주었으면 해요. 그리고 나를 해치지 않고 그냥 돌아가 준다면 정말 고맙겠어요."

남자 "가방 내놔!"

그녀는 강간당하지 않게 된 사실에 안도하며 남자에게 가방을 건네주었다. 그녀는 자신이 남자에게 공감하려 할 때마다 강간하려던 그의 의지가 약해지는 것을 느낄 수 있었다고 이야기했다.

대도시에서 근무하는 한 경찰관은 NVC 후속 연습모임에 참여하여 내게 다음과 같은 일화를 들려주었다.

지난 시간에 화난 사람들과 공감하며 대화하는 연습을 했는데 그에 대해 선생님께 정말 고맙게 생각합니다. 교육을 받고 며칠이 안 돼서 나는 공공주택(주로 가난한 흑인들이 사는 곳)에 살고 있는 어떤 사람을 체포하러 갔지요. 내가 그를 데리고 나왔을 때, 60명 정도 되는 사람들이 내 자동차를 둘러싸고 있었어요. 그들은 "그 사람을 놔줘! 그는 아무 잘못도 저지르지 않았어! 너희 경찰들은 모두 인종차별주의 돼지들이야!"라며 소리를 지르고 있었어요. 그 상황에서 공감하며 들어 주는 것이 도움이 되리라는 확신은 없었지만, 그때 내겐 다른 방법이 없었지요. 그래서 나를 향해 쏟아내는 그 사람들의 느낌을 반영해 주는 식으로 말했지요. "내가 이 남자를 체포하는 이유를 믿지 못하시는군요. 여러분은 이 일이 인종차별과 관련이 있다고 생각하시는군요." 몇 분 동안 내가 계속 이런 식으로 그들의 느낌을 받아 주자, 적대감이 조금 누그러진 듯했어요. 결국 그들은 내가 차에 탈 수 있도록 길을 터 주었어요.

마지막으로 어느 젊은 여성의 이야기를 하고 싶다. 그녀는 토론토에 있는 약물중독센터에서 근무하는데 야간 근무 시간에 공감을 활용하여 폭력을 피할 수 있었다. 그 여성은 두 번째 NVC 워크숍에 참가해서 자신의 이야기를 들려주었다. 그녀가 처음 NVC 교육을 받고 2~3주 지난 어느 날 밤 11시쯤에 마약을 한 것이 분명해 보이는 남자가 들어와서 방을 달라고 했다. 그 여성이 남은 방이 하나도 없다고 설명하고 다른 상담소의 주소를 건네주려는 순간, 남자가 덤벼들어 그녀를 바닥에 쓰러뜨렸다.

"그런 다음에 그 남자는 내 위에 올라앉아서 목에 칼을 들이댔어요. 그리고 이렇게 소리쳤어요. '거짓말하지 마, 나쁜 년! 방 있는 거 다 알아!'"

그 여성은 느낌과 욕구에 귀를 기울이며 자신이 배운 NVC를 적용하기 시작했다.

"그런 상황에서도 그걸 기억해 낼 수 있었나요?"

내가 감동해서 물었다.

"내게 무슨 다른 방법이 있었겠어요? 때로는 절망적인 상황이 도움이 되지요, 안 그래요, 마셜?"

그리고 그녀가 덧붙여서 말했다.

"워크숍에서 하셨던 농담이 정말로 도움이 되었어요. 사실, 그 농담이 내 목숨을 구한 거나 마찬가지예요."

"무슨 농담이었죠?"

"화난 사람 얼굴 앞에는 절대로 '하지만'이란 말을 들이대지 말라고 한 것 기억나세요?(영어의 '하지만but'은 '엉덩이'를 뜻하는 'butt'와 발음이 같다·옮긴이 주) 그와 언쟁을 벌일 생각으로 '하지만 방이 없어요.'라고 막 말하려던 참에 선생님의 농담이 생각났어요. 그 농담이 특히 기억난 것은, 그 일이 있기 일주일 전에 어머니와 말다툼을 했는데 그때 어머니가 제게 '말끝마다 네가 "하지만……" 하고 말대꾸할 때는 정말 죽여 버리고 싶다니까!'라고 말씀하셨기 때문이에요. 제 어머니가 '하지만……'이라는 말 때문에 저를 죽이고 싶을 만큼 화가 났다면, 그 남자는 저를 어떻게 했을지 상상해 보세요. 그 남자가 고함칠 때, 내가 '하지만 방이 없어요!'라고 말했다면, 그는 분명 그 칼로 내 목을 찔렀을 거예요. 대신 저는 숨을 깊이 들이쉬고 말했어요. '정말 방이 필요하기 때문에 화가 많이 나신 것 같군요.' 그는 내게 큰 소리로 말했어요. '내가 비록 중독자일지는 몰라도 사람대접 받을 자격이 있어. 모두가 나를 깔보는 데 이제 신물이 나. 부모도 나를 사람취급 해 주지 않아. 나는 사람대접을 받을 자격이 있단 말이야!' 그래서 저는 그의 느낌과 욕구에 주의를 기울이면서 말했어요. '사람들에게 원하는 인정을 받지 못해서 마음이 아프시군요.'"

"그 상황이 얼마나 계속됐습니까?"

내가 물었다.

"한 30분 정도요."

그녀가 대답했다.

"정말 무서웠겠군요."

"아니에요, 대화가 몇 번 오간 뒤에는 그렇지 않았어요. 왜냐하면 여기서 우리가 배웠던 한 가지가 명백해졌기 때문이에요. 제가 집중해서 그의 느낌과 욕구에 귀를 기울이자 그가 더는 괴물처럼 보이지 않았어요. 괴물처럼 보이는 사람도 말과 행동 때문에 우리가 그들의 인간적인 면을 보기 어려울 뿐이지, 우리와 같은 한 인간이라는 것을 알 수 있었어요. 그 남자의 욕구와 느낌에 집중할수록 저는 그 사람을 채워지지 않은 욕구 때문에 절망에 빠진 한 인간으로 볼 수 있게 되었어요. 거기에 주의를 두는 한, 다치지 않으리라는 확신이 들었어요. 그 사람은 필요했던 공감을 받자 칼을 거두었고, 저는 그 사람이 다른 센터에서 방을 구할 수 있도록 도와주었어요."

그 여성이 그처럼 극단적인 상황에서도 공감으로 반응할 수 있었다는 것이 흐뭇하면서도 궁금해서 나는 물어보았다.

"그럼 여긴 왜 다시 오셨나요? 내가 보기에 당신은 이미 NVC에 능숙해서 배운 걸 다른 사람들에게 가르쳐도 되겠는데요."

> 화난 사람에게는 "하지만"이라고 말하기보다는 공감을 할 것

> 사람들의 느낌과 욕구에 귀를 기울이면 그들이 더 이상 괴물로 보이지 않는다.

"저는 좀 더 어려운 문제로 선생님의 도
움이 필요해요."

그녀가 말했다.

"어떤 문제인지 물어보기가 겁나는데요.
방금 이야기한 것보다 더 어려운 상황이라니요?"

"이제는 어머니 문제로 도움이 필요해요. '하지만'에 대해 배웠는데
도 그 뒤에 어떤 일이 있었는지 아세요? 다음 날 저녁에 어머니께 센
터에서 그 남자와 있었던 일을 이야기했을 때, 어머니는 '네가 그 일
을 계속한다면 너 때문에 네 아버지와 나는 심장마비를 일으키고 말
거다. 두말 말고 다른 일을 찾아봐!'라고 하셨어요. 그때 제가 어머니
께 뭐라고 했는지 아세요? '하지만 엄마, 그건 제 인생이에요!'"

자기 가족에게 공감으로 반응하는 것이 얼마나 어려운지를 이보
다 더 생생하게 보여 주는 사례가 있을까?

"아니요(No)"라는 말을 들었을 때 공감하기

사람들이 대체로 "아니요!" 또는 "~하고
싶지 않아요."라는 말을 거절로 받아들이
는 경향이 있기 때문에 이런 말을 공감으
로 들을 수 있는 것이 중요하다. 이런 말을
개인적으로 받아들이면 상대방의 내면에서 무슨 일이 일어나는지
이해하지 못한 채 상처를 입을 수 있다. 그러나 이때 우리가 누군가

의 "아니요!" 뒤에 있는 느낌과 욕구를 알아차릴 수 있다면, 상대방이 무엇을 원하며, 또 무엇 때문에 우리의 부탁을 들어줄 수 없는지 인식할 수 있다.

한번은 워크숍 도중 쉬는 시간에 어떤 여성에게 다른 참가자들과 함께 가까운 아이스크림 가게에 가지 않겠느냐고 물어본 적이 있다.

"싫어요."

그녀는 퉁명스럽게 대답했다. 나는 억양을 통해 그 여자가 거절을 하고 있다고 해석했다. 하지만 나는 곧 "싫어요."라는 대답으로 그녀가 표현하고자 하는 느낌과 욕구에 귀 기울여야 한다는 점을 기억했다. 그래서 "화가 난 것처럼 들리는데, 그런가요?" 하고 물었다.

"아니요, 내가 입을 열 때마다 잘못을 지적당하고 싶지 않을 뿐이에요."

이제 나는 그녀가 화났다기보다는 두려워하고 있다는 것을 알게 되었다. "지금 두려우시죠?. 워크숍에서 말할 때마다 지적당하다 보니 이제 그런 상황을 피하고 싶으신가요?"라고 물어서 이를 확인했다.

"네, 아이스크림 가게에 앉아서 제가 말할 때마다 선생님이 주목하시는 것을 생각하기도 싫어요."

워크숍에서 내가 반응하는 방식이 그녀를 불안하게 했다는 사실을 깨달았다. 나는 이제 그녀가 "싫어요."라고 한 말에서 가시를 느끼지 않게 되었고, 그 대신 공개된 장소에서 그런 지적을 받고 싶지 않은 그녀의 욕구를 알 수 있었다. 그래서 다른 장소에서는 그렇게 하지 않겠다고 안심시켰다. 그러고 나서 나는 그녀가 편하게 느낄 수 있는 식으로 조언을 할 수 있는 방법에 대해 의논을 했고, 우리는 다 같이 아이스크림 가게에 갔다.

대화에 생기를 되살리기 위한 공감

우리는 생기 없는 대화의 한가운데에 있을 때가 있다. 가령 사교 모임에 참석해서 말하는 사람들과 아무런 연결도 느끼지 못하면서 다른 사람의 말을 듣고 있을 때 등이다. 어떤 때에는 한없이 계속되는 이 말을 언제까지 들어야 하나 겁이 나기도 한다. 우리가 말하는 사람의 느낌과 욕구, 그 욕구에 따른 부탁과 연결을 잃으면 대화에서 생기가 빠져나가 버린다. 이런 일은 말하는 사람 자신이 무엇을 느끼고, 필요로 하고, 부탁하는지에 대한 의식 없이 말할 때 흔히 일어난다. 그럴 때 우리는 상대방과 생동감 있게 대화를 나누기커녕 자신이 마치 그들의 말을 담는 휴지통처럼 느껴지기도 한다.

대화에 활기를 되살리는 방법: 그때 그때 공감한다.

그렇다면 생기를 잃은 대화를 되살리기 위해서 언제, 어떻게 끼어들 것인가? 끼어들기에 가장 적절한 시점은 우리가 듣고 싶은 것보다 한 마디라도 더 들었을 때이다. 오래 기다리면 기다릴수록 정중하게 끼어들기가 더 어려워진다. 상대가 말할 때 끼어드는 것은, 우리가 대화의 주인공이 되기 위해서가 아니라, 말하는 사람이 그 자신의 말 뒤에 있는 삶의 에너지와 연결하도록 돕기 위해서이다.

상대방의 말 속에 있는 느낌과 욕구에 초점을 맞춤으로써 이런 연결을 도울 수 있다. 예를 들어 이모가 20여 년 전에 자신과 두 아이를 떠난 남편에 대한 이야기를 계속 되풀이한다면, 이때 우리는 "이모, 아직도 마음이 많이 아프신 것 같네요. 좀 더 많은 배려와 돌봄을 원하셨는데 말이죠."라며 끼어들 수 있을 것이다. 사람들은 자신이 진정으로 원하는 것이 공감이라는 사실을 의식하지 못할 때가 많다. 과거에 겪었던 부당한 대우와 어려움을 되뇌기보다 자신의 마음속에 살아 있는 느낌과 욕구를 표현하면 더 쉽게 공감을 받을 수 있다는 점을 깨닫지 못한다.

대화에 생기를 불러일으키는 또 다른 방법은, 말하는 사람과 좀 더 연결되고 싶은 자신의 욕구를 솔직히 표현하면서 그에 도움이 되는 일을 부탁하는 것이다. 한번은 칵테일 파티에 참석한 적이 있었는데, 많은 말이 오가고 있었지만 대화에 생기가 전혀 없어 보였다. 나는 같이 있던 아홉 사람에게 이렇게 말하며 끼어 들었다.

"잠깐만요, 여러분과 좀 더 연결하고 싶은데 지금은 제가 원하는 연결을 느낄 수 없어서 안타깝습니다. 지금 하는 대화가 만족스러우신지 알고 싶습니다. 만약 그렇다면 어떤 욕구가 충족되었는지요?"

이 말을 듣고 아홉 사람 모두가 눈이 휘둥그레져서 나를 쳐다보았다. 다행히 나는 그들이 침묵을 통해 표현하는 느낌과 욕구에 귀를 기울여야 한다는 것을 기억했다. 나는 물었다.

"대화를 계속하고 싶으신데 제가 방해를 해서 불쾌하십니까?"

다시 침묵이 흐르고 난 뒤 한 남자가 대답했다.

"아니요. 불쾌하지 않아요. 저도 당신과 같은 것을 생각하고 있었어요. 저도 이 대화를 즐기고 있지 않았어요. 사실, 아주 지루했어요."

그 대답에 나는 놀랐다. 왜냐하면 그 남자가 바로 제일 많이 말을 하던 사람이었기 때문이다. 그 후로 나는 듣는 사람이 생기를 느끼지 못하는 대화는 말하는 사람에게도 똑같다는 것을 알게 되었다.

듣는 사람을 지루하게 하는 말은 말하는 사람에게도 마찬가지이다.

여러분은 다른 사람의 말 중간에 과감히 끼어드는 용기를 어떻게 낼 수 있을지 궁금해할지도 모른다. 한번은 다음과 같은 질문을 가지고 비공식으로 설문 조사를 한 적이 있었다. "만약 당신이 상대가 듣고 싶은 말보다 더 많이 말하고 있을 때 상대방이 계속 듣는 척하기를 바랍니까, 아니면 중단시켜 주기를 바랍니까?" 응답한 사람들 중 한 명만 빼고 모든 사람이 상대가 말을 중단시켜 주기를 바란다고 대답했다. 나는 그 결과를 보고, 이야기를 듣는 척하기보다 오히려 중단시키는 쪽이 바람직한 행동이라는 것을 확신했고 용기를 얻었다. 우리 모두는 우리가 하는 말이 다른 사람에게 부담이 아니라 도움이 되기를 바라기 때문이다.

말하는 사람은, 자신의 이야기가 지루할 때 듣는 사람이 듣는 척하기보다 중단시켜 주기를 바란다.

침묵을 공감으로 듣기

우리가 제일 공감하기 힘든 것 중 하나는 침묵이다. 특히 우리가 자신의 드러내기 힘든 면을 말하고 난 뒤, 상대방이 우리 말을 어떻게 들었는지 알고 싶을 때 침묵은 더욱 견디기 힘들다. 이때 상대방이 아무 반응도 하지 않으면, 우리는 가장 두려운 상황을 상상하기 쉽기 때문에 그 침묵을 통해 표현되고 있는 상대방의 느낌과 욕구와 연결하기가 어려워진다.

한번은 어느 기업의 관리자 교육을 하던 도중에, 어떤 이야기를 하다가 감정이 복받쳐 눈물을 흘렸다. 다시 고개를 들었을 때, 그 회사의 이사는 나로서는 받아들이기 힘든 반응을 보였다. 바로 침묵이었다. 그는 얼굴을 돌리고 내가 보기에는 혐오스러운 듯한 표정을 짓고 있었다. 다행히도 나는 그의 마음속에서 무슨 일이 일어나는가로 관심을 돌려야 한다는 것을 기억했다.

"제가 우는 것을 보고 실망하셨나요? 자신의 감정을 더 잘 조절할 줄 아는 사람이 직원 교육을 해 주었으면 하시는 것 같네요."

만약 그가 그렇다고 대답했더라도, 나는 그것을 내가 느낌을 그렇게 표현한 것이 문제라고 생각하기보다는 우리가 느낌을 표현하는 방식이 서로 다르다는 뜻으로 받아들였을 것이다. 하지만 그 이사는 이렇게 대답했다.

"아니요, 전혀 그런 게 아니에요. 내가 울 수 있는 사람이기를 바란다는 아내의 말을 생각하고 있었어요."

그는 이어서 이혼 수속 중인 부인이 자신과 사는 것이 마치 바위와 사는 것 같다고 불평해 왔다는 이야기를 했다.

심리치료사로 일할 때, 나는 정신과 치료를 받고 있는 스무 살 난 딸을 둔 부모와

침묵 뒤에 숨겨진 느낌과 욕구에 귀를 기울임으로써 공감한다.

만난 적이 있다. 딸은 약물치료, 입원, 충격요법을 몇 달간 받고 있었는데, 나를 찾아오기 전 3개월 동안은 말을 한 마디도 하지 않았다. 부모가 딸을 데리고 왔을 때, 그녀 혼자서는 움직이지도 않았기 때문에 도움을 받아야만 했다.

상담실에서 딸은 시선을 바닥에 둔 채 떨면서 의자에 웅크리고 앉아 있었다. 침묵을 통해 나타나는 그녀의 느낌과 욕구에 공감으로 연결하려고 노력하면서 이렇게 물어보았다.

"좀 겁이 나요? 말을 해도 안전하리라는 확신이 필요하죠, 내 말이 맞나요?"

그녀는 아무런 반응도 보이지 않았다. 그래서 나는 내 느낌을 표현했다.

"좀 걱정이 되어서 그러는데요, 어떻게 하면 당신이 좀 더 안심할 수 있을지 말해 주었으면 좋겠어요."

그래도 전혀 반응이 없었다. 그 후 40여 분간, 그녀의 느낌과 욕구를 짐작해 말해 보거나 내 느낌을 표현하면서 이야기를 계속했지만, 눈에 띄는 반응은 없었다. 대화하려는 나의 노력을 알아줄 아무런 기미도 보이지 않았다. 마침내 나는 피곤하다고 말하고, 그녀에게 내일 다시 와 달라고 했다.

그리고 다음 2, 3일은 첫날과 비슷했다. 내가 이해한 것을 때로는 말로, 때로는 침묵으로 표현하면서 나는 그녀의 느낌과 욕구에 계속 주의를 집중했다. 이따금 나는 내 속에서 일어나는 일을 그녀에게 이야기했다. 그녀는 아무 말 없이 의자에 앉아 있었다.

4일째 되던 날, 여전히 반응이 없자 나는 그녀의 손을 잡았다. 걱정하는 마음이 말로 전달되었는지 알 수 없었기 때문에 신체 접촉이 좀 더 효과적일지도 모른다는 희망에서였다. 처음 손을 잡았을 때 그녀의 근육은 긴장했고, 그녀는 의자에 더 깊숙이 웅크려 앉았다. 손을 놓으려고 하자 그녀가 손을 조금 내어 주는 것이 느껴졌다. 그래서 나는 손을 잡고 좀 더 그대로 있었다. 몇 분이 지난 후에, 나는 그녀의 손에서 긴장이 조금씩 풀리는 것을 느낄 수 있었다. 나는 몇 분간 손을 잡은 채로 처음 며칠 동안 한 것처럼 이야기를 했다. 그래도 아무 대답이 없었다.

다음 날 그녀가 도착했을 때에는 전보다 더 긴장한 것처럼 보였다. 하지만 뭔가 다른 점이 하나 있었다. 그녀는 얼굴을 돌린 채 꼭 움켜쥔 손을 내게 내밀었다. 처음에 나는 그녀의 행동에 어리둥절했다. 하지만 그 손안에 내게 주고 싶어 하는 무언가가 있다는 것을 알아차렸다. 나는 그녀의 주먹 쥔 손을 잡고 손가락을 하나씩 펼쳤다. 거기에는 다음과 같은 글이 적힌 구겨진 종이가 들어 있었다.

"내 마음속에 있는 말을 할 수 있도록 제발 나를 도와주세요."

그녀로부터 소통하고 싶다는 신호를 받았다는 사실에 나는 힘이 나고 용기가 생겼다. 내가 한 시간 동안 용기를 북돋워 주자 그녀는 두려워하며 천천히 첫 마디를 말했다. 내가 그 말을 되풀이하면서 확인해 주자, 그녀는 안심하는 표정으로 조심스럽게 이야기를 계속해 나갔다. 1년 후에 그녀는 내게 일기의 다음과 같은 한 부분을 보내 주었다.

나는 충격요법과 독한 약물치료를 끝내고 퇴원했다. 그때가 4월

쯤이었다. 지난 3년 반의 시간처럼 그 전 3개월도 내 머릿속은 완전히 텅 빈 공백이었다.

사람들은 내가 병원에서 퇴원하고 집에 온 뒤, 말하지도 먹지도 않으면서 내내 침대에만 있으려 했다고 한다. 그러고 나서 나는 로젠버그 선생님에게 상담을 받기 시작했다. 나는 그 2, 3개월 동안 로젠버그 선생님의 사무실에서 이야기한 것 외에는 기억나는 것이 거의 없다.

나는 선생님과 처음 상담한 뒤 '깨어나기' 시작했다. 아무에게도 말할 생각조차 못 하던, 나를 괴롭히던 것들에 대해 선생님과 이야기를 나누기 시작했다. 그리고 나는 그것이 내게 얼마나 큰 의미를 가진 일이었는지를 기억한다. 말을 한다는 것이 너무 힘들었다. 하지만 로젠버그 선생님은 나를 배려하며 관심을 보여 주었다. 그래서 나는 선생님과 이야기하고 싶었다. 마음속의 무언가를 말하고 난 후에는 항상 기분이 좋았다. 나는 선생님과 약속한 다음 상담 시간을 기다리며 날짜, 심지어 시간까지 세었던 것을 기억한다. 그리고 나는 현실에 부딪히는 게 나쁘지만은 않다는 것도 배웠다. 이제 나는 나 자신이 맞서야 할 문제들, 스스로 해야 할 것에 대해 더 많이 이해하고 있다.

이런 일들이 두려운 것도 사실이다. 그리고 매우 어려운 일이다. 내가 아무리 열심히 노력해도 실패할 수 있다는 것을 생각하면 용기를 잃게 된다. 하지만 현실 속에는 멋진 일도 있다는 것을 알게 되었다.

지난 1년을 통해 나는 다른 사람들과 나 자신을 나누는 것이 얼마나 근사한 일인지 알게 되었다. 그것은 내가 다른 사람에게 이야기하고, 그 사람이 내 이야기를 들어 주고 때때로 내 말을 진정으로 이해해 줄 때 느끼는 기쁨이다.

　나는 공감이 가진 치유의 힘에 계속 놀라고 있다. 공감으로 들어 줄 수 있는 사람과 충분한 연결을 가지면 사람을 무기력하게 만드는 마음의 상처도 극복하게 되는

> 공감은 온 존재로 그 자리에 있을 수 있는 우리 능력에 달려 있다.

사례를 여러 번 경험했다. 공감으로 다른 사람의 말을 들어 주기 위해서 심리 이론이나 심리 치료를 위한 특별한 훈련이 필요한 것은 아니다. 가장 중요한 것은 상대방의 마음속에서 실제로 일어나는 것—그 순간에 그 사람이 경험하고 있는 특정한 느낌과 욕구—과 함께 있어 줄 수 있는 능력이다.

요 약

공감할 수 있는 능력은 자신의 솔직한 내면에 머물 수 있도록 해 주며 폭력을 미리 막을 수 있도록 도와준다. 또, 거절로 받아들이지 않으면서 "아니요(No)"란 말을 듣고 생기 잃은 대화를 되살릴 수 있도록 도와준다. 또한 침묵을 통해서 표현되고 있는 느낌과 욕구도 들을 수 있게 해 준다. 사람들은 자신의 말을 공감으로 들어 주는 사람과 충분한 연결을 가지면 자신을 무기력하게 만드는 심리적 고통을 극복할 수 있다.

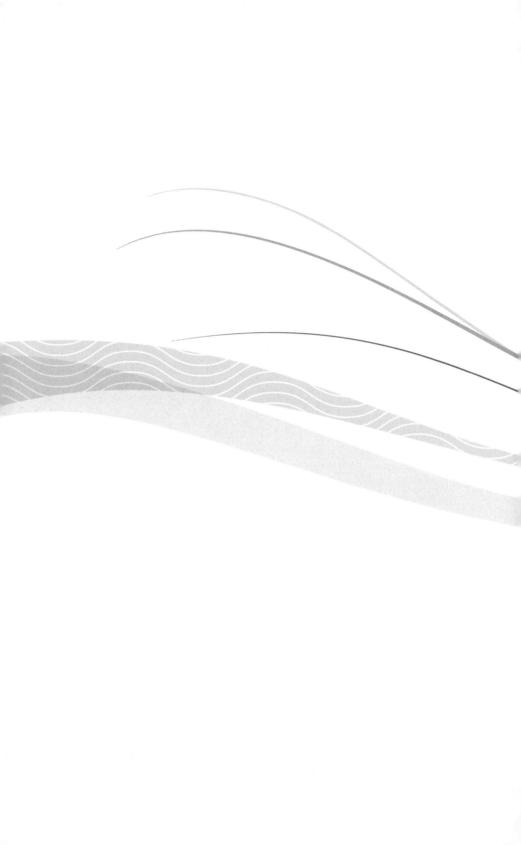

제 9 장

우리 자신과 연민으로
연결하기

우리 스스로
우리가 이 세상에서 원하는 변화가 되자.

마하트마 간디

우리는 NVC가 친구 사이나 가정, 직장, 그리고 정치 분야에서 어떻게 도움이 되는지 알게 되었다. 그러나 NVC의 가장 중요한 역할은 우리가 자신을 대하는 방법에 이를 적용하는 데 있을 것이다. 우리가 내면에서 스스로에게 폭력적이면 다른 사람에게 진정으로 연민을 느끼기 어렵다.

NVC의 가장 중요한 쓰임새는 자기 연민을 기르는 데 있다.

우리가 특별한 존재임을 기억하기

허브 가드너Herb Gardner의 연극 〈일천 광대A Thousand Clowns〉에 나오는 주인공은 열두 살 된 조카를 아동복지시설에 넘기기를 거절하며 이렇게 외쳤다.

"나는 이 아이가, 자신이 얼마나 특별한 존재인지 알게 되기를 원합니다. 그렇지 않으면 그것을 점점 잃어 가면서도 잃어버리는 것조차 모를 테니까요. 나는 이 아이가 깨어 있으면서…… 이 모든 길들여지지 않은 야생의 가능성을 볼 수 있기를 원합니다. 그리고 기회가 왔을 때, 이 세상을 살짝 꼬집어서 깨워 주는 것이 얼마나 가치 있는 일인가를 이 아이가 알기를 바랍니다. 그리고 자기가 한낱 의자가 아니라 왜 사람으로 태어났는지, 그 미묘하고 신비롭고도 중요한 이유를 알기 바랍니다."

나는 많은 사람들이 자기가 '특별한 존재'라는 사실을 잊어 가고 있는 것을 크게 걱정하고 있다. 우리는 이 연극 속의 삼촌이 조카가 알게 되기를 그토록 바랐던 '미묘하고 신비롭고도 중요한 이유'를 잊어 가고 있다. 자신을 비판적으로 보게 되면 자신 안에 있는 아름다움을 볼 수 없게 되어 삶의 원천인 신성한 에너지와 단절된다. 스스로를 대상으로—그것도 결점투성이인 대상으로—보도록 훈련받아 왔기 때문에 많은 사람들이 자신을 폭력적으로 대하게 되었다. 자신에 대한 이러한 폭력을 연민으로 바꿀 수 있는 중요한 기회는 우리가 자신을 평가하는 매 순간순간이다. 우리가 무슨 일을 하든 우리가 처한 상황과 조건들을 자신의 삶을 풍요롭게 하는 방향으로 이해하고 선택하는 법을 배우는 것이 중요하다. 그러나 불행하게도 우리는 그런 방법을 배우기보다는 자기혐오를 하는 쪽으로 자신을 평가하도록 훈련받아 왔다.

> NVC를 활용하여, 자기혐오가 아닌, 성장할 수 있는 방법으로 자신을 본다.

스스로가 만족스럽지 못할 때 자신 평가하기

교육을 할 때 나는 참가자들에게, 요즘 한 일 중에서 '그렇게 하지 않았더라면 좋았을 것을……' 하는 일이 있으면 떠올려 보라고 말한다. 그리고 우리가 보통 '잘못'이나 '실수'라고 하는 그 일을 한 바로 직후에 자기 자신에게 어떤 말을 했는지 생각해 보라고 한다. 그럴 때 자주 나오는 말은 "이 바보!" "어쩌면 그렇게 어리석은 짓을 또 저질렀니?" "너 어떻게 된 거 아니야?" "네가 하는 일이 항상 그렇지 뭐." "넌 너무 이기적이야."와 같은 것들이다.

이렇게 말하는 사람들은 자신의 행동이 잘못되었다거나 나쁘다는 식으로 판단하도록 교육받아 왔다. 이러한 자책에는 그로 인해 마땅히 고통받아야 한다는 의미가 숨겨져 있다. 많은 사람들이 실수를 통해 자신의 한계를 알고 더욱 발전할 수 있는 방향으로 나아가는 방법을 배우기보다 자기 비하에 빠지는 것은 비극적인 일이다.

우리가 실수를 하고서 스스로를 가혹하게 비판하며 "교훈을 얻었다"라고 하는 때에도, 나는 그런 교훈이나 변화 뒤에 있는 에너지의 성격이 걱정스럽다. 나는 이런 변화가 수치심이나 죄책감 같은 파괴적인 에너지가 아닌, 자신과 다른 사람들의 삶을 풍요롭게 하고 싶은 분명한 욕구에서 나오기를 바란다.

우리가 자신에 대한 비판으로 수치심이 생겨 그 결과로 행동을 바꾸게 된다면, 자기혐오를 배우며 자라게 된다. 수치심은 자기혐오의 한 형태이고, 그로부터 나온 행동은 자유롭지도 즐겁지도 않다.

우리가 다른 사람을 더 많은 친절과 배려로 대하려 할 때도, 우리 행동이 수치심이나 죄책감에서 나왔다고 받아들이게 된다면, 사람들은 우리의 행동이 진정으로 삶에 기여하고 싶은 순수한 욕구에서 나왔을 때만큼 고마움이나 즐거움을 느끼지 못한다. 우리가 쓰는 말 중에 수치심과 죄책감을 일으키는 엄청난 힘을 가진 말이 있다. 우리 자신을 평가할 때 흔히 쓰는 이 폭력적인 단어는 우리 의식 속에 너무나 깊이 뿌리박혀 있어서, 이 말 없이 어떻게 매일 살 수 있을지 모를 정도이다. 그것은 '~해야만 한다(should)'라는 말이다. "좀 더 잘 생각했어야만 했어."라든가, "그렇게 하지 말았어야만 했어." 등으로 쓰이는 말이다.

우리가 자신에게 이런 말을 쓰게 되면 스스로 배울 수 있는 많은

기회를 잃게 된다. 왜냐하면 '~해야만 한다'
라는 말은 선택의 여지가 없다는 의미를 포
함하기 때문이다. 사람은 어떤 종류의 것

자신에게 '해야만 한다'라는 말을 쓰지 않는다.

이든 강요를 받으면 저항하게 된다. 왜냐하면 이때 자율성, 곧 선택의
자유라는 아주 강한 욕구가 위협받기 때문이다. 그것이 내면의 소리
라 할지라도 '~해야만 한다' 식의 폭력에는 그런 저항이 생긴다.

이와 비슷한 내면의 강요는 다음과 같은 자기 평가 말들로 나타난다.

"지금 내가 하는 일을 보면 정말 한심해. 뭔가 방법을 찾아야만 해."

"정말 담배를 끊어야 해." 또는 "어떻게든 좀 더 운동을 해야만 하
는데."라고 말하는 사람들을 생각해 보자. 그 사람들은 말로는 무엇
을 "해야만 한다"면서도 실제 행동으로 옮기는 것에 대해서는 계속
해서 저항하고 있다.

밖에서 오든 안에서 오든 우리는 '해야만 한다'나 '하지 않으면 안
된다'와 같은 강요에 굴복하게 되어 있지 않다. 왜냐하면 우리 인간은
노예가 되기 위해 태어난 것이 아니기 때문이다. 만일 우리가 이런 강
요에 복종하고 그에 따라 행동한다면 그 행동에는 우리 삶에 생동감
을 주는 즐거움이 없다.

자책과 내면의 강요를 욕구로 바꾸기

우리가 날마다 안에서 자기비판, 비난, 강요로 자신과 대화할 때,
우리 자신이 '인간이라기보다는 의자'처럼 느껴지는 것은 당연한 일

이다. NVC의 기본 전제 중 하나는, 우리가 누군가를 가리켜 잘못됐다거나 나쁘다고 할 때 그 본뜻은 '그 사람의 행동이 우리의 욕구와 조화를 이루지 못하고 있다.'라는 것이다. 만약 비판하는 대상이 자신이라면, 그 비판의 실제 의미는 '나는 지금 나 자신의 진정한 욕구와 조화를 이루지 못하는 행동을 하고 있다.'는 것이다.

우리가 한 행동으로 자신의 욕구가 충족되고 있는가, 아닌가라는 관점에서 우리 자신을 평가하도록 배운다면, 우리가 그 평가로부터 배울 수 있는 가능성이 훨씬

> 모든 비판이 그러하듯이, 자책은 충족되지 않은 욕구의 비극적인 표현이다.

크다고 나는 확신한다. 삶을 풍요롭게 하지 않는 행동을 하고 있을 때, 우리의 과제는 다음과 같은 변화를 촉진하는 방향으로 나아가고 있는지 매 순간 스스로를 평가해 보는 것이다.

⑴ 자기가 가고 싶은 방향으로 나아가는 변화

⑵ 자기 비하, 죄책감, 수치심이 아닌, 자신에 대한 존중과 연민에서 나온 변화

NVC로 애도하기

평생 동안 받은 학교 교육과 사회화의 영향을 감안하면, 매 순간 순전히 자신의 욕구나 가치를 중심으로 생각하도록 마음을 훈련하는 것은 우리 대부분에게 너무 늦은 일인지도 모른다. 그러나 우리가 다른 사람들과 대화할 때 판단하는 말들을 느낌과 욕구로 바꾸어 듣는

법을 배웠듯이, 내면에서 자신을 판단하는 말을 할 때마다 곧바로 그 말들의 이면에 있는 욕구와 연결하도록 스스로를 훈련할 수 있다.

가령 어떤 일을 해 놓고 "봐, 또 잘못했잖아!"라며 스스로를 질책하는 자신을 보았을 때 즉시 생각을 멈추고 "이 판단을 통해 표현되고 있는 나의 충족되지 않는 욕구는 무엇인가?"라고 자신에게 물어볼 수 있다. 그 순간 자신의 욕구—욕구는 여러 층위가 있을 수 있는데—와 잘 연결되면 우리 몸에서 현저한 변화를 느낄 수 있다. "또 잘못했잖아!"라며 자신을 책망할 때 느끼는 수치심, 죄책감, 우울 대신에 슬픔, 좌절, 실망, 두려움 같은 여러 가지 다른 느낌을 경험할 수 있게 된다. 우리가 이러한 여러 느낌들을 가지고 태어난 데에는 목적이 있다. 이런 느낌들의 목적은 우리가 원하고 소중히 여기는 욕구를 추구하고 실현할 수 있도록 우리를 움직이게 하는 것이다. 이런 자연스러운 느낌이 우리 몸과 마음에 미치는 영향은 죄책감, 수치심, 우울 등 욕구와 단절되었을 때의 느낌들이 주는 영향과는 본질적으로 다르다.

NVC로 애도하기:
지금 후회하는 과거의 행동을 생각할 때 오는 느낌, 그리고 그 행동으로 충족되지 않은 욕구와 연결하기

NVC에서 말하는 애도는 우리가 자신의 마음에 들지 않게 행동했을 때, 그로 인해 생겨난 느낌과 충족되지 않은 욕구에 온전히 연결하는 과정을 말한다. 이 과정에서 후회를 경험하게 되는데, 이때의 후회는 자기혐오나 자책 없이 그 경험에서 배울 수 있도록 우리를 돕는다. 우리의 행동이 어떤 면에서 자신의 욕구나 가치관과 상반되었는지 보게 해 주고, 그 알아차림에서 우러나는 느낌을 받아들이게 해 준다. 우리 의식의 초점이 욕구에 맞추어져 있으면, 우리는 자연스럽게 그

욕구를 만족시킬 수 있는 창조적인 가능성을 찾아가게 된다. 그 반면에 자신을 질책할 때 쓰는 도덕주의적 판단은 이런 창조적 가능성을 흐리게 하고 자책을 계속하게 한다.

자기 용서

이런 애도 과정은 자기 용서로 이어진다.

지금 후회하고 있는 그 행동을 하기로 선택했던 자신의 한 부분에 관심을 돌려 다음과 같이 물어본다.

"지금 내가 후회하는 그 행동을 했던 순간에 나는 어떤 욕구를 충족하려고 했는가?"

나는 인간의 모든 행동은 그로써 욕구가 충족되는지 그렇지 않은지, 또 그 결과가 축하할 일인지 후회할 일인지와 관계없이

> NVC의 자기 용서:
> 지금 후회하고 있는 행동으로 그 순간 충족하려고 했던 욕구와 연결하기

그 순간 자신의 욕구와 가치를 만족시키기 위한 노력이라고 믿는다.

우리 자신의 내면의 소리에 귀 기울이면 마음 깊은 곳에 있는 욕구를 들을 수 있다. 자기 용서는 이런 연민으로 연결되는 순간에 생겨난다. 애도하는 과정에서 우리는 당시의 선택이 어떤 욕구를 충족하는 데 못 미쳤는지를 알게 되지만, 자기 용서 단계에서는 그 선택도 당시에는 나름대로 삶에 기여하고자 하는 시도였음을 이해하게 된다.

자기 공감을 하는 데 중요한 것은 우리 자신의 두 부분—과거의 행

동을 후회하고 있는 자신과 처음에 그 행동을 선택한 자신—을 모두 연민으로 수용하는 것이다.

애도와 자기 용서 과정으로 자책과 우울에서 자유로워질 때, 우리는 배우고 성장할 수 있게 된다. 매 순간 욕구와 연결될 때, 우리는 그 욕구와 조화로운 방법으로 그것을 충족할 수 있는 창조적인 능력을 키우게 된다.

잉크로 얼룩진 양복의 교훈

나 자신의 경험을 통해 애도와 자기 용서 과정을 설명해 보겠다.

나는 중요한 워크숍을 하루 앞두고 연회색 여름 양복을 한 벌 샀다. 워크숍이 끝나고, 나는 사인을 부탁하거나 연락처 등을 묻는 여러 사람에 둘러싸여 있었다. 다음 약속 시간이 촉박했기 때문에 나는 서둘러서 참가자들의 요청에 응하며 사람들이 내미는 책이나 종이에 사인을 했다. 그리고 급하게 나가면서 뚜껑을 닫지 않은 채 펜을 새 양복 윗주머니에 넣었다. 밖으로 나온 뒤 나는 내 근사한 연회색 신사복 윗도리가 잉크로 얼룩진 것을 보고 깜짝 놀랐다. 나는 심하게 자책을 하기 시작했다.

'어쩌면 그렇게 부주의할 수 있어? 정말 바보 같은 짓을 했잖아!'

나는 새로 산 양복을 망친 것이다. 이때처럼 자신에 대한 이해와 연민이 필요한 때가 없었을 텐데, 오히려 그 어느 때보다 자신을 더 비참하게 느끼도록 만들고 있었다.

그러나 다행히도 20분 후에 나는 내가 자신에게 무엇을 하고 있는지 알아차리고 멈출 수 있었다. 그리고 뚜껑을 닫지 않은 채로 펜을 주머니에 넣었을 때 충족되지 않은 나의 욕구가 무엇인지 찾아보았다. '부주의하다' 또는 '바보 같다'라는 자신에 대한 판단 뒤에 어떤 욕구가 있는지 스스로 물어보았다. 그러자 내가 자신을 좀 더 잘 돌보기를 원한다는 것을 깨달았다. 다른 사람들이 원하는 것에 응하기 위해서 서두르는 대신에 나 자신의 욕구에 좀 더 관심을 기울이기를 원했던 것이다.

자신의 욕구를 잘 인식하고 돌보기를 바라는 깊은 열망과 연결되자 내 느낌은 바뀌었다. 스스로에게 품었던 분노, 수치심, 죄책감이 사라지면서 몸의 긴장이 풀렸다.

나는 자신을 더 잘 돌보고 싶은 간절한 마음에서 일어나는 슬픈 느낌을 받아들이면서 못 쓰게 된 양복과 뚜껑을 닫지 않은 펜을 충분히 아쉬워했다.

그런 다음 나는 뚜껑을 닫지 않은 펜을 윗주머니에 넣었을 때 내가 충족하려고 했던 욕구로 관심을 옮겼다. 그러자 다른 사람들을 배려하는 것이 나에게 얼마나 중요한지 알게 되었다. 물론 나는 다른 사람들의 욕구를 잘 돌보는 동안 나 자신을 위해서는 그렇게 할 시간을 내지 못했다. 하지만 내가 서두르면서 별 생각 없이 펜을 넣은 행동이 다른 사람들을 애정 어린 마음으로 대하고 싶은 욕구에서 나왔다는 것을 깨닫자, 나는 비난 대신 자신에 대한 연민의 파도가 밀려오는 것을 느꼈다.

그 연민 속에서 나는 두 가지 욕구를 모두 볼 수 있었다. 하나는 다

231

제9장_ 우리 자신과 연민으로 연결하기

른 사람들에게 친절하게 호응하는 것이고, 다른 하나는 나 자신의 욕구도 잘 돌보는 것이다. 이렇게 두 가지 욕구를 모두 인식하면 다시 그와 비슷한 상황에 처했을 때, 자신의 욕구에 대한 인식 없이 자책의 수

> 우리 안의 모든 것을 다 받아들이고 그것들이 표현하는 욕구와 가치들을 인식할 수 있을 때, 우리는 스스로에게 연민을 느낀다.

렁에 빠져 있을 때와는 다르게 대응함으로써 훨씬 풍부하고 다양한 해결 방법들에 도달할 수 있으리라고 믿는다.

"즐겁지 않은 일은 하지 마라!"

애도와 자기 용서 과정에 더하여 내가 강조하고 싶은 자기 공감의 또 다른 면은, 우리가 하는 모든 행동 뒤에 있는 에너지에 대한 의식이다. 내가 "즐겁지 않은 일은 하지 마라!"라고 말하면 어떤 사람들은 나를 아주 과격하거나 심지어 제정신이 아닌 사람으로 보기도 한다. 그러나 나는 자기 연민의 중요한 한 형태는 두려움, 죄책감, 수치심, 의무감 같은 동기가 아니라 순수하게 삶에 기여하고 싶은 욕구에서 비롯한 선택을 하는 것이라고 믿는다.

우리가 하는 모든 행동에는 자신과 다른 사람의 삶을 멋지게 만들려는 영적인 목적과 에너지가 있다. 이러한 사실을 인식할 때, 비록 힘든 일이라도 그 안에서 즐거운 놀이 같은 요소를 느낄 수 있게 된다. 그 반면에, 즐겁게 할 수 있는 일도 두려움, 죄책감, 수치심, 의무감 같은 동기에서 한다면 즐거움을 잃게 되고, 결국에는 그 일 자체

에도 저항감을 느끼게 된다.

제2장에서 우리는 선택의 여지가 없다는 것을 암시하는 말을 선택을 인정하는 말로 바꾸는 법을 배웠다. 여러 해 전 나는 내 삶에서 우울, 죄책감, 수치심을 줄이고 기쁨과 행복의 폭을 크게 넓히는 연습을 한 적이 있다. 우리 자신에 대한 연민을 더 깊게 하는 방법으로 그것을 여기에 소개한다. 우리가 하는 모든 행동 뒤에는 삶을 풍요롭게 하려는 욕구가 있다는 점을 분명히 인식함으로써 삶을 즐거운 놀이로 사는 데 도움이 되는 방법이다.

'~해야만 한다'를 '~을 선택한다'로 바꾸기

1단계

당신의 삶에서 재미가 없는데도 계속하고 있는 일은 무엇인가? 지겹지만 선택의 여지가 없다고 생각하여 스스로에게 해야만 한다고 말하면서 하고 있는 일들을 모두 적는다.

내가 처음에 그것을 적어 보았을 때, 그 목록의 길이를 보고는 왜 내가 삶을 즐기지 못하면서 그토록 오래 살았는지 이해할 수 있었다. 내가 평소에 그 일들을 해야만 한다고 믿도록 나 자신을 속여 얼마나 많은 일들을 하게 만드는지 깨달았다. 내가 적은 목록의 첫 번째 일은 '임상 보고서 쓰기'였다. 나는 이 보고서 쓰는 일을 정말 싫어하면서도 매일 최소한 한 시간 이상 괴로운 시간을 보내고 있었다. 두 번째는 돌아가며 아이들을 학교에 태워다 주는 '차 당번하기'였다.

2단계

목록을 다 적은 다음에는, 꼭 해야만 하기 때문이 아니라 내가 하기로 선택했기 때문에 그 일들을 한다는 점을 분명히 인정한다. 목록의 각 항목을 '나는 ~을 하기로 선택한다.'로 바꾼다.

이 단계에서 내가 느꼈던 저항감을 아직도 기억한다. 그때 나는 이렇게 우겼다.

"임상 보고서를 쓰는 일은 내가 선택해서 하는 일이 아니야. 그건 써야만 해. 나는 임상 심리치료사잖아. 그러니까 보고서를 쓰지 않으면 안 돼."

3단계

목록에서 한 가지 활동을 뽑아 내가 선택했기 때문에 그것을 한다는 점을 인정한 다음에는 그 행동을 한 자신의 동기를 찾아낸다. 그리고 그 항목을 다음과 같이 고쳐 쓴다. '나는 ~을 원하기 때문에 ~을 하기로 선택한다.'

처음에 나는 무엇을 원해서 임상 보고서를 쓰고 있는지 알아내는 데 힘이 들었다. 나는 이미 몇 달 전부터 그 보고서들은 쓰는 데 드는 시간만큼 내담자들에게 도움이 되지 않는다고 생각해 온 터였다. 그런데도 나는 왜 이렇게 많은 힘을 들이면서 계속해서 보고서를 쓰고 있는가? 마침내 나는 단지 그것에서 나오는 수입을 원하기 때문에 그런 선택을 하고 있다는 것을 분명히 깨달을 수 있었다.

그 점을 깨닫고 나서 나는 더는 보고서를 쓰지 않았다. 35년 전 그

순간 이후 내가 쓰지 않은 수많은 보고서들을 생각하면 나는 지금
도 얼마나 행복한지 모른다. 돈이 근본 동기라는 점을 인식하자, 나
는 수입을 보충할 다른 방법을 찾을 수 있다는 사실을 바로 깨달았
다. 그리고 실제로 나는 임상 보고서 하나를 더 쓰는 대신 아무리 험
한 일이라도 할 각오가 되어 있었다. (그 후 마셜은 한동안 택시 기사를 했
다.–옮긴이)

재미없는 일 목록의 다음 항목은 아이들을 차로 학교에 데려다 주
는 일이었다. 그러나 그 일을 하는 이유를 자세히 생각해 보자, 우리
아이들이 지금 다니는 학교에서 받는 혜택이 고마웠다. 집 가까이 있
는 학교는 아이들이 쉽게 걸어다닐 수 있었지만, 지금 다니는 학교가
나의 교육적 가치관에 훨씬 잘 맞았다. 나
는 계속해서 아이들을 학교에 태워다 주었
다. 그러나 그 일을 하는 에너지는 달랐다.
'젠장, 오늘 또 차 당번이구나.' 하는 대신에

> 내가 선택한 모든 것에 대해서,
> 그 선택으로 충족하고자 하는
> 욕구가 무엇인지 인식한다.

'우리 아이들이 좋은 교육을 받는 것이 내게 아주 중요하다.'라는 목
적을 인식할 수 있었기 때문이다. 물론 운전을 하는 동안에 내가 왜
이 운전을 하는지 자신에게 두세 번 상기시켜야 할 때가 있었지만 말
이다.

우리의 행동 뒤에 있는 에너지를 인식하는 능력 기르기

내가 아이들을 위해 운전 당번을 할 때 발견했듯이, '나는 ~을 원하

기 때문에 ~을 하기로 선택한다.'라는 말을 잘 생각해 보면, 우리의 선택 뒤에 있는 중요한 가치들을 발견하게 된다. 우리의 행동으로 충족되는 욕구가 무엇인지 더 명확하게 이해하게 되면, 그 일이 때로는 힘들고 어렵고 괴로워도 즐거운 놀이처럼 할 수 있게 되리라고 믿는다.

우리가 적은 목록에서 다음과 같은 동기들이 드러날 수 있다.

1) 돈을 위해서

우리 사회에서 돈은 밖에서 오는 중요한 보상 방식이다. 이렇게 외적인 보상을 받기 위한 동기에서 선택을 할 때 우리는 큰 대가를 치르게 된다. 이러한 선택은 삶에 기여하려는 의도에 따라 행동할 때 우러나는 기쁨을 빼앗아 가기 때문이다. 돈은 NVC에서 말하는 '욕구'가 아니다. 돈은 욕구를 돌보기 위해서 우리가 선택할 수 있는 여러 방법 중 하나이다.

2) 인정받기 위해서

돈과 마찬가지로 인정 또한 다른 사람들로부터 받는, 밖에서 오는 보상의 한 형태이다. 우리 사회는 상 받는 것을 열망하도록 우리를 교육한다. 우리 대부분은 이러한 외적인 수단을 통해 학생들을 공부하도록 만드는 학교를 다녔고, 우리를 돌보는 사람들의 판단에 따라 착한 아이면 상을 받고 그렇지 않으면 벌을 받는 가정에서 자랐다. 그래서 성인이 된 후에도 인생이란 밖에서 오는 보상을 받기 위해서 무엇인가를 하면서 살아야 하는 것이라고 계속 착각하며 산다. 우리는 다른 사람들이 보여 주는 웃음과 다독임, 또 그들이 주는 '좋은 사람' '좋은 부모' '착한 시민' '성실한 직원' '좋은 친구' 같은 평가들에 중독되어 있다. 우리는 다른 사람들이 우리를 좋아하게 될 것 같은 일을 하고, 우리를 싫어하거나 벌을 줄 것 같은 일은 피한다.

나는 우리가 사랑을 얻기 위해 그렇게 힘을 들여야 하고, 다른 사람들의 호감을 얻으려면 우리 자신을 부인하고 그들을 위해 행동을 해야만 한다고 믿으면서 사는 것은 슬픈 일이라고 생각한다. 그러나 사실은, 우리가 오로지 모두의 삶을 풍요롭게 하고 싶은 마음에서 행동할 때 다른 사람들이 우리에게 감사한다는 것을 우리는 알게 될 것이다. 그리고 그들의 감사는 우리가 한 노력이 뜻한 대로 효과가 있었다는 사실을 확인해 주는 피드백이다. 우리가 자신의 능력을 삶을 풍요롭게 하는 데 쓰기로 선택하고 그 목적이 성공적으로 이루어졌을 때, 우리 자신을 진정으로 축하하는 기쁨이 우리 안에서 솟아난다. 이런 기쁨은 다른 사람에게 받는 인정을 통해서는 결코 얻을 수 없는 것이다.

3) 처벌을 피하기 위해서

우리 중에는 처벌을 피하기 위해서 매년 소득세를 내는 사람이 있다. 그렇기 때문에 이 연례행사를 상당히 불편한 마음으로 치른다. 그러나 어렸을 때 나는 아버지와 할아버지가 그와는 얼마나 다른 마음으로 세금을 내셨는지 기억한다. 그분들은 러시아에서 미국으로 이민을 오셨는데, 미국 정부가 러시아 황제와는 달리 사람들을 보호해 준다고 믿었기 때문에 그런 정부를 지원하고 싶어 하셨다. 두 분은 당신들이 낸 세금으로 많은 사람이 혜택을 받는 걸 상상하면서 미국 정부에 수표를 보낼 때 진심으로 즐거움을 느끼셨다.

4) 수치심을 피하기 위해서

단순히 수치심을 피하기 위해서 하는 일들이 있다. 그 일을 하지 않으면 뭔가 잘못되고 어리석다고 스스로를 질책하는 내면의 소리를 듣게 되리라는 것을 알기 때문이다. 우리가 단순히 수치심을 피하려는 동기에서 어떤 일을 한다면, 결국에는 그 일이 지긋지긋해질 것이다.

5) 죄책감을 피하기 위해서

'내가 이것을 하지 않으면 사람들이 나한테 실망하겠지.' 하고 생각할 때도 있다. 우리는 다른 사람의 기대에 미치지 못하면 죄책감을 느끼게 될까 봐 걱정을 한다. 죄책감을 피하기 위해서 하는 행동과 다른 사람의 행복에 기여하고 싶은 욕구를 인식하면서 하는 행동은 완전히 다르다. 한쪽은 괴로운 세상이고, 다른 쪽은 놀이로 가득 찬 즐거운 세상이다.

> 돈이나 다른 사람들로부터 인정받으려는 욕구에서 나온 행동이나 두려움, 수치심, 죄책감에서 나온 행동을 의식한다. 또 그런 행동을 할 때 우리가 치르는 대가를 이해한다.

6) 의무감에서

선택을 부인하는 '해야만 한다' '하지 않으면 안 된다' '어쩔 수 없다' '하기로 되어 있다' 등의 말을 쓸 때 우리는 막연한 죄책감, 의무감, 책임 의식에 따라 행동하게 된다. 나는 이렇게 우리 내면의 욕구와 단절되어 행동하는 것이 개인으로서도 불행한 일이지만 무엇보다도 사회를 위험하게 만든다고 생각한다. 제2장에서 우리는 '관료 용어'를 통해 어떻게 아돌프 아이히만과 그 동료들이 마음의 갈등이나 개인적인 책임을 느끼지 않으면서 수만 명을 죽음으로 몰아갈 수 있었는지 보았다. 선택을 부인하는 언어를 쓸 때, 우리는 내면의 생동감을 잃고 자신의 중심에서 단절된 채 로봇 같은 정신 상태로 살게 된다.

내가 임상 보고서를 쓰지 않기로 선택했던 것처럼, 여러분도 자신의 목록을 검토한 후에 어떤 일을 하지 않기로 결정할 수 있다. 이렇게 말하면 조금 과격하게 들릴지 몰라도, 어떤 일이든지 단지 놀이(paly)로 하는 것이 가능하다. 나는 우리가 삶을 풍요롭게 하려는 목적에서 삶의 매 순간을 놀이로 사는 만큼 자신을 연민으로 대하게 된다고 믿는다.

요 약

NVC에서 가장 중요한 일은 우리가 자신을 대하는 방식에 NVC를 적용하는 것이다. NVC는 우리가 실수를 했을 때 도덕주의적 자기 비판에 빠지는 대신 애도와 자기 용서 과정을 통해 어떻게 성장할 수 있는지 보여 준다.

우리의 행동으로 충족되지 않은 욕구를 살펴보면, 그 행동의 변화를 가져올 수 있는 힘은 수치심, 죄책감, 분노, 우울이 아닌, 자신과 다른 사람들의 행복에 기여하고 싶은 진정한 욕구에서 나온다는 것을 알 수 있다.

또 우리는 매일의 삶에서 외부로부터의 보상이나, 의무감, 죄책감, 수치심, 그리고 처벌을 피하려는 의도에서보다는 자신의 욕구와 가치에 맞는 행동을 의식적으로 선택함으로써 자신에 대한 사랑을 키울 수 있다.

우리가 지금 자신을 시달리게 하는 즐겁지 않은 일들을 다시 돌아보고 '~을 해야만 한다'를 '~을 선택한다'로 바꾸면, 우리는 자신의 삶에서 더 많은 즐거움과 진실을 발견하게 될 것이다.

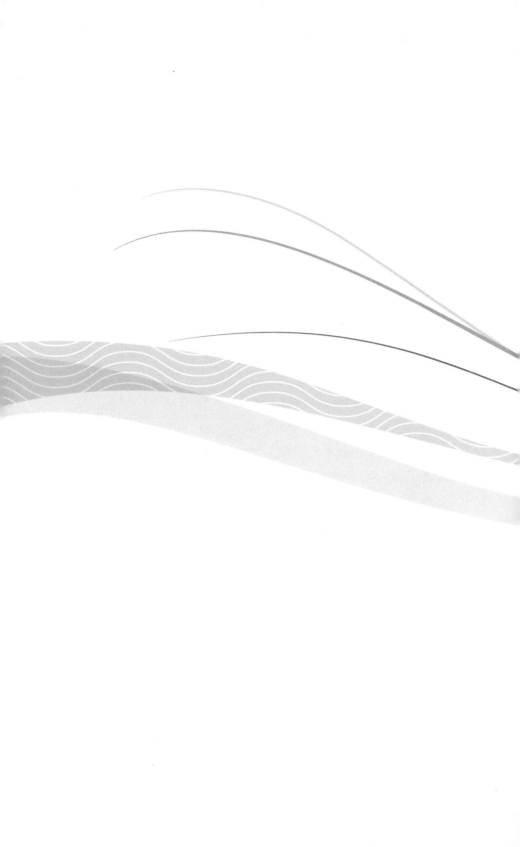

제10장

분노를 온전히
표현하기

옳고 그름 저 너머에 있는 들판,
거기에서 나는 당신을 만나리.

루미

분노라는 주제는 NVC에 더 깊이 들어갈 수 있는 특별한 기회가 된다. 분노를 다룰 때 NVC의 다양한 측면이 명확히 드러나기 때문에 분노 표현을 통해 NVC와 다른 의사소통 방식 간의 차이를 볼 수 있다.

화가 났을 때 사람을 죽이는 것은 너무 피상적이라고 말하고 싶다. 다른 사람을 비난하고, 때리고 죽이고 상처 입히는 것은 모두 (물리적으로든 정신적으로든) 화가 났을 때 우리 안에서 일어나는 일의 피상적인 표현이다. 우리가 정말로 화가 났다면 우리 자신을 온전히 표현해 줄 훨씬 더 강력한 방법을 원할 것이다.

> 화가 났을 때 사람을 죽이는 것은 피상적이다.

현재 내가 돕고 있는, 억압과 차별을 겪는 여러 집단에서는 이런 설명을 듣고 위안을 받는 것 같다. 자신들이 처한 환경을 개선하기 위해 힘을 기르고 싶어 하는 이런 사람들은 '비폭력'이라거나 '연민'의 의사소통이라는 표현을 들을 때 불편함을 느낀다. 왜냐하면 이들은 분노를 억눌러 참고 현재 상태를 받아들이라는 강요를 자주 받아 왔기 때문이다. 이들은 분노를 바람직하지 않은 것으로 보고 그것을 없애려고 하는 접근 방법에 대해 우려한다. 하지만 NVC에서는 우리에게 분노를 무시하거나, 억누르거나, 삼키라고 권하지 않는다. 오히려 분노의 핵심을 완전하게 이해해서 더 충분히 표현하도록 한다.

자극과 원인 구별하기

NVC로 분노를 충분히 표현하는 첫 단계는 다른 사람들을 우리 분노에 대한 책임에서 완전히 분리시키는 것이다. 우선 '그 사람이 나를 화나게 만들었어.'와 같은 생각에서 벗어나는 것이다. 이러한 생각은 상대방을 탓하거나 처벌함으로써 분노를 피상적인 수준에서 표현하게 만든다. 앞에서 다른 사람들의 행동이 우리의 느낌에 대한 자극은 될 수 있어도 원인은 될 수 없음을 보았다. 우리가 화가 나는 것은 결코 다른 사람의 행동 때문이 아니다. 다른 사람의 행동은 자극일 뿐이다. 자극과 원인을 분명히 구별하는 것이 중요하다.

> 우리가 화가 나는 것은 결코 다른 사람의 말이나 행동 때문이 아니다.

스웨덴의 한 교도소에서 내가 했던 일을 예로 들어 자극과 원인의 차이를 설명하고자 한다. 내 임무는 폭력 사건으로 들어온 재소자들에게 다른 사람들을 때리거나 죽이지 않으면서 자신의 분노를 온전히 표현할 수 있는 방법을 가르치는 것이었다. 분노를 일으킨 자극을 찾아서 써 보는 연습 시간에 한 재소자가 이렇게 썼다.

"3주 전에 내가 교도관에게 부탁을 했는데 아직도 대답이 없다."

이 문장은 자극에 대한 명확한 관찰이었다. 다른 사람이 한 행동을 그대로 묘사하고 있다.

나는 그에게 분노의 원인을 말해 보라고 했다.

"그랬을 때 당신은 무엇 때문에 화가 났나요?"

"방금 말했잖아요. 나는 그 사람들이 내 부탁을 들어주지 않아서 화가 났다고."

그는 자극과 원인을 같은 것으로 봄으로써, 자신을 화나게 한 것은 교도관들의 행동이라고 착각하고 있었다. 이렇게 자신의 분노에 대한 책임을 남에게 돌리는 것은 죄책감을 통제 수단으로 사용하는 사회에서 우리가 쉽게 배우게 되는 습관이다. 그런 문화에서는 우리가 다른 사람을 이렇게 혹은 저렇게 느끼도록 만들 수 있다는 착각을 심어 주는 것이 중요하다.

죄책감을 사용하여 사람들을 조종하고 억압하는 곳에서는 자극과 원인을 혼동하게 만들 필요가 있다. 앞서 말했듯이 "네 성적이 나쁘면 엄마아빠는 마음이 아프단

> 죄책감을 동기로 이용하는 사회에서는 자극과 원인을 혼동하게 한다.

다."와 같은 말을 듣는 아이는 자신의 행동이 부모가 받는 고통의 원인이라고 믿게 된다. 사랑하는 사람들 사이에서도 그와 같은 것을 볼 수 있다.

"내 생일에 네가 없어서 정말 실망했어!"

이런 말들은 죄책감을 수단으로 사용하는 것을 쉽게 해 준다. 우리는 또 이렇게 말한다. "너는 나를 화나게 해!" "네가 그렇게 해서 내가 상처를 받았어!" "네가 그렇게 해서 슬퍼!" 우리는 여러 가지 방법으로 내 느낌의 원인이 다른 사람의 행동 때문이라고 믿게 만드는 언어를 사용한다. 분노를 온전히 표현하는 방법의 첫 단계는 다른 사람의 행동은 결코 우리 느낌의 원인이 아니라는 점을 깨닫는 것이다.

그러면 분노의 원인은 무엇인가? 제5장에서 우리가 싫어하는 말이나 행동에 직면했을 때 선택할 수 있는 네 가지 방법에 대해 이야기

했다. 그중 두 번째 선택을 했을 때 우리는 분노를 느낀다. 화가 날 때 우리는 언제나 다른 사람에게서 잘못을 찾는다. 우리 스스로 신의 자리에 앉아서 상대방이 무슨 잘못을 했고 어떤 벌을 받아 마땅하다고 비난하거나 판단한다. 나는 이것이 바로 분노의 원인이라고 말하고 싶다. 처음에는 잘 의식하지 못하겠지만, 분노의 원인은 바로 우리 자신의 이와 같은 생각에 있는 것이다.

분노의 원인은 비난하고 판단하는 우리의 생각 속에 있다.

제5장에서 설명한 세 번째 선택은 우리의 느낌과 욕구에 의식의 불을 밝히는 것이다. 다른 사람의 잘못을 머릿속에서 분석하는 대신 우리 안에 있는 생동감과 연결하는 것이다. 이런 삶의 에너지는 매 순간 우리의 욕구에 초점을 맞출 때 분명하게 느낄 수 있고, 가장 쉽게 연결할 수 있다.

가령 어떤 사람이 약속 시간에 늦었을 때 그 사람이 우리와 한 약속을 중요하게 여겨 주기를 바랐다면 우리는 마음에 상처를 입거나 섭섭했을 것이다. 그러나 만약 시간을 유용하게 보내는 것이 당시의 욕구였다면 우리는 아마 짜증이 났을 것이다. 그 반면에 30분 정도 혼자 조용히 시간을 보내고 싶었다면, 그 사람이 늦은 것에 대해 오히려 고마움을 느꼈을 것이다. 그러므로 우리 느낌의 원인은 다른 사람의 행동이 아니라 그 순간의 우리 욕구이다. 상대방의 관심이든 효율성이든 혹은 혼자만의 시간이든 간에, 자신의 욕구와 연결될 때 우리는 삶의 활력을 느낄 수 있다. 그렇게 되면 우리는 강한 느낌을 가질 수는 있어도 분노하지는

NVC로 자신과 다른 사람의 기본적인 욕구에 귀 기울일 때 우리는 인간관계를 새로운 측면에서 보게 된다.

않는다. 분노란 자신의 욕구에서 단절된, 삶을 소외시키는 사고방식의 결과이다. 분노는 우리가 마음 안에서 충족되지 않은 자신의 욕구에 초점을 맞추는 대신 머리로 올라가 다른 사람을 비판하고 분석하고 있음을 보여 준다.

자신의 욕구와 느낌에 초점을 맞추는 세 번째 선택 외에도 우리는 언제든 다른 사람의 느낌과 욕구에 의식의 빛을 비추는 선택을 할 수 있다. 이러한 네 번째 선택을

> 우리가 원하는 것을 찾을 희망이 있는 곳에 의식의 불을 밝히자.

할 때 우리는 결코 분노를 느끼지 않는다. 그러나 이것은 분노를 억누르는 것이 아니다. 상대방의 느낌과 욕구와 완전히 함께 있는 순간에는 분노가 존재하지 않는다.

모든 분노에는 삶에 기여하는 에너지가 있다

이런 질문을 받을 때가 있다.

"그러나 분노가 정당한 상황도 있지 않습니까? 예를 들자면 무분별하게 환경을

> 다른 사람을 판단하는 것은 폭력을 부추기는 것이다.

오염시키는 경우처럼, '의로운 분노'가 필요할 때도 있지 않습니까?"

내 대답은 이렇다. '무책임한 행동'이나 '양심적인 행동' '탐욕스런 사람' '도덕적인 사람' 같은 것이 있다는 사고방식을 내가 조금이라도 지지한다면, 그만큼 내가 이 지구상의 폭력에 기여하고 있는 것이라고 나는 굳게 믿는다. 때리고 죽이고 환경을 오염시키는 사람들이 어

떤 사람들이냐를 따지기보다는 우리가 무엇을 원하는가에 주의를 집중할 때 좀 더 나은 방법으로 삶에 기여할 수 있다고 나는 믿는다.

나는 모든 분노는 삶을 소외시키고 폭력을 불러오는 사고방식의 결과라고 생각한다. 모든 분노의 중심에는 충족되지 못한 욕구가 있다. 그러므로 우리가 분노를 우리에게 충족되지 않은 욕구

분노를 자신을 일깨우는 자명종으로 활용한다.

가 있고 지금 그 욕구가 충족될 가능성이 낮은 방식으로 생각하고 있다는 것을 깨닫게 해 주는 자명종으로 활용한다면, 분노는 아주 중요한 역할을 하게 된다. 분노를 온전히 표현하려면 우리 욕구를 충분히 인식할 필요가 있다. 또한 욕구를 충족하려면 에너지가 필요하다. 하지만 분노는 자신의 욕구를 충족하는 데보다 다른 사람들을 처벌하는 데에 우리 에너지를 소모시킨다.

분노는 다른 사람을 벌주는 데 우리의 에너지를 소모시킨다.

'의로운 분노'에 동참하는 대신, 나는 자신과 다른 사람의 욕구에 공감으로 연결하

라고 권한다. 그렇게 하려면 다음과 같은 연습을 거듭해야 할지도 모른다. '나는 그 사람들이 ~했기 때문에 화가 난다.'를 '나는 ~이 필요/중요하기 때문에 화가 난다.'로 의식적으로 바꾸는 것이다.

나는 전에 위스콘신 주에 있는 한 소년원에서 아이들과 일하면서 중요한 교훈을 한 가지 배웠다. 그때 나는 이틀 연속으로 아주 비슷한 상황에서 코를 얻어맞았다. 첫날에는 두 학생의 싸움을 말리다가 팔꿈치로 코를 세게 얻어맞았다. 나는 너무 화가 나서 그 학생을 한 대 때릴 뻔했다. 내가 자란 디트로이트 거리에서 나는 그보다 훨씬 작은 일로도 분노했다. 다음 날, 나는 비슷한 상황에서 다른 학생에

게 또다시 코를 얻어맞았다.(그래서 더 아팠다.) 하지만 전혀 분노를 느끼지 않았다.

그날 저녁 이 일을 깊이 생각하면서, 나는 첫날 내 코를 때린 아이에게 그전부터 마음속으로 '버릇없는 녀석'이라고 꼬리표를 달아 놓고 있었다는 것을 깨달았다. 코를 얻어맞기 전부터 내 머릿속에 이미 그런 인상이 있었기 때문에, 그의 팔꿈치가 내 코를 쳤을 때 그것은 단순히 팔꿈치에 코를 맞은 것이 아니었다. 나는 이렇게 생각했다.

'저 밉살스러운 녀석이 이런 짓을 하다니!'

나는 두 번째 아이에 대해서는 다른 판단을 내리고 있었다. 나는 그를 '불쌍한 아이'로 보았다. 그 아이를 걱정하는 마음이 있었기 때문에 코가 아프고 피가 심하게 났어도 전혀 분노를 느끼지 않았다. 이보다 더 분명한 교훈을 얻을 수는 없을 것이다. 이 일로 나는, 분노를 일으키는 것은 다른 사람의 행동이 아니라 바로 내 머릿속에 있는, 상대에 대한 생각과 그의 행동에 대한 나의 해석임을 깨달았다.

자극과 원인: 적용 사례

나는 철학적인 이유에서뿐 아니라 욕구를 더 효과적으로 충족하기 위한 현실적 방법과 관련해서도 원인과 자극을 분명히 구별할 것을 강조한다. 다시 스웨덴 교도소의 재소자였던 욘과 나누었던 대화를 통해 이 점을 설명해 보겠다.

욘   "3주 전 교도관들에게 부탁을 했는데, 아직도 대답이 없어
        요."

마셜   "그랬을 때 무엇 때문에 화가 났나요?"

욘   "방금 말했잖아요. 그 사람들이 내 부탁을 들어주지 않아서
        화가 났다고!"

마셜   "잠깐만요. '나는 그 사람들이 ~했기 때문에 화가 났다.'라고
        말하는 대신에, 지금 자신에게 어떤 말을 하고 있는지 생각
        해 보세요. 당신을 그렇게 화나게 하는 그 말들 말입니다."

욘   "지금 나한테 아무 말도 안 하고 있는데요."

마셜   "잠깐만, 천천히 생각해 봐요. 당신의 마음속에서 무슨 일이
        일어나고 있는지 잘 들어 보세요."

욘   (조용히 생각하고 나서) "나는 교도관들이 사람들을 전혀 존
        중하지 않는다고 속으로 말하고 있어요. 그 사람들은 무지
        하고 냉정한, 자기들만 생각하는 비인간적인 관료주의자들
        이고, 그 사람들은……."

마셜   "그만! 충분해요. 당신이 왜 화가 났는지 이제 아시겠지요?
        바로 그런 생각들 때문입니다."

욘   "하지만 그렇게 생각하는 게 뭐가 잘못인가요?"

마셜   "그렇게 생각하는 것이 잘못이라고 말하는 게 아닙니다. 만
        약 그렇다면 나 역시 당신과 똑같이 생각하는 것입니다. 나
        는 다른 사람을 복지부동하는 관리들이라고 부르거나, 지
        각없고 이기적이라고 판단하는 것이 잘못이라고 말하는
        게 아니에요. 당신의 그런 생각이 당신을 화나게 만들고 있

다고 말하고 있는 겁니다. 이제 관심을 당신 자신의 욕구에 집중해 보세요. 이 상황에서 당신이 원하는 것은 무엇인가요?"

욘   (긴 침묵 후에) "마셜, 나는 교도관들에게 요청한 게 필요해요. 만약 그 교육을 받지 못하면, 교도소를 나가도 다시 또 들어올 것이 보나마나 뻔해요."

마셜 "당신이 원하는 것에 주의를 집중하니 어떻게 느껴지나요?"

욘   "겁이 나요."

마셜 "자! 이제 당신이 교도관의 입장이 되어 보세요. 내가 재소자로서, '저는요, 그 교육이 정말 필요합니다. 만약 교육을 받지 못하고 나가면 어떻게 될까 생각하면 정말 두려워요.'라고 말할 때 내가 원하는 것을 얻기 쉬울까요, 아니면 상대를 인정 없고 무지한 관료주의자라고 생각하면서 찾아갔을 때 그것을 얻기 쉬울까요? 내가 그걸 말로 하지 않더라도 이미 내 눈빛이 그런 생각을 나타낼 겁니다. 어느 쪽이 내가 원하는 것을 얻을 가능성이 클까요?" (욘은 말없이 바닥을 뚫어지게 보고 있었다.)

마셜 "왜 그러지요?"

욘   "지금은 말할 수가 없어요."

> 우리가 자기 욕구를 의식하면 분노는 삶에 기여하는 느낌으로 바뀐다.

세 시간쯤 후에 욘은 내게 와서 이렇게 말했다.

"마셜, 당신이 오늘 아침에 가르쳐 준 것을 몇 년 전에 배웠다면 얼마나 좋았을까 하는 생각이 들어요. 그랬다면 가장 친한 친구를 죽

폭력은 다른 사람이 우리 고통
의 원인이며, 그러므로 그가 처
벌받아야 한다는 믿음에서 나
온다.

듣기 힘든 말을 들었을 때
네 가지 선택을 한다.
1. 자기 자신을 탓하기
2. 다른 사람을 탓하기
3. 자신의 느낌과 욕구 의식하기
4. 다른 사람의 느낌과
   욕구 의식하기

이지 않았을 거예요.”

모든 폭력은 자신의 고통이 다른 사람 때문이라고 착각하면서 상대가 당연히 벌을 받아야 한다고 믿을 때 오는 결과이다.

한번은 막내 아이가 누나 방에서 50센트짜리 동전을 가져가는 것을 보았다. “브렛, 누나한테 그 돈을 가져도 되냐고 물어봤니?”라고 묻자, 브렛은 “이거, 누나 거 가져간 거 아닌데요.”라고 대답했다. 이제 내가 선택할 수 있는 방법은 네 가지가 있다. 나는 막내에게 거짓말쟁이라고 할 수도 있다. 하지만 그러면 내 욕구를 충족하지 못할 것이다. 왜냐하면 상대방을 판단할 때에는 우리가 원하는 것을 얻을 가능성이 작아지기 때문이다. 이때 내 관심을 어디에 집중하느냐가 매우 중요하다. 아이가 거짓말을 하고 있다고 판단한다면 내가 다른 사람을 탓하는 쪽으로 가는 것이고, 아이가 나를 존중하지 않아서 사실을 말하지 않는다고 해석한다면 나 자신을 탓하는 쪽으로 가는 것이다. 그러나 내가 그 순간 브렛의 말을 공감으로 들어 주거나 내 느낌과 욕구를 솔직하게 표현한다면, 내가 원하는 것을 얻을 가능성은 커질 것이다.

그때 나는 말보다는 행동을 통해 내 선택을 표현했는데, 그것은 결과적으로 크게 도움이 되었다. 거짓말했다고 추궁하는 대신 나는 아이의 느낌에 귀 기울이려고 노력했다. 아이는 벌을 받을까 봐 겁을 먹고 있었다. 나는 아이와 공감함으로써 우리 둘의 욕구를 충족하면서 가슴으로 연결할 수 있었다. 하지만 아이가 거짓말을 하고 있다는 생각을 가지고 내가 이야기를 풀어 나갔다면(그것을 말로 표현하지 않았다 하더라도), 아이는 무슨 일이 있었는지 안심하고 솔직하게 말하기 힘들었을 것이다. 그때 내가 아이를 거짓말쟁이라고 판단했다면, 나는 그 말이 자기 충족적 예언이 되는 데 일조했을 것이다.

다른 사람에 대한 판단은 말한 그대로 될 수 있다.

사실대로 말하면 비판이나 벌을 받을 것이 뻔한데 누가 사실을 말하겠는가?

우리 머릿속에 상대방이 나쁘고, 탐욕스럽고, 무책임하고, 기만적이고, 환경을 오염시키고, 인간의 생명보다 이익에 더 가치를 두고, 또 다른 하지 말아야 할 행동들을 한다는 판단과 분석이 가득하다면, 그 상대방은 우리가 원하는 것에 아무런 관심도 두지 않을 것이다. 환경보호를 원하는 우리가 어느 회사의 경영자를 찾아가 "당신들은 이 아름다운 지구를 죽이고 있다. 당신들은 우리 땅을 이렇게 오염시킬 권리가 없다."라는 식으로 말했다고 하자. 이런 태도로는 우리가 원하는 것을 얻을 가능성이 전혀 없을 것이다. 우리가 상대방이 나쁘다는 이미지로 우리의 욕구를 표현할 때 그것에 관심을 둘 사람은 거의 없다. 물론 비난으로 사람들을 위협해서 원하는 것을 얻을 수도 있다. 만약 그 사람들이 두려움, 죄책감, 수치심을 느낀 나머지 태도를 바꾼다면, 우리는 사람들에게 잘못됐다고 말함으로써 우리가 이길 수도 있다는 믿음을 갖게 될지도 모른다.

하지만 좀 더 시야를 넓혀 보면, 그런 식으로 욕구를 충족할 때마다 우리가 실패했을 뿐 아니라 이 지구상에서 일어나는 폭력에 기여했다는 사실을 깨닫게 된다. 눈앞에 보이는 당면한 문제는 해결될지도 모른다. 하지만 또 다른 문제를 만들어 내는 것이다. 사람들은 비난과 비판을 들을수록 점점 더 방어적이고 공격적으로 바뀌어 앞으로 우리가 원하는 것에 더욱 관심을 두지 않을 것이다. 그래서 우리가 원하는 대로 다른 사람들이 행동을 했다는 의미에서 당장의 욕구는 충족되었다 하더라도, 우리는 나중에 그 대가를 치르게 될 것이다.

네 단계로 분노 표현하기

분노를 표현하는 단계
1. 멈추고, 크게 숨을 쉰다.
2. 자신의 비판적인 생각들을 인식한다.
3. 자신의 욕구와 연결한다.
4. 자신의 느낌과 충족되지 못한 욕구를 표현한다.

분노를 충분히 표현하는 과정이 구체적으로 어떤 형태로 나타나는지 살펴보자.

1단계 우선 멈춘다. 숨쉬기 외에는 아무것도 하지 않는다. 다른 사람을 비난하거나 벌하려는 행동을 하지 않는다. 그냥 조용히 있는다. **2단계** 그다음에는 우리를 화나게 하는 생각을 찾아본다.

예를 들어, 인종적인 이유로 어떤 모임 자리에서 내가 제외되었다는 말을 우연히 듣게 되었다고 하자. 이에 대해 화가 치미는 것을 느끼면, 우선 멈추고 자신의 머릿속에서 일어나는 생각들을 알아차린다.

'이건 너무 부당해! 저 사람은 인종차별주의자야.'

우리는 이런 판단이 모두 충족되지 못한 욕구의 비극적인 표현이라는 것을 안다. 그러므로 **3단계** 생각 뒤에 숨어 있는 우리의 욕구와 연결한다. 만약 내가 어떤 사람을 인종차별주의자로 판단한다면, 그때 나의 욕구는 아마 수용, 평등, 존중, 또는 연결일 것이다.

4단계 이제 우리의 분노를 온전히 표현하기 위해서 입을 열어 말을 한다. 하지만 이때의 분노는 욕구와 그에 연결된 느낌으로 바뀌어 있다. 이러한 느낌을 솔직하게 표현하려면 많은 용기가 필요할지도 모른다. 화를 내면서 사람들에게 "이건 인종차별이야!"라고 말하는 것이 차라리 쉬운 일이다. 그렇게 말하는 게 통쾌할지도 모른다. 그 반면에 이 같은 말 뒤에 숨어 있는 내면의 더 깊은 느낌과 욕구를 의식하고 그것을 표현하는 것은 두려운 일일 수도 있다. 우리의 분노를 온전하게 표현하기 위해 이렇게 말할 수 있다.

"네가 들어와서 나한테는 아무 말도 하지 않고 다른 사람들하고 백인에 대해 그렇게 이야기했을 때, 나는 정말 속상하고 두려웠어. 그 말을 들으면서 나는 동등하게 대우를 받는 것에 대한 여러 가지 생각이 떠올랐어. 내가 이렇게 말하니 어떤 느낌이 드는지 말해 줄래?"

먼저 공감하기

그러나 대부분의 경우, 상대가 내 안에서 일어나는 일을 이해해 주기를 기대하기 전에 또 하나 필요한 단계가 있다. 상대방에게 먼저 공감해 주는 것이다. 상대방도 화가 난 상태에서는 우리 느낌과 욕구를 듣기 어렵기 때문에 그들이

우리가 상대방의 말을 공감으로 들어 줄수록 상대방도 우리 말을 들어 줄 것이다.

우리 말을 들어 주기를 바란다면 먼저 그 사람에게 공감해 줄 필요가 있다. 왜 그들이 우리의 욕구가 충족되지 않는 식으로 행동하게 되었는지 그 까닭을 공감하며 들어 줄수록 나중에 그들이 우리 말을 들어 줄 가능성도 커진다.

나는 지난 30여 년간 특정 인종이나 소수민족에 대해 강한 편견을 가진 사람들과 NVC로 이야기한 경험을 많이 가지고 있다. 어느 날 아침 일찍, 나는 공항에서 시내로 들어가기 위해 택시에 합승했다. 그때 운전사에게 무전이 왔다.

"메인 스트리트의 시나고그 앞에서 피시맨 씨를 태우세요."

그러자 옆에 동승해 있던 남자가 중얼거렸다.

"저 카이크들은 사람들 돈을 짜내려고 일찍도 일어나는군."

처음 몇 초 동안은 내 양쪽 귀에서 연기가 날 정도로 화가 났다. 예전 같았으면 벌써 내 주먹이 날아갔을 것이다. 그러나 나는 서서히 심호흡을 몇 번 하고, 내 마음속에서 일어나는 아픔과 두려움, 그리고 분노에 귀를 기울였다. 그리고 내 느낌에 집중했다. 내 분노가 옆자리에 앉은 사람이나 그가 한 말 때문이 아니라는 것을 나 자신에게 계속 일깨웠다. 그 사람의 말은 내 마음속 화산을 폭발시켰지만, 내 분노와 두려움은 방금 그가 한 말보다 훨씬 더 깊은 곳에서 나온다는 것을 알았다. 나는 그대로 가만히 앉아서 내 머릿속의 폭력적인 생각들이 제풀에 지쳐 사라질 때까지 내버려 두었다. 나는 심지어 그의 머리를 잡아 박살 내는 상상을 즐기기까지 했다. 그러면서 나는 이런 생각들 뒤에 있는 나의 깊은

> 판단하지 않으면서 우리 마음 안에서 일어나는 폭력적인 생각들을 계속해서 인식한다.

욕구와 그로부터 나오는 느낌에 연결했다.

　나 자신에게 이렇게 공감함으로써 나는 그의 말 뒤에 숨은 그 사람의 인간적인 면에 관심을 돌릴 수 있었다. 그래서 내 입에서 나온 첫마디는 "당신은 ~을 느끼십니까?"였다. 나는 공감하며 그의 괴로움을 들어 주려고 노력했다. 왜냐하면 나는 그 사람의 내면에 있는 아름다움을 보고 싶었고, 또 그가 그런 말을 했을 때 내가 어떤 느낌이 들었는지 그가 충분히 이해하기를 바랐기 때문이다. 그러나 나는 그의 마음속에서 소용돌이가 일고 있다면 내가 원하는 이해를 받을 수 없다는 것을 알고 있었다. 내 의도는 그 사람과 연결하여, 그의 말 뒤에 있는 에너지를 존중하고 공감한다는 걸 보여 주려는 것이었다. 나는 경험을 통해서, 내가 그에게 공감할 수 있다면 그도 내 말을 들어 줄 수 있다는 것을 알고 있었다. 쉽지는 않겠지만 결국 이 사람도 내 말을 들을 수 있게 될 것이다.

　내가 물었다.

　"뭔가 좌절스러우세요? 유대인들하고 무슨 좋지 않은 일이 있으셨나 보군요?"

　그는 나를 잠시 훑어보더니 "네, 그래요! 유대인이라면 정말 신물이 나요. 돈이라면 무슨 짓이든 다 하죠."라고 말했다.

　"돈에 관한 문제라면 그 사람들을 믿을 수 없기 때문에 자신을 보호할 필요를 느끼시는 건가요?"

　"맞아요!"

　그가 큰 소리로 말했다. 그는 유대인들에 대한 비난을 계속했다. 그러는 동안 나는 그 사람의 말 뒤에 숨은 느낌과 욕구에 귀를 기울였다. 다른 사람의 느낌과 욕구에 주의를 둘 때 우리는 같은 인간으로서 가진 공통점을 경험하게 된다. 그에게 두려운 마음이 있고 자신을 지키기를 원한다는 말을 들었을 때, 나 또한 자신을 보호하려는 욕구를 가지고 있음을 알았다. 그리고 두려움을 느낀다는 것이 어떤 것인지 나도 잘 알고 있다. 내 의식을 상대방의 느낌과 욕구에 집중할 때 우리 모두의 경험이 가진 보편성을 보게 된다. 나는 옆 승객의 머릿속에 있는 생각들과 큰 갈등이 있었지만 그런 생각들을 듣지 않으면 서로 즐거운 경험을 할 수 있다는 것을 배웠다. 특히 이 옆자리 승객과 같은 생각을 가진 사람들을 대할 때에는 그들의 머릿속에 들어 있는 생각들에 붙들리지 않고 오로지 그들의 가슴속에서 일어나는 것들에 귀를 기울일 때 삶을 훨씬 더 재미있게 음미할 수 있다.

그는 계속해서 자신의 실망과 불만을 털어놓았다. 그러더니 어느새 유대인 이야기를 끝내고 흑인에 대한 이야기로 옮아갔다. 그 사람은 불만스러운 것이 한두 가지가 아니었다. 거의 10분 동안 내가 귀 기울여 들어 주자 그는 말을 멈추었다. 자신이 이해받았다고 느낀 것이다.

그때 나는 내 안에서 느낀 것을 그 사람에게 알려 주었다.

마셜   "선생님이 처음에 이야기를 시작하셨을 때, 저는 큰 실망과 좌절, 슬픔을 느꼈어요. 왜냐하면 저는 유대인에 대해서 아주 다른 경험을 했기 때문이죠. 그리고 선생님도 저와 같은 경험을 했으면 하는 바람도 있었고요. 지금 제 말을 어떻게 들으셨는지 말씀해 주실 수 있겠어요?"

남자 "아, 나는 뭐 그 사람들이 다 그렇다는 것은 아니에요……."

마셜 "네, 잠깐만요. 방금 제가 한 말을 어떻게 들으셨는지 말씀 해 주시겠어요?"

남자 "무슨 말을 하는 거죠?"

마셜 "다시 말씀드리지요. 제가 선생님 말씀을 들었을 때 느낀 아 픔을 들어 주셨으면 해요. 선생님께서 그 고통을 들어 주시 는 것은 제게 매우 중요합니다. 유대인에 대한 저의 경험은 아주 달랐기 때문에 깊은 슬픔을 느꼈다고 말씀드렸어요. 선생님이 방금 말씀하신 것과 다른 경험을 하실 수 있었으면 해요. 제가 한 말 을 들으신 대로 말씀해 주실 수 있겠어요?"

> 우리에게 필요한 것은 상대방 이 진심으로 우리의 고통을 들 어 주는 것이다.

남자 "그러니까, 제가 좀 전에 얘기했던 식으로 말해서는 안 된 다는 뜻인가요?"

마셜 "그런 뜻이 아닙니다. 저는 선생님이 제 말을 좀 다르게 들 어 주셨으면 합니다. 저는 정말 선생님을 비난하고 싶지 않아요. 그럴 마음은 조금도 없습니다."

나는 이 대화의 속도를 늦추고 싶었다. 왜냐하면 내 경험에 비추어 보건대, 사람들이 우리의 말을 조금이라도 비난으로 들으면 우리의 고통을 들을 수 없게 되기 때문이다. 만약 이 남자가 "내가 정말 심한 말을 했군요. 내가 한 말은 인종차별적인 발언이었어요."라고 말했다면 그는 내 고통을 듣지 못한 것이다. 자신이 무언가 잘못했다고 생각하는 한, 사람들은 우리의 고통을 완전히 이해할 수 없다.

사람들은 자신이 잘못했다고 믿으면 우리의 고통을 듣지 못한다.

나는 그 사람이 내 말을 비난으로 듣지 않기를 원했다. 왜냐하면 내가 그 사람의 말을 들었을 때 내 마음속에서 어떤 일이 일어났는지를 알아주었으면 했기 때문이었다. 비난을 하기는 쉽다. 사람들은 비난을 듣는 데에도 익숙하다. 때로 사람들은 그 비난을 그대로 받아들이고 자책하기도 한다. 하지만 행동의 변화로 이어지지는 않는다. 또, 때로 사람들은 자기를 인종주의자 등으로 부른다고 우리들을 미워하지만, 이 또한 그들의 행동에 변화를 가져오지는 못한다. 그 택시 안에서 그랬듯이, 만약 상대가 내 말을 비난으로 받아들인 것 같은 느낌이 들면 대화의 속도를 늦추고 상대의 고통을 한동안 더 들어 주어야 할 것이다.

천천히 하기

지금까지 이야기해 온 방법을 일상에 적용하는 데에서 가장 중요한 부분은 시간을 가지고 천천히 하는 것이다. 사회생활을 통해 자동적으로 몸에 밴 습관적인 행동에서 벗어나면 어색한 느낌이 들 수도 있다. 하지만 우리의 의도가 자신의 가치를 의식하며 사는 것이라면, 우리는 시간을 충분히 가지고 천천히 하기를 원할 것이다.

내 친구 샘 윌리엄스는 NVC 모델의 기본 요소들을 손바닥만 한 종이에 적어 가지고 다니며 직장에서 '참고표'로 활용했다. 상사와 부딪칠 때면, 멈추어 손에 든 표를 살짝 보며 차분하게 생각하고 응답했다. 내가 손을 들여다보면서 말하느라 시간이 걸리는 것을 직장 동료들이 이상하게 생각하지 않더냐고 묻자 샘이 이렇게 대답했다.

"실제로 그렇게 많은 시간이 들지도 않아. 그리고 시간이 좀 걸린다 해도, 그건 그만 한 가치가 있는 일이었지. 내가 정말 원하는 대로 반응하는 것이 내겐 더 중요하니까."

집에서 샘은 더 솔직했다. 아내와 아이들에게 자신이 왜 자주 표를 들여다보면서 천천히 말하는지 그 이유를 설명해 주었다. 그리고 가족 간에 말다툼이 벌어질 때마다 그는 표를 꺼내 보면서 여유를 두고 천천히 대응했다. 한 달쯤 지나자 그는 표가 없어도 된다고 느낄 정도로 편안해졌다. 그러던 어느 날 저녁, 네 살배기 스코티와 텔레비전 때문에 갈등이 생겼는데, 문제가 잘 해결되지 않자 스코티가 다급하게 말했다.

"아빠, 표를 가져오세요!"

화가 날 때처럼 특별히 힘든 상황에서 NVC를 활용하고 싶어 하는 사람들에게 나는 다음과 같은 연습을 하라고 권한다. 앞에서 살펴본 것처럼 우리의 분노는 사람들이 무엇을 '해야만 하고', 무엇을 받아야 '마땅하다'라는 판단이나 꼬리표 달기, 그리고 비난하는 생각에서 나온다. 따라서 '나는 ~한 사 비판하는 생각 하나하나를 충족하지 못한 욕구로 옮기는 연습을 한다.

람이 싫다.'라는 형태로 자신의 머릿속에서 가장 자주 떠오르는 부정적인 판단을 모두 열거한 후에 자신에게 다음과 같이 물어본다. '저 사람을 이렇게 판단할 때 나는 무엇을 원하는데 얻지 못하고 있는 것일까?' 이렇게 함으로써 우리는 다른 사람에 대한 비판적인 생각을 자신의 충족되지 못한 욕구로 표현하는 훈련을 할 수 있다.

시간 여유를 가지고 천천히 한다.

우리 대부분은 비록 내가 자란 디트로이트의 거리만큼은 아닐지라도 그에 못지않게 폭력적인 곳에서 자랐기 때문에 이런 연습이 꼭 필요하다. 판단과 비난은 우리에게 제2의 천성처럼 되어버렸다. NVC를 연습하기 위해 우리는 여유를 가지고 천천히 할 필요가 있다. 말하기 전에 신중하게 생각하고, 가끔은 말을 멈추고 심호흡을 할 필요가 있다. 이 방법을 익히고 또 일상에 적용하는 것은 둘다 시간이 필요하다.

요 약

다른 사람을 탓하고 처벌하는 것은 분노를 피상적으로 표현하는 것이다. 만약 분노를 온전히 표현하고 싶다면, 그 첫 단계는 다른 사람을 내 분노에 대한 책임에서 분리시킨 다음에 우리 자신의 느낌과 욕구에 의식의 불을 비추는 것이다. 다른 사람을 판단하고 비난하고 처벌하기보다는 욕구를 표현할 때 우리가 원하는 것을 얻을 가능성이 훨씬 커진다.

분노를 표현하는 네 단계: (1) 멈추고 심호흡을 한다. (2) 자신의 비판적인 생각들을 인식한다. (3) 우리의 욕구와 연결한다. (4) 우리의 느낌과 충족되지 못한 욕구를 표현한다. 때로는 3단계와 4단계 사이에서 우리는 상대방에게 먼저 공감해 준다는 선택을 할 수도 있다. 그렇게 함으로써 4단계에서 우리 자신을 표현할 때 상대가 우리 말을 좀 더 잘 들어 줄 수 있게 되어 우리가 원하는 연결을 이룰 수 있다.

NVC를 배우고 일상에 적용할 때에는 시간을 가지고 천천히 하는 것이 중요하다.

부모와 10대 자녀의 대화 – 생명을 위협하는 문제

    열다섯 살 빌이 가까이 지내는 이웃인 조지의 자동차를 허락 없이 몰고 나갔다. 두 친구와 함께 재미로 몰고 나갔다가 흠집 없이 아무도 모르게 차고에 다시 가져다 놓았다. 하지만 함께 차를 타고 나갔던 조지의 열네 살 난 딸 에바가 아버지에게 그 사실을 이야기했다. 그러자 조지는 빌의 아버지에게 그 일을 알렸고, 그 말을 들은 빌의 아버지는 아들을 불렀다. 그때 빌의 아버지는 얼마 전부터 NVC를 배우고 있었다.

아버지   너하고 에바 그리고 데이브가 허락 없이 조지의 자동차를 가지고 나갔다며…….

빌   아니요, 그런 적 없는데요!

아버지   (큰 목소리로) 거짓말하지 마. 거짓말하면 더 나빠질 뿐이야. (그러고 나서 아들과 진정으로 소통하려면 먼저 자신의 욕구와 느낌에 연결해야 한다는 것을 기억했다.) 너, 여기 잠깐 앉아 있어 봐. 난 생각을 좀 해 봐야겠다. (마음속을 들여다보고, 그는 자신이 얼마나 두렵고 화가 나 있는지를 의식했다. 화가 난 것은 속으로 '이 아이가 좀 더 생각 있게 행동했어야지!' 또는 '저런 거짓말쟁이 같으니라고!'라는 생각을 하고 있었기 때문이다. 그리고 두려움을 느낀 것은 빌의 행동으로 인해 사고가 났을 수도 있었다는 생각과, 아들에 대한 자신의 판단이 틀렸을지도 모른다는 생각 때문이었다. 그는 '아들이 철이 들었다고 생각한 내가 바보였어.' '하마터면 이 일로 누군가가 죽을 수도 있었어!' 하는 식으로 생각하다가 갑자기 멈추고 '바보' '거짓말쟁이' 같은 꼬리표를 느낌과 욕구로 바꿀 필요가 있다는 것을 기억했다. '바보라는 꼬리표는 나 자신에게 실망해서 나온 거야. 아들을 좀 더 잘 알았으면 했던 거야. 그리고 거짓말쟁이라고 아들을 비판한 건 두려워서였어. 이 상황에 대처하기 위해 좀 더 정확한 정보가 필요했기 때문이지.' 이렇게 생각을 가다듬은 후에 어떻게 말을 꺼낼지 고심하는 동안 침묵이 흘렀다.) 빌! 아빠한테 사실대로 말하면 벌을 받을까 봐 겁나니?

빌 그래요. 아빠 맘에 안 드는 일을 하면 언제나 화부터 내셨잖아요.

아버지 아버지가 네 행동을 좀 더 이해하고 공정하게 대해 주었으면 하니?

빌 아빠는 그렇게 하지도 않을 거면서 이해하고 공정하게 대해 줄 것처럼 말씀하시네요!

아버지 ('아, 저런 소리를 들으니 정말 화가 나는군! 내가 지금 얼마나 참으려고 노력하는지 보지도 못하나? 내가 이렇게 말하는 게 얼마나 어려운지, 그리고 내가 얼마나 걱정하는지 이 아이가 조금이라도 알아주었으면 좋겠는데.'라고 속으로 생각했다.) 네가 무슨 말을 하든 그대로 받아들여지지 않을 것 같아서 걱정된다는 말로 들리는 구나.

빌 아빠가 뭐 신경이나 쓰세요? 무슨 일이 있을 때마다 그저 벌만 주려고 하시잖아요. 그리고 또 우리가 차를 좀 몰고 나간 게 뭐 그렇게 대단한 일인가요? 누가 다친 것도 아니고, 차도 원래 있던 곳에 그대로 갖다 놓았잖아요. 제 말은 무슨 큰 죄를 저지른 것도 아니란 말이에요!

아버지 자동차를 가지고 나갔다는 것을 인정하면 큰 벌을 받을까 봐 무서워? 그리고 네가 정당한 대우를 받으리라고 믿을 수 있으면 좋겠어?

빌 그래요.

아버지 (연결이 좀 더 깊어지도록 시간을 둔다.) 내가 어떻게 하면 네게 그런 확신을 줄 수 있겠니?

빌 다시는 벌주지 않겠다고 약속해 주세요.

아버지 (처벌은 자신의 행동이 가져올 잠재적 결과에 대한 빌의 의식을 일깨우기보다는 오히려 반항을 불러오고 관계도 멀어지게 한다는 것을 깨달은 아버지는 빌의 부탁에 기꺼이 응한다.) 네가 나와 계속 대화하겠다고 동의하면 그 부탁을 들어주마. 내 말은 차를 가지고 나갔을 때 일어날 수 있는 모든 일들을 네가 다 이해했다는 걸 내가 확신할 수 있을 때까지 대화를 한다는 뜻이다. 하지만 나중에라도 너의 행동으로 인해 닥칠지 모르는 위험을 네가 알고 있다고 내가 확신하지 못하게 되면, 그때는 힘을 쓰기도 할 거야. 그렇지만 그건 너를 보호하기 위해서야.

빌 (비꼬는 투로) 정말 대단하시네요! 아빠가 힘을 써서라도 보호해야 할 정도로 내가 바보 같다는 것을 알게 되니 참 기분 좋네요!

아버지 (자신의 욕구에서 멀어지면서 속으로 말한다. '이 자식, 그냥 확 한 대 때려 주고 싶네……. 저런 말을 하면 정말 화가 나서 견딜 수가 없어! 조금이라도 해 보려는 자세가 보이지 않아……. 젠장! 여기서 나한테 필요한 게 뭐지? 내가 이 정도로 노력하면 최소한 아들 녀석도 해 보려고 한다는 것을 확인했으면 좋겠는데.')

(화가 나서 큰 소리로 말한다.) 이봐, 빌. 네가 그런 식으로 말을 할 때면 아빤 정말 화가 나. 나는 너와 말로 해 보려고 이렇게 애를 쓰는데 네가 그런 식으로 나오면……. 나는 말이야, 네가 이 대화를 계속하고 싶은 마음이나 있는지 알고 싶다.

빌 몰라요.

아버지 빌, 화나는 일이 일어날 때마다 예전처럼 너를 야단치고 위협하는 대신에 정말로 네 이야기를 들어 주고 싶어. 하지만 조금 전처럼 '내가 그 정도로 바보라는 걸 알아서 참 기분 좋네요.' 하는 식으로 말하는 것을 들으면 나도 참기가 힘들 거든. 나도 이 문제에 대해 네 도움이 필요해. 내가 너를 야단치거나 위협하지 않고 네 말을 들어 주기를 바란다면 말이지. 하지만 네가 그것을 원하지 않는다면, 이번에도 내가 늘 하던 방식으로 하는 수밖에 없을 것 같다.

빌　그게 뭔데요?

아버지　글쎄. 지금 상태로 봐서는 '너는 몇 달 동안 외출 금지야. 텔레비전도 못 보고, 운전도 안 되고, 용돈도 없고, 데이트도 안 돼, 아무것도 못 해!'라고 할 것 같은데.

빌　음, 그렇다면 새로운 방식이 낫겠는데요.

아버지　(웃으면서) 자신에게 뭐가 이로운지는 알고 있어서 다행이구나. 이제 나는 네가 힘든 것도 솔직하게 이야기할 의사가 있는지 알아야겠다.

빌　'솔직하게'라니, 그게 무슨 뜻이죠?

아버지　우리가 지금 말하고 있는 것에 대해 네가 정말로 어떻게 느끼는지 마음속 이야기를 하라는 뜻이야. 그리고 나도 그렇게 할 거고. (단호한 목소리로) 그렇게 할 의사가 있니?

빌　네, 노력해 볼게요.

아버지　(안도의 한숨을 내쉬면서) 그래. 네가 노력하겠다는 뜻을 보이니 고맙다. 내가 말했니? 에바는 지금 3개월간 외출 금지야. 에바는 아무것도 못 하게 되었어. 이 말을 들으니 네 느낌이 어떠니?

빌　이런, 그런 게 어디 있어요. 그건 정말 부당해요!

아버지	그것에 대해 네가 정말로 어떻게 느끼는지 알고 싶어.
빌	말했잖아요! 그건 너무 부당하다고요.
아버지	(빌이 자신의 느낌을 의식하지 못하는 것을 알고, 빌의 느낌을 추측해 본다.) 너는 에바가 실수에 비해 너무 큰 대가를 치러야 한다는 것 때문에 속이 상하니?
빌	그게 아니라, 제 말은 에바는 잘못한 게 없다는 거예요.
아버지	아, 그러니까, 네가 먼저 하자고 한 일에 에바가 대가를 치르게 되어 당황스러운 거니?
빌	뭐, 그런 셈이죠. 에바는 내가 하자는 대로 그냥 따랐을 뿐이에요.
아버지	네가 한 일로 에바가 벌을 받게 되어 마음이 아프다는 얘기 같구나.
빌	뭐, 그런 거죠.
아버지	빌, 모든 행동에는 항상 결과가 따른다는 점을 네가 분명히 이해했다는 것을 내가 확신할 수 있는 게 정말 중요해.
빌	흠, 별일이 생길 거라고는 생각하지 않았어요. 그런데 생각해 보니 정말 다 망쳐 놓은 것 같아요.
아버지	나는 이번 일을 네가 생각했던 대로 되지 않은 일로 봤으면 좋겠다. 그렇지만 나는 여전히 모든 행동에는 결과가 따른다는 걸 네가 잘 알고 있다는 확신이 필요해. 네가 한 행동에 대해서 어떻게 느끼는지 말해 볼래?

빌	정말 바보처럼 느껴져요. 누구한테도 피해를 주고 싶은 생각은 없었어요.
아버지	(빌의 자기 판단을 느낌과 욕구로 바꾸면서) 네가 해를 끼칠 생각이 없었다는 것을 다른 사람들이 믿어 줬으면 해서 마음이 아프고 후회스러운 거야?
빌	네, 그렇게 크게 문제를 일으키려고 한 건 아니에요. 그냥 생각을 전혀 안 했어요.
아버지	행동하기 전에 한 번 더 생각했으면 좋았을 거라고 말하는 거니?
빌	(잠시 생각하더니) 네…… .
아버지	그 말을 들으니 안심이 되는구나. 그럼 이 문제를 잘 해결하기 위해 네가 조지 아저씨한테 가서 방금 내게 한 것처럼 말해 줬으면 하는데, 그렇게 할 생각이 있니?
빌	글쎄, 그건 좀 겁이 나는데요. 아저씨가 정말 화가 많이 났을 텐데.
아버지	그렇겠지. 이것도 바로 네 행동에 따른 결과 가운데 하나야. 네 행동에 책임을 질 의사가 있니? 조지는 나의 좋은 친구이고 계속해서 그렇게 지내기를 원해. 그리고 너도 에바와 계속 친구로 지내고 싶은 것 같은데, 내 말이 맞니?
빌	에바는 저랑 제일 친한 친구 중 한 명이에요.
아버지	그러면 에바와 조지를 보러 갈까?

빌	(두려워하며 마지못해) 아…… 알겠어요. 네, 가야겠죠.
아버지	왜, 겁이 나니? 네가 거기 가도 괜찮을지 알고 싶어?
빌	네.
아버지	내가 함께 가 주마. 너를 위해 거기 있어 줄게. 네가 가겠다고 하니 정말로 마음이 놓인다.

제11장

갈등 해결과
중재

비폭력대화에서 애도는
우리가 완벽하지 않을 때 생겨나는 느낌이나
충족되지 않은 욕구와 온전히 연결하는 과정이다.

마셜 B. 로젠버그

이제 여러분이 NVC 모델과 친숙해졌으니, 이 모델을 어떻게 갈등을 해결하는 데 적용하는지 보여 드리고 싶다. 그것은 여러분 자신과 다른 사람 사이에 벌어진 갈등 상황일 수도 있고, 다른 사람들, 즉 가족이나 배우자, 동료 또는 모르는 사람들 사이에 일어난 갈등에 여러분이 부탁을 받아서, 아니면 스스로 선택해서 끼어들게 된 상황일 수도 있다. 어떤 상황이든 간에, 갈등을 해결하는 데에는 앞에서 나온 모든 원칙이 쓰인다. 즉, 관찰하기, 느낌을 찾아 표현하기, 느낌과 욕구를 연결하기, 명확하고 구체적이고 긍정적인 행동언어로 상대에게 실행 가능한 부탁을 하기 등이다.

지난 몇십 년 동안, 나는 세계 여러 곳에서 비폭력대화로 갈등을 해결해 왔다. 행복하지 않은 커플들, 가족, 노동자들과 고용주들, 그리고 전쟁 중인 여러 인종 집단과 만나면서 모두가 만족할 수 있도록 갈등을 해결할 수 있다는 것을 나는 경험으로 배웠다. 필요한 것은 많은 인내와 기꺼이 인간적으로 연결하려는 마음, 해결 방법에 도달할 때까지 NVC 원리를 따르겠다는 의지, 그리고 프로세스가 효과가 있으리라는 믿음이다.

인간적인 연결

NVC로 갈등을 해결하려 할 때 가장 중요한 것은 갈등을 겪는 사람들 사이에 연결을 만들어 내는 것이다. 우선 연결이 있어야 NVC의 다른 모든 단계들이 효과를 낼 수 있다. 연결이 생겨야 서로 상대의 느낌과 욕구를 잘 알고 싶은 마음이 생기기 때문이다. 또한 갈등 당사자들이 처음부터 알 필요가 있는 것은 이 프로세스의 목적이 자신이 원하는 행동을 상대방에게 시키려는 것이 아니라는 점이다. 양쪽이 그 점을 이해하고 나면, 자신들의 욕구를 어떻게 충족할 것인지에 대해 대화할 수 있게 되고, 때로는 새로운 해결 방법을 찾아 가기가 쉬워지기도 한다.

> 사람들 사이에 연결을 만들어 내는 것이 가장 중요하다.

갈등을 해결해 달라는 요청을 받으면 나는 양쪽이 서로 존중하며 돌볼 수 있는 연결을 하도록 안내한다. 이 과정에서 어려움에 부딪힐 때가 많지만, 일단 이런 연결이 이루어지고 나면 중재자는 양쪽이 모두 만족할 수 있는 해결 방법을 찾아 가는 것을 돕는다.

여기서 내가 타협(compromise)이라는 말 대신에 만족(satisfaction)이라는 말을 쓴 것에 주의를 기울여 주기 바란다. 갈등 해결을 찾는 대부분의 시도는 대개 타협을 추구하는데, 타협이란 양쪽 모두가 무언가를 포기하고 어느 쪽도 만족하지 못한다는 것을 의미한다. NVC는 다르다. 우리의 목적은 모든 사람의 욕구가 충분히 충족되는 것이다.

NVC 갈등 해결 vs. 전통적인 중재

NVC에서 말하는 인간적인 연결이라는 측면을 다시 살펴보자. 이번에 살펴볼 것은 제3자 중재다. 다른 두 당사자들 사이의 갈등을 해결하기 위해 한 사람이 개입하는 것이다. 지금까지 해결하지 못한 갈등을 겪고 있는 두 사람 또는 두 집단과 일할 때, 나는 전문 중재자들의 방식과는 매우 다르게 접근한다.

오스트리아에서 전문 중재자들과 회의를 한 적이 있다. 노조와 경영진 사이의 분쟁을 포함하여 많은 국제 분쟁을 다루는 사람들이었다. 나는 내가 중재했던 몇 가지 갈등 상황에 대해 이야기했다. 그중 하나가 캘리포니아에서 지주들과 이주 노동자들 사이에 심각한 물리적 폭력이 일어난 사건이었다. 또 나는 아프리카 두 부족 사이의 분쟁(내 책 『갈등의 세상에서 평화를 말하다Speak Peace in a World of Conflict』에서 충분히 이야기했다)과 그 밖에 몹시 뿌리가 깊고 위험한 몇몇 분쟁 사례에 대해서도 이야기했다.

나는 중재해야 할 상황에 관한 사전 연구에 얼마나 시간을 들이느냐는 질문을 받았다. 대부분의 중재자들이 사용하는 프로세스를 염두에 둔 질문이었다. 그들은 인간적인 연결을 만들어 내는 데 초점을 두기보다는 분쟁의 쟁점이 무엇인지 잘 알아보고 나서 그 쟁점을 중심으로 중재한다. 실제로 전형적인 제3자 중재에서는 갈등 당사자들이 같은 방에 있지 않을 때도 있다. 한번은 내가 갈등 당사자로서 중재에 참석한 적이 있는데, 우리 편은 한 방에 있고 상대편은 다른 방에 있으면서 중재자가 두 방을 왔다 갔다 하고 있었다. 그 사람은 우리에게 "저쪽이 무엇을 하기를 원하시나요?"라고 묻고는 그 답을 다른 방으로 가지고 가서 그들이 그렇게 할 의사가 있는지 알아보았다. 그런 다음 다시 돌아와서는, "저 사람들은 그렇게 할 의사가 없다는데, 이런 건 어떠세요?"라고 물었다.

많은 중재자들이 자기 역할을 모든 사람이 합의에 도달할 방법을 생각해 내는 '제3의 머리'로 본다. 그들은 질적인 연결을 만들어 내는 데에는 전혀 관심이 없어서, 내가 아는 한 유일하게 효과적인 갈등 해결 도구를 못 보고 넘어간다. 내가 NVC 모델과 인간적인 연결의 역할을 설명하자, 오스트리아 회의에 참가한 한 사람이 이의를 제기했다. 내가 말하는 것은 심리치료이고, 중재자는 심리치료사가 아니라는 것이었다.

내 경험으로는 사람들을 이 차원에서 연결하는 것은 심리치료가 아니다. 사실은 이것이 중재의 핵심이다. 연결이 이루어지면 대개의 경우 문제는 저절로 해결되기 때문이다. 제3의 머리가 "여기서 우리가 어떤 것에 합의할 수 있을까요?"라고 묻는 대신 각자의 욕구, 즉 두 당사자가 바로 지금 서로에게 무엇을 원하는지를 분명히 표현할 수 있다면, 우리는 모든 사람의 욕구를 충족하기 위해서 어떻게 하면 되는지 알게 될 것이다. 그것이 중재 모임이 끝나고 당사자들이 그곳을 떠난 후에 이행하기로 합의하는 동의 사항들이다.

> 연결이 이루어지면 문제는 대개 저절로 해결된다.

NVC 갈등 해결 단계—간단히 살펴보기

갈등 해결에 중요한 다른 요소들을 더 깊이 이야기하기 전에, 우리 자신과 다른 사람 사이의 갈등을 해결하는 데 필요한 단계들을 간단히 요약해 보겠다. 이 프로세스에는 다섯 단계가 있다. 어느 쪽이 든 자기의 욕구를 먼저 표현할 수 있지만, 편의상 우리의 욕구로 시작한다고 가정해 보자.

- 첫째, 우리 자신의 욕구를 표현한다.
- 둘째, 상대가 자신을 어떤 식으로 표현하고 있든, 그들의 진정한 욕구를 찾는다. 그들이 욕구를 표현하는 대신 의견을 말하거나 판단 또는 분석하는 말을 하고 있다 해도, 그들이 하는 말 뒤에 있는, 그들이 하는 말 밑에 있는 욕구를 계속 찾는다.
- 셋째, 우리가 상대의 욕구를 정확하게 찾아 이해했는지 상대에게 물어서 확인하고, 그렇지 않다면 계속해서 그들이 하는 말 뒤에 있는 욕구를 찾는다.
- 넷째, 쌍방이 서로의 욕구를 정확하게 듣기 위해 필요한 만큼 충분히 공감을 한다.
- 다섯째, 그 상황에서 양쪽의 욕구가 분명해지면, 우리는 그것을 긍정적인 행동언어로 정리해서 갈등을 해결하기 위한 방법을 제안한다.

이렇게 하는 동안 내내, 우리는 어느 쪽에게든 무언가 잘못했다는 것을 암시하는 말을 피하면서 최대한 신중하게 서로를 듣는다.

무언가 잘못했다는 것을 암시하는 말을 사용하지 않는다.

욕구, 방법, 그리고 분석에 대하여

    욕구를 이해하고 표현하는 것은 NVC로 갈등을 해결하는 데에서 핵심적인 부분이기 때문에, 이 책 전체에 걸쳐서, 특히 제5장에서 다룬 이 개념을 다시 살펴 보자.

    욕구는 삶 자체가 스스로를 펼치는 데 필요한 원동력이다. 우리는 모두 신체적 욕구를 가지고 있다. 공기, 물, 음식, 휴식 등. 그리고 이해, 지지, 정직, 삶의 의미 같은 심리적 욕구도 가지고 있다. 나는 모든 사람이 나라나 종교, 성별, 수입, 교육 등에 관계없이 공통적인 욕구를 가지고 있다고 믿는다.

    다음으로, 욕구와 그것을 실현하려는 방법의 다른 점을 생각해 볼 필요가 있다. 갈등을 해결하려 할 때, 욕구와 수단/방법의 차이를 분명하게 아는 것이 중요하다.

    우리 대부분은 자신의 욕구를 표현하기가 쉽지 않다. 우리가 사회에서 받은 교육은 서로 비난하고 모욕하는, 서로 멀어지게 만드는 잘못된 소통 방법이다. 갈등 상황에서는, 보통 양쪽 당사자들이 자기 자신의 욕구와 상대의 욕구에 주의를 기울이기보다는, 자신이 옳고 상대가 틀렸다는 것을 증명하려는 데 많은 시간을 쓴다. 이런 언어적 갈등은 너무 쉽게 폭력으로 이어지고, 심지어는 전쟁으로까지 단계적으로 확대될 수 있다.

    욕구와 수단/방법을 혼동하지 않으려면, 욕구는 어떤 사람이 특정한 어떤 행동을 하는 것과는 아무 관계가 없다는 점을 상기하는 것이 중요하다. 그 반면에 수단/방법은 요청, 바람, 필요한 것, 그리고

'해법'의 형태로 나타날 수 있는데, 특정한 사람들이 취할 수 있는 특정한 행동과 관계가 있다.

결혼 생활을 거의 포기하려 했던 한 커플을 예로 들어 보자. 나는 결혼 생활에서 실현되지 못한 욕구가 무엇이냐고 남편에게 물었다. 그는 "난 이 결혼에서 벗어나야 해요."라고 말했다. 그가 말한 것은 특정한 사람(그 자신)이 특정한 행동을 취하는 것(결혼에서 벗어나는 것)이었다. 그 사람은 욕구가 아니라 방법을 말하고 있었다.

나는 그 점을 그 남편에게 알려 주고, '결혼 끝내기'라는 수단/방법을 실행에 옮기기 전에 자신과 아내의 욕구를 먼저 분명하게 알았으면 좋겠다고 제안했다. 남편과 아내 모두 자신의 욕구와 상대의 욕구에 연결하고 나자 그 욕구들이 '결혼을 끝내는 것' 말고 다른 방법들로도 충족될 수 있다는 것을 알게 되었다. 남편은 자기의 과도한 일에서 오는 스트레스를 이해하고 알아주기를 바라는 것이 자신의 욕구임을 인정했다. 아내는 남편이 대부분의 시간을 일에 쓰는 상황에서 자신의 욕구는 친밀함과 연결이라는 것을 알게 되었다.

서로의 욕구를 진정으로 이해하게 된 이 부부는, 남편 직장에서 필요한 것도 돌보면서 두 사람의 욕구를 모두 만족시킬 몇 가지 약속에 합의를 할 수 있었다.

다른 커플의 경우에는 '욕구 언어'를 몰라서 욕구를 분석으로 표현하는 혼란스러운 상황에서 결국에는 서로 물리적인 폭력을 쓰는 상태에 이르게 되었다. 내가 이 상황을 중재해 달라는 요청을 받은 것은 어떤 직장 연수가 끝났을 때인데, 한 남자가 울먹이며 자신의 상황을 설명하고 자기와 아내에게 개인 상담을 해 줄 수 있느냐고 물었다.

그날 저녁 그들 집에서 만났을 때, 나는 이렇게 말하는 것으로 시작했다. "두 분이 많은 고통을 겪고 있다는 것을 알겠습니다. 두 분 관계에서 이루지 못하고 있는 욕구가 무엇이든 두 분이 각각 그것을 나누어 주시는 것으로 시작해 볼까요. 일단 서로의 욕구를 이해하고 나면 그 욕구를 충족할 방법을 찾을 수 있을 거라고 확신합니다."

'욕구 교육'을 받지 못했으므로, 남편은 부인에게 이렇게 말하는 것으로 시작했다. "당신 문제는 말이야, 내 욕구에 완전히 무감각하다는 거야."

그녀도 같은 식으로 응수했다. "당신이 항상 그렇지 뭐. 그렇게 불공평한 소리를 하는 거 말이야."

욕구를 표현하는 대신 두 사람은 서로 분석을 하고 있었는데, 분석은 듣는 사람이 비판으로 듣기 쉽다. 이 책 앞부분에서 말했듯이, 뭔가 잘못이 있다고 암시하는 분석은 본래 충족되지 못한 욕구의 비극적 표현이다. 이 부부의 경우, 남편은 지지와 이해를 받고 싶은 욕구가 있었지만 그것을 부인이 '무감각하다'라는 말로 표현했다. 또, 부인은 정확하게 이해받고 싶은 욕구가 있었지만, 그것을 남편이 '불공평하다'라는 말로 표현했다. 남편과 부인 양쪽 다 욕구의 여러 면을 헤쳐 가는 데 시간이 좀 걸렸지만, 서로의 욕구를 진정으로 인정하고 헤아려 주는 것만으로도 그들은 마침내 오래된 그들의 갈등을 다룰 방법을 찾기 시작할 수 있었다.

한번은 매우 날카로운 갈등 때문에 사기와 생산성이 모두 떨어진 어느 회사와 일한 적이 있다. 같은 부서 안에서 어떤 소프트웨어를 사용하느냐는 문제로 두 편으로 나뉘어 싸우고 있었고, 양쪽 모두 감정이 격해지고 있었다. 한편은 지금 사용하는 소프트웨어를 개발하기 위해 특히 열심히 일했으며, 그것이 계속 사용되기를 원했다. 다른 편은 새 소프트웨어를 개발하는 데 많은 시간을 투자하기를 원해서 감정이 격해지고 있었다.

나는 양쪽이 서로 주장하는 소프트웨어로 그들의 어떤 욕구가 더 잘 충족되는지 각각 말해 달라고 요청하는 것으로 시작했다. 그들의 대답은 지적으로 상대편을 분석해 주는 것이었고, 상대편은 그것을 비판으로 받아들이고 있었다. 새 소프트웨어를 선호하는 쪽의 한 사람이 이렇게 말했다. "우리가 계속해서 지나치게 보수적인 태도를 취한다면 우리는 앞으로 일자리를 잃을 수도 있다고 생각합니다. 진보란 위험을 무릅쓰고 모험을 하는 것이고, 과감하게 낡은 방법을 넘을 수 있다는 용기를 보여 주는 것을 의미합니다." 그러자 반대편 사람이 이렇게 응수했다. "하지만 새로운 게 나타날 때마다 충동적으로 따라가는 것이 우리에게 가장 큰 이익이 되는 것은 아니라고 생각합니다." 그들은 몇 달 동안 이렇게 똑같은 분석을 자기들이 계속해오고 있다는 것, 그리고 스스로 긴장을 고조시키는 것 말고는 아무 이득이 없었다는 것을 인정했다.

우리가 원하는 것을 정확하고 분명하게 표현하는 방법을 모르고 다른 사람들에게 비판적으로 들리는 분석밖에 할 수 없다면 전쟁은 멀지 않다. 그 전쟁이 언어적이든, 심리적이든, 물리적이든.

지적 분석은 종종 비판으로 받아들여진다.

다른 사람이 뭐라고 말하든 그들의 욕구 감지하기

NVC로 갈등을 해결하려 할 때에는 사람들이 어떤 표현을 쓰든 상관없이 그들이 표현하려고 하는 욕구를 듣는 훈련을 우리 스스로 할 필요가 있다. 다른 사람들에게 진정한 도움이 되기를 원한다면 우리가 가장 먼저 배워야 할 것은 어떤 메시지라도 그것을 욕구 표현으로 번역하는 것이다. 그 메시지들은 침묵이나 부정, 판단하는 말, 어떤 몸짓—아니면, 바라는 바이긴 하지만, 요청의 형태를 띠고 있을 수 있다. 처음에는 비록 추측에 의존해야 할지라도 우리는 모든 메시지에 들어 있는 욕구를 듣는 기술을 연마한다.

예를 들자면, 대화 도중에 상대방이 방금 말한 것에 대해 내가 질문을 했는데 "바보 같은 질문이에요."라는 말을 듣는다면, 나는 나를 판단하는 그 말에서 그 사람의 욕구를 찾아 듣는다. 나는

> 사람들의 표현과 관계없이 욕구를 듣는 법을 배우라.

'도대체 욕구가 뭘까?' 하고 추측하게 된다—어쩌면 내가 한 질문이 이해받고자 하는 그의 욕구를 충족시키지 못했을지 모른다.

아니면, 내 배우자에게 우리 관계에서 느껴지는 긴장에 대해 이야기하고 싶다고 말했는데 "그 이야기는 하고 싶지 않아."라고 대답한다면, 그 사람의 욕구는 자기 보호라는 것을 감지할 수 있다. 우리 관계에 대해 이야기를 나누게 되면 자기가 상상하는 일이 실제로 일어날지 모르는데, 그렇게 되지 않도록 자신을 보호하고 싶은 것이다.

이것이 우리가 할 일이다. 분명하게 표현하지 않은 말 속에 들어 있는 욕구를 알아차리는 방법을 배우는 것이다. 훈련이 필요하고, 언제

나 추측하기가 포함된다. 일단 상대가 원하는 것을 감지하고 나면 그들에게 물어봐서 확인하고 나서 그들이 자신의 욕구를 자기 말로 표현하는 것을 돕는다. 우리가 그들의 욕구를 진정으로 들을 수 있을 때 새로운 차원의 연결이 형성되고, 그 연결이 갈등을 성공적인 해결로 이끌어 가는 결정적인 부분이다.

결혼한 부부를 위한 워크숍을 할 때 나는 가장 오랫동안 해결되지 않은 갈등을 겪고 있는 부부를 찾을 때가 가끔 있다. 일단 양쪽이 각각 상대편의 욕구를 이해하고 말할 수 있게 되면 갈등이 해결되기까지 20분 이상 걸리지 않는다는 내 예언을 증명하기 위해서다. 39년 동안 돈에 관한 갈등으로 고통스러워하는 부부가 있었다. 결혼 초에, 부인이 은행계좌에서 과하게 인출한 적이 두 번 있었는데, 그 결과로 남편이 돈 문제를 관리하기 시작했고 부인이 더 이상 수표를 쓰지 못하게 했다. 그 후로 두 사람은 그 일로 자주 다투었다.

부인은 비록 자기들이 좋은 결혼 생활을 유지하고 있고 또 소통도 잘할 수 있기는 하지만, 오래된 자신들의 이 갈등이 그렇게 빨리 해결될 수는 없다고 말하면서 내 예언에 도전했다.

나는 그녀가 이 갈등에서 남편의 욕구가 무엇이라고 알고 있는지 내게 말하는 것으로 시작해 보자고 제안했다.

그녀가 대답했다. "저 사람은 내가 돈을 한 푼도 쓰지 않기를 바라는 게 분명해요."

그 말에 남편이 외쳤다. "말도 안 되는 소리!"

남편이 바라는 것은 자기가 돈을 쓰지 않는 것이라고 말할 때 그녀는 내가 수단/방법이라고 부르는 것을 말하고 있었다. 비록 남편의 수단/방법은 정확하게 추측했을지라도, 남편의 욕구는 전혀 알지 못했다. 다시 이 부분이 기본적인 차이다. 나의 정의에 의하면, 욕구는 돈을 쓰거나 쓰지 않는 것 같은 특정한 행동을 말하는 게 아니다. 나는 부인에게 모든 사람은 같은 욕구를 공유하고 있으니 만약 당신이 남편의 욕구를 이해할 수만 있다면 문제가 해결될 거라고 말해 주었다. 남편의 욕구를 다시 말해 보라고 격려하자 그녀는 시아버지가 얼마나 돈을 쓰는 것을 싫어했는지를 설명하면서 이렇게 말했다. "저 사람은 자기 아버지랑 똑같아요." 이제 그녀는 분석을 하고 있었다.

나는 다시 물어보았다. "그의 욕구가 무엇이었을까요?"

39년 동안 '소통을 잘하고 있었음'에도 불구하고, 그녀는 여전히 남편의 욕구가 무엇인지 모른다는 것이 분명해졌다.

그래서 나는 남편에게 물었다. "부인께서 당신 욕구가 무엇인지 감이 잡히지 않으시는 것 같은데, 부인에게 말씀을 해 주시지요. 부인이 수표책을 쓰지 못하게 하는 것으로 충족되는 욕구는 무엇인가요?"

남편은 이렇게 대답했다. "마셜, 저 사람은 멋진 아내고 훌륭한 엄마예요. 하지만 돈 문제에 관한 한 완전히 무책임합니다." 남편의 진단(아내는 무책임하다)은 갈등을 평화로운 방법으로 해결하는 데 방해가 되는 언어 표현이다. 어느 쪽이든 자기들이 비판, 진단, 분석된다고 들으면, 그 상황에서 에너지는 해결 쪽으로 나아가기보다는 자기 방어와 맞비난으로 나아갈 가능성이 크다.

비판과 진단은 평화로운 갈등 해결에 방해가 된다.

나는 자기 아내가 무책임하다고 말하는 그의 말 뒤에 있는 느낌과 욕구를 들으려고 노력했다. "당신은 가족을 경제적으로 보호하고 싶은 욕구가 있기 때문에 겁이 나시나요?" 그는 정말로 그것이 사실이라고 했다. 이 경우에는 나의 추측이 옳았다고 인정하지만, 처음부터 정확하게 맞힐 필요는 없다. 설사 내 추측이 틀렸다 해도 나는 여전히 그의 욕구에 초점을 맞추고 있었을 테고, 그것이 핵심이다. 실제로, 다른 사람의 말을 잘못 반영해 주더라도, 그들이 자신의 진정한 욕구를 찾는 데 도움이 될 수 있다. 그들이 분석에서 벗어나 삶에 더 많이 연결되게 해 주기 때문이다.

욕구가 이해되었는가?

남편은 드디어 가족을 안전하게 지키는 것이 자신의 욕구라는 점을 인정했다. 다음 단계는 아내가 그 욕구를 분명히 들었는지 확인하는 것이다. 이것이 갈등 해결에서 결정적인 단계다. 한편이 어떤 욕구를 분명하게 표현했다 해서 상대편이 그것을 당연히 정확하게 들으리라고 가정하면 안 된다. 나는 부인에게 물었다. "이 상황에서 남편의 욕구가 무엇이라고 들으셨는지 말씀해 주시겠습니까?"

"음, 그냥 제가 예금을 두세 번 많이 인출했기 때문인데, 그렇다고 제가 계속 그렇게 하겠다는 건 아니에요."

아내의 이런 반응은 유별난 게 아니다. 우리에게 오래 묵은 고통이 있을 때에는, 다른 사람들에게는 분명하게 들리는 것도 우리는 그 고통 때문에 분명히 들을 수 없게 된다. 계속하기 위해 나는 부인에게 말했다. "남편의 말씀을 제가 들은 대로 전해 드리고 싶은데, 제 말을 듣고 들으신 대로 다시 말해 주셨으면 합니다. 제가 들은 남편 말씀은, 그분에게는 가족을 보호하고 싶은 욕구가 있고 확실히 가족이 안전하리라고 믿고 싶기 때문에 겁이 난다는 것이었습니다."

공감으로 듣지 못하게 방해하는 고통 덜어 주기

그러나 부인은 여전히 너무 고통이 심해서 내 말을 들을 수가 없었다. 이 대목에서, 갈등 해결에 NVC 프로세스를 효과적으로 적용하려면 한 가지가 더 필요하다는 점을 언급해 두어야겠다. 사람이 격해졌을 때에는 다른 사람의 말이 들리지 않기 때문에 우선 응급 공감을 해 줄 필요가 있다는 것이다. 예를 들어, 그 상황에서 나는 방향을 바꾸었다. 남편의 말을 부인에게 다시 말하게 하기보다는 그녀의 고통, 즉 남편이 하는 말을 듣지 못하게 하는 고통을 이해하려고 노력했다. 특히 역사가 긴 고통이 있다면, 자기의 고통을 다른 사람이 알아주고 이해한다고 느껴서 안심할 때까지 충분히 공감을 해 주는 것이 중요하다.

내가 "당신은 정말 감정이 상해 있다는 것, 그리고 과거의 경험에서 배울 수 있다고 당신을 믿어 주기를 원한다는 것이 느껴지네요."라고 부인에게 공감을 하자, 그녀가 그런 이해를 얼마나 원하고 있었는지 그녀의 눈에 나타난 표정

사람들은 흔히 공감을 먼저 받고 나면 다른 사람이 하는 말을 들을 수 있게 된다.

으로 알 수 있었다. "네, 바로 그거예요."라고 그녀가 대답했다. 그러나 남편이 한 말을 반복해서 다시 들려 달라고 부탁했을 때에는 "저 사람은 내가 돈을 너무 많이 쓴다고 생각해요."라고 대답했다.

우리 자신의 욕구를 표현하는 방법을 훈련받지 못한 것과 마찬가지로, 우리 대부분은 다른 사람의 욕구를 듣는 방법도 훈련받지 못했다. 이 부인이 들을 수 있었던 것은 자기 남편에게서 오는 비판이나 진단이 전부였다. 나는 그녀에게 단순히 남편의 욕구만 그냥 들어보라고 했다. 내가 남편의 욕구(가족의 안전)를 두세 번 반복해서 들려주고 나서야 그녀는 마침내 그것을 들을 수 있게 되었다. 내가 예언했던 것처럼, 일단 그들이 수표책과 관련된 서로의 욕구를 이해하고 나자(39년 만에 처음으로), 그들의 욕구 둘 다를 충족하기 위한 실제적인 방법을 찾는 데 20분도 채 안 걸렸다.

수년에 걸쳐 갈등 중재를 더 많이 경험할수록, 그래서 무엇이 가족을 다투게 하고 국가들이 전쟁을 하게 만드는지 더 많이 볼수록, 나는 대부분의 초등학생들은 이런 갈등을 해결할 수 있다는 확신을 더 많이 갖게 된다. 우리가 그저 "여기 양쪽의 욕구가 있어요. 여기 이런 자원이 있어요. 이런 욕구들을 충족하기 위해서 무엇을 할 수 있을까요?"라고 말할 수 있다면, 갈등은 쉽게 해결될 것이다. 그러나 그러기보다는, 우리의 생각은 서로 꼬리표를 달고 판단하면서 비인간화하는 것에 초점을 두어서 결국에는 가장 간단한 갈등조차도 해결하기가 매우 어렵게 만든다. NVC는 우리가 그런 함정을 피할 수 있게 해 주고, 그래서 만족할 만한 해결 방법에 이를 수 있는 기회를 늘려 준다.

갈등을 해결하기 위해 현재형의 그리고
긍정적인 행동언어 사용하기

앞의 제6장에서 현재형이고 긍정적인 행동언어에 관해 말하기는 했지만, 갈등을 해결하는 데에서 그것의 중요성을 보여 주기 위해 몇 가지 사례를 들어 보겠다. 일단 양쪽 편 모두 서로 상대의 욕구와 연결하고 나면, 그다음 단계는 그런 욕구들을 충족할 수 있는 방법에 도달하는 것이다. 이때 해결 방법으로 너무 빨리 가는 것을 피하는 게 중요하다. 왜냐하면 성급하게 해결책을 찾으려다 보면 깊은 차원의 진정 어린 해결 방법이 아닌 타협으로 끝날 수 있기 때문이다. 해결 방법을 말하기 전에 서로의 욕구를 충분히 이해했을 때, 갈등 당사자들은 서로에게 약속한 합의를 지킬 확률이 훨씬 더 높아진다. 갈등에서 해결 방법으로 나아가는 길은 바로 명확한, 현재형의, 긍정적인 행동언어로 된 방법을 제시하는 것이다.

현재형 언어로 말하는 것은 지금 이 순간에 필요하다고 여겨지는 것을 표현하는 것이다. 예를 들자면, 한쪽 당사자가 "당신이 기꺼이 …할 의향이 있는지 나한테 말해 주면 좋겠어요."라고 상대방이 해 주었으면 하는 행동을 말하는 것이다. "…할 의향 있으세요?"로 끝나는 현재형 언어로 부탁을 하면 존중하는 마음으로 이야기 나누는 데 도움이 된다. 상대편이 그럴 마음이 없다고 대답한다면, 무엇이 그들이 기꺼이 하는 것을 막는지를 이해하는, 다음 단계로 나아간다.

한편, 현재형 언어가 들어가지 않은 다음과 같은 부탁, "토요일 밤에 나랑 같이 쇼를 보러 갔으면 좋겠어."는 말하는 사람이 듣는 사람에게 그 순간에 무엇을 원하고 있는지를 전해 주지 않는다. 현재형 언어를 써서 "이번 토요일 밤에 나랑 쇼를 보러 갈 의향이 있는지 말해 줄래?"라고 부탁하면 대화가 명료해지고 연결이 지속되는 데 도움이 된다. 한 걸음 더 나아가서, "토요일 밤에 나랑 쇼를 보러 가는 것에 대해서 네가 어떻게 느끼는지 말해 줄래?"라고 물어 봄으로써 그 순간 상대에게 우리가 원하는 바를 더 명확하게 할 수 있다. 바로 지금 상대방에게 우리가 무엇을 원하는지 더 분명하게 할수록, 갈등에서 해결 방법으로 더 효과적으로 나아갈 수 있다.

행동동사 사용하기

제6장에서, NVC로 부탁할 때 행동언어의 역할에 대해 이야기했다. 갈등 상황에서는 특히 우리가 원하지 않는 것보다는 원하는 것에 초점을 맞추는 것이 중요하다. 원하지 않는 것에 대해 이야기하면 갈등 당사자들 사이에 혼란과 저항을 일으키기가 쉽다.

행동언어는 행동동사를 사용할 필요가 있으며, 모호한 말, 쉽사리 공격으로 들릴수 있는 말은 피해야 한다. 한 여성의 사례를 들어 이 점을 설명해 보겠다. 그 여성은 배우자와의 관계에서 이

> 행동언어는 행동동사를 사용할 필요가 있다.

해를 받지 못하고 있다고 말했다. 그녀의 배우자가 이해를 바라는 그녀의 욕구를 정확하게 듣고 그대로 다시 들려주고 난 다음, 나는 여성에게 물었다. "좋습니다. 해결 방법을 찾아봅시다. 이해받기를 바

라는 당신 욕구를 충족하기 위해 파트너에게 무엇을 원하시나요?"
그녀는 상대방을 향해서 말했다. "내가 당신에게 말할 땐 귀 기울여
들어 주었으면 좋겠어요." 상대방은 "당신이 말할 때 난 귀 기울여 들
어요!" 하고 받아넘겼다. 자기가 말하고 있을 때 우리가 잘 들어 주었
으면 좋겠다고 누군가가 말한다면, 우리는 그 말을 비난으로 듣고는
불쾌하게 느낄 것이다. 이것은 이상한 일이 아니다.

그들은 남자는 "난 잘 들어."라는 말을 되풀이하고 여자는 "아니,
당신은 안 들어."라고 대응하면서 주고받았다. 그들이 말하길, 자기
들은 12년 동안 이런 '대화'를 해 왔다는 것이다. 이것은 갈등 당사자
들이 해결 방법과 관련해 '잘 들어' 같은 모호한 말을 사용할 때 나
타나는 전형적인 상황이다. 나는 그런 말 대신에 우리가 보거나 들
을 수 있는 행동—비디오카메라로 기록할 수 있는 것을 표현하기 위
해 행동동사를 사용하자고 제안한다. '잘 듣는 것'은 우리 머릿속에
서 일어나는 일이다. 다른 사람은 그것이 일어나고 있는지 어떤지 볼
수가 없다. 누군가가 잘 듣고 있는지를 결정할 수 있는 한 가지 방법
은 그 사람이 들은 것을 들은 대로 다시 말해 보게 하는 것이다. 다
시 말해, 상대에게 우리가 보거나 들을 수 있는 행동을 해 달라고 부
탁하는 것이다. 만약 상대편이 방금 들은 것을 우리에게 말할 수 있
다면, 우리는 그 사람이 정말로 우리 말을 귀 기울여 듣고 있었다는
것을 알게 된다.

또 다른 남편과 아내 사이의 갈등 사례에서는, 아내가 남편이 자기
의 선택을 존중하는지 알고 싶어 했다. 일단 그녀가 자기의 욕구를
성공적으로 표현하고 나면, 그녀의 다음 단계는 그 욕구를 충족하기

위한 명확한 방법을 찾은 후 그것을 남편에게 부탁하는 것이다. 그녀가 남편에게 말했다. "나는 당신이 내가 성장하고 나 자신이 될 자유를 나한테 주었으면 좋겠어요." "그러고 있잖아요."라고 남편이 대답했는데, 여느 부부처럼 그 말 뒤에 "난 그렇게 하고 있어."와 "아냐, 당신은 그렇게 하지 않아."라는 무익한 핑퐁 게임이 이어졌다.

"나한테 성장할 자유를 줘." 같은 비행동언어는 종종 갈등을 더 악화시킨다. 이 사례에서, 남편은 자신이 아내를 억제하고 있다는 판단으로 들었다. 나는 부인에게, 그녀가 원하는 것이 남편한테는 분명하게 전달되지 않는다는 점을 지적하며 제안을 했다. "당신의 선택이 존중되는 욕구를 충족하기 위해 남편이 무엇을 해 주기를 바라는지, 정확하게 남편에게 말해 보세요."

"내가 바라는 건 당신이 나에게 …하게 허락을 해 주는 거예요."라고 그녀가 말을 꺼냈다. 나는 끼어들며 '허락'이라는 말은 너무 모호하다고 했다. "누군가가 당신에게 '…하게 허락을 해 주기를' 바란다고 말할 때 당신이 정말로 의미하는 건 무엇인가요?"

잠시 곰곰이 생각해 보더니, 그녀는 자기가 정말로 말하고 싶은 것은 자기가 뭘 하든 남편이 괜찮다고 말해 주는 것임을 인정했다.

자기가 실제로 남편에게 요청하고 있는 것-남편이 그녀에게 어떤 말을 해 주는 것-이 무엇인지 분명해지자, 아내는 자기 부탁대로 남편이 행동할 때 남편에게는 자기 자신으로 존재하면서 스스로 선택할 수 있는 자유를 존중받을 여지가 별로 없게 된다는 것을 알아차렸다. 서로에 대한 존중을 유지

존중을 유지하는 것이 갈등을 성공적으로 해결하는 데 중요한 요소다.

하는 것이 갈등을 성공적으로 해결하는 데 핵심적인 요소이다.

"아니요" 번역하기

우리가 부탁을 했을 때 상대가 우리의 부탁에 동의하든 안 하든 그들의 반응을 존중하는 것이 매우 중요하다. 내가 목격한 많은 중재에는 사람들이 기진맥진해서 어떤 타협이라도 받아들이게 될 때까지 기다린다는 요소가 포함되어 있다. 이것은 모든 사람의 욕구가 충족되어 아무도 졌다는 느낌이 없는 해결 방법과는 매우 다르다.

제8장에서 우리는 "아니요"를 거절로 듣지 않는 것의 중요성을 알았다. "아니요" 뒤에 있는 메시지를 주의 깊게 잘 들으면 상대의 욕구를 이해할 수 있다. 그들이 "아니요" 할 때, 그들은 우리가 부탁하는 것에 "예!" 하지 못하게 하는 어떤 욕구가 있다고 말하고 있는 것이다. "아니요" 뒤에 있는 욕구를 들을 수 있을 때에는, 상대가 우리가 제시하는 특정한 방법에 "아니요" 한다 해도, 우리는 갈등 해결 과정에, 즉 모두의 욕구를 충족하기 위한 방법을 찾는 데에 계속해서 우리의 초점을 둘 수 있다.

NVC와 중재자의 역할

지금까지는 우리 자신과 다른 사람 사이의 갈등을 해결할 때 NVC

를 어떻게 적용할 수 있는가에 초점을 두었다. 하지만 우리가 중재자의 역할을 맡아서 다른 두 당사자들이 해결 방법에 도달하도록 돕는 데 NVC 도구를 사용하고자 한다면, 명심해야 할 점이 몇 가지 있다.

여러분의 역할, 그리고 과정에 대한 신뢰

중재자로 갈등 과정에 들어갈 때 다투고 있는 사람들에게 우리는 어느 편을 들려고 거기에 있는 게 아니라 그들이 서로 상대방의 말을 듣도록 지원하고 모두의 욕구를 충족할 수 있는 방법을 찾도록 안내하기 위해 거기에 있다는 확신을 주는 것이 좋은 출발점이다. 상황에 따라서는, 당사자들이 NVC 모델을 따르면 결국에는 양쪽의 욕구가 모두 충족될 것이라는 우리의 확신을 전달할 수도 있다.

기억하기: 그것은 우리에 관한 것이 아니다

이 장 첫 부분에서, 우리가 상대에게 바라는 행동을 그들이 하게 만드는 것이 비폭력대화의 목적이 아니라는 점을 강조했다. 이것은 다른 사람의 갈등을 중재하는 데에도 적용된다. 우리 자신이 원하는 해결 방법이 있다 해도—가족이나 친구 또는 동료 사이의 갈등이라면 특히 더—우리는 우리 자신이 원하는 것을 이루기 위해 중재를 하고 있는 것이 아니라는 점을 기억할 필요가 있다. 중재자의 역할은 갈등 당사자들이 서로 상대의 욕구를 이해하고 연결되어서, 그 욕구들을 충족할 방법에 도달할 수 있는 환경을 만드는 것이다.

> 우리가 당사자들에게 바라는 행동을 그들이 하게 만드는 것이 목적이 아니다.

응급처치 공감

중재자로서, 나의 의도는 두 당사자 모두 온전히 그리고 정확하게 이해받도록 하는 것이다. 그런데도 내가 한쪽 편에 공감을 표현하는 순간, 상대편에서 즉시 편애한다며 나를 비난하는 일이 자주 있다. 이때가 바로 응급처치 공감이 필요한 순간이다. 그 말은 아마 이렇게 들릴 것이다. "짜증이 많이 나세요? 내 편을 들어줄 것 같은 확신이 필요하신거죠?"

일단 공감을 하고 나서, 중재자는 모든 사람이 자기 말을 할 기회가 있고, 다음 차례는 그들이라는 것을 일러 준다. 중재의 흐름을 제 궤도 위에 유지하기 위해서는 응급 공감을 자주 할 필요가 있다.

트래킹(tracking): 튀는 공 따라가기

우리가 중재를 할 때에는 무슨 이야기가 나왔는지, 양쪽 다 자기의 욕구를 표현할 기회가 있었는지, 서로 잘 듣고 부탁을 하고 있는지에 깊은 주의를 기울이면서 진행 상황을 잘 기억하는 게 중요하다. 우리는 또 '튀는 공을 따라갈' 필요가 있다. 즉, 응급 공감을 하기 전에 한쪽이 어디에서 그만두었는지 기억했다가 상대편의 말을 다 들려준 다음 원래 사람으로 다시 돌아갈 수 있도록 할 필요가 있다.

특히 감정적으로 흥분해 있을 때에는 그러기가 힘들 수 있다. 그런 상황에서는 플립차트나 화이트보드에 방금 마지막으로 말한 사람의 발언 요지를 쓰는 것이 도움이 된다.

이렇게 시각적인 형태로 트래킹을 하면, 앞으로 자신의 욕구도 의논될 거라고 양쪽 당사자를 모두 안심시키는 데에도 도움이 될 수 있다. 왜냐하면 우리가 한쪽 욕구를 충분히 다 알아내기도 전에 상대가 불쑥 끼어들어 자기 욕구를 표현하는 일이 너무 자주 있기 때문이다. 천천히 시간을 가지고 모든 사람이 볼 수 있도록 욕구들을 기록하면, 듣는 사람은 자신의 욕구도 중요하게 다루어질 거라고 믿을 수 있어서 편안해질 것이다. 그러면, 모두가 바로 그 순간에 발언하는 사람의 말에 더 쉽게 온전히 주의를 기울일 수 있을 것이다.

지금에 머물러 대화하기

중재할 때 중요한 또 한 가지는 그 순간에 대한 의식이다. 바로 지금 누가 무엇을 필요로 하는지, 그들이 지금 하고 있는 부탁은 무엇인지 등에 대한 알아차림이다. 늘 이렇게 알아차리려면 그 순간에 현존하는 연습을 많이 해야 하는데, 이것은 우리 대부분이 배운 적이 없다.

중재를 하는 동안, 우리는 아마도 과거에 어떤 일이 일어났는지 그리고 사람들이 미래에는 무엇이 달라지기를 바라는지에 관해 이야기하는 것을 많이 듣게 될 것이다. 하지만, 갈등은 오직 바로 지금에서만 해결될 수 있으며, 따라서 우리의 초점을 '지금'에 둘 필요가 있다.

계속 진행하기

중재자의 또 다른 임무는 대화가 수렁에 빠지지 않게 하는 것이다. 그런 일은 매우 쉽게 일어날 수 있다. 왜냐하면 사람들은 같은 이야기를 한 번 더 하면 마침내 다른 사람들이 자기를 이해하고, 그러면 상대방이 자기가 원하는 행동을 하게 되리라고 생각하기 때문이다.

중재 프로세스를 계속 움직이게 하려면 중재자는 효과적인 질문을 할 필요가 있고, 속도를 유지하거나 더 낼 필요도 있다. 한번은 어느 작은 도시에서 워크숍을 진행하기로 일정이 잡혀 있었는데, 그 행사를 조직한 사람이 재산 분배와 관련된 자기 가족의 분쟁을 도와줄 수 있겠느냐고 요청을 해 왔다. 나는 중재하기로 동의했는데, 워크숍까지 세 시간밖에 없다는 사실은 알고 있었다.

대농장을 가지고 있던 아버지가 은퇴를 하면서 두 아들이 재산 분배를 놓고 다투는 것이 문제의 핵심이었다. 두 사람은 농장의 같은 쪽에 이웃해 살고 있었지만 지난 8년 동안 서로 말을 하지 않고 지냈다. 나는 그 형제와 그들의 부인, 그들의 누이들을 만났다. 그들 모두가 복잡한 이 법률적인 문제로 8년간 고통을 겪고 있었다.

일정에 맞추어 중재를 하기 위해 나는 중재 프로세스의 속도를 높였다. 그들이 같은 이야기를 하고 또 하면서 시간을 허비하는 것을 막기 위해, 나는 형제 중 한 명에게 그의 역할을 해 봐도 되겠냐고 물었다. 그런 다음 역할을 바꿔서 다른 형제의 역할도 하겠다고 했다.

중재 프로세스의 속도를 높이기 위해 역할 연기(role play)를 이용할 수 있다.

역할 연기(role play)를 하면서 나는, 내가 역할을 제대로 하고 있는지 알고 싶어서 그러는데 내 '감독'한테 확인해 봐도 되겠냐고 농담을 했다. 내가 맡은 역할의 실제 주인공을 넘겨보다가, 나는 예기치 못한 무엇인가를 보았다. 그의 눈에 눈물이 고여 있었던 것이다. 내가 짐작하기로는, 내가 한 자기 역할에서 자기 자신에 대한 깊은 공감을 받았고, 그와 동시에 그때까지 보지 못했던 동생의 고통에 대해서도 공감을 할 수 있었던 것 같다. 다음 날 아버지가 역시 젖은 눈으로 내게 와서 그 전날 밤 8년 만에 처음으로 온 가족이 함께 밖에서 저녁을 먹었다고 말했다. 양쪽의 변호사들이 합의를 이루지 못한 채 몇 년을 끈 갈등이 역할 연기를 통해 두 형제가 일단 서로의 고통을 이해하고 욕구가 분명해지자 쉽게 해결되었다. 내가 만약 그 두 사람이 자기 사연을 다 이야기할 때까지 기다렸다면, 해결 방법을 찾는 데 더 오랜 시간이 걸렸을 것이다.

　이런 방법으로 중재를 할 때, 나는 내가 대역을 맡은 당사자를 '나의 감독'이라고 부르면서 내가 그의 역할을 제대로 하고 있는지 그 사람에게 물어본다. 그럴 때마다 그 사람들이 울면서 "그게 바로 여태까지 내가 말하려고 했던 거예요."라고 말할 때가 하도 많아서, 한동안 나는 내가 연극에 재능이 있는 줄 알았다. 그러다가 역할 연기를 다른 사람들에게 가르치기 시작하면서, 우리가 자신의 욕구와 연결되어 있는 한 누구나 다 역할 연기를 할 수 있다는 것을 알게 되었다. 왜냐하면 무슨 일이 일어나고 있든 우리 모두는 다 같은 욕구를 공유하고 있기 때문이다. 욕구는 보편적인 것으로, 누구나 다 가지고 있다. 나는 이따금 성폭행이나 고문을 당한 사람들과 함께 가해자 없이 작업을 하는데, 그때에는 내가 가해자 역할을 맡는다. 역할극에서 희생자들은, 가해자에게 들었던 말과 똑같은 말을 역할 연기를 하는 나한테 듣고는 놀라면서, "그런데 당신이 그걸 어떻게 알았죠?"라고 물으며 나를 압박할 때가 있다. 그 질문에 대한 답은 '내가 그 사람이니까.'라고 나는 믿는다. 그리고 우리 모두가 그 사람이다. 느낌과 욕구를 이해하고 적용할 때, 우리는 문제를 생각하는 게 아니라, 단지 상대편 입장에서 그 사람이 되어 보려고 노력할 따름이다. 우리가 항상 제대로 하는 것은 아니기 때문에 '감독'과 가끔 확인을 해야 하기는 하지만, '좋은 연기'는 생각에서 나오는 것이 아니다. 아무도 항상 잘하지는 못하지만, 그래도 괜찮다. 우리가 좀 빗나가면, 우리 대역의 실제 주인공이 어떻게든 알려 줄 것이다. 그러면 우리는 더 나은 추측을 할 수 있는 기회를 갖게 된다.

> 역할 연기는 우리 스스로 상대방 입장에 서 보는 것일 따름이다.

'잠깐만요'로 끼어들기

중재에서는 이따금 한 사람 말이 끝나기도 전에 다른 사람이 고함을 지르며 뛰어들어 감정이 격앙되기도 한다. 그런 상황에서 프로세스를 놓치지 않고 따라가려면, 다른 사람들이 말하는 중간에 편하게 끼어들 수 있어야 한다. 양쪽이 동시에 말을 하거나 소리를 지를 때면 나는 끼어든다. "잠깐만요, 잠깐만요, 잠깐만요!" 나는 이 말을 그들이 다시 나에게 주의를 돌릴 때까지 필요한 만큼 자주 그리고 큰 소리로 반복한다.

그들이 우리에게 주의를 기울이게 하려면 진행을 민첩하게 해야 한다. 우리가 끼어드는 것에 누군가가 화를 낸다면, 그것은 그 사람이 너무 고통스러워서 지금 우리의 말을 들을 수가 없다는 것을 뜻한다. 이때가 바로 응급 공감을 할 때다. 어느 비즈니스 미팅에서 있었던 사례로 응급 공감의 예를 보여 드리겠다.

말하는 사람 항상 이런 식이에요! 벌써 세 번이나 미팅을 하자고 해놓고 그때마다 저 사람들은 그럴듯한 이유를 들면서 못 하겠다고 하네요. 지난번에는 심지어 계약서에 서명까지 했다고요! 이제 또 한 번 약속했는데 그것도 똑같을 거예요. 또 하나의 그냥 약속이죠! 이런 사람들과 함께 일하는 건 별 소용이 없다고요, 이건 ······

중재자 잠깐만요, 잠깐만요, 잠깐만요! 방금 전에 말씀하신 분이 말한 것을 그대로 다시 제게 들려주시겠습니까?

말하는 사람 (상대가 한 말을 자신이 듣지 않고 있었다는 것을 의식하면서) 아니요!

중재자 선생님은 지금 전혀 신뢰를 할 수 없다고 느끼시고, 그래서 사람들이 말한 대로 행동하리라는 믿음이 좀 필요하다는 말씀이신가요?

말하는 사람 음, 물론이죠, 하지만 ······

중재자 저분들이 하는 말에서 선생님이 무엇을 들으셨는지 제게 말씀해 주실 수 있나요? 제가 그 말을 반복해 드리지요. 제가 들은 것은, 저분들에게는 진정성이 정말로 중요하다는 말이었습니다. 우리 모두가 서로를 이해하고 있다는 점을 확실히 하기 위해서, 제가 지금 드린 말씀을 그냥 반복해서 제게 말씀해 주시겠습니까?

말하는 사람 (침묵)

중재자 그럼 제가 다시 말해 볼게요.

그러고 나서 중재자들은 다시 말한다.

우리는 한쪽이 한 말을 다른 쪽이 이해하도록 통역을 한다. 그래서 우리의 역할을 통역자로 볼 수도 있다. 나는 사람들에게 갈등 해결을 위해 중재 중에 내가 끼어드는 것을 양해해 달라고 미리 요청한다. 내가 끼어들기를 실제로 할 때에는, 내가 정확하게 통역하고 있다고 말한 사람이 느끼는지도 확인한다. 나는 많은 메시지들을 통역하지만 그것은 그래도 추측일 뿐이고, 내 통역이 정확한지를 판단할 최종 권위자는 말한 사람 자신일 뿐이다.

끼어들기의 목적은 프로세스를 원 상태로 돌리는 것이다.

이런 식으로 끼어들어 사람들의 주의를 다시 끄는 목적은 관찰, 느낌, 욕구, 분명하고 구체적이며 긍정적인 행동언어로 부탁하는 프로세스를 회복하는 데 있다.

마주 대하기를 거절할 때

사람들이 한데 모여 그들의 욕구와 부탁을 표현할 수 있게 될 때 일어날 수 있는 일에 대해 나는 낙관적이다. 하지만 막상 내가 마주치는 가장 큰 문제는 양쪽을 서로 연결하는 것이다. 때로는 한쪽이 자신의 욕구를 분명하게 아는 데 시간이 걸리기 때문에, 중재자는 양쪽이 자신의 욕구를 표현하고 이어서 서로 상대방의 욕구를 듣게 해 줄 적절한 방법을 찾아야 한다. 분쟁 중인 사람들로부터 자주 이런 말을 듣는다. "싫어요, 이야기할 필요가 없어요. 그 사람들은 듣지를 않아요. 이야기해 보려고 해 봤지만 소용이 없었어요."

나는 다투고 있는 사람들이 한곳에서 만나기를 싫어하는 문제를 해결할 방법을 모색했다. 한때 기대할 만한 결과를 보여 주었던 것은 녹음기를 사용하는 것이었다. 나는 갈등 당사자들과 따로따로 작업을 하는데, 그때마다 내가 상대방 역할을 한다. 우리 삶에 고통이 너무 깊어 서로 만나려고 하지 않는 두 사람이 있다면, 고려해 볼 만한 방법이다.

한 예로, 한 여성이 남편과의 관계에서 심하게 고통받고 있었다. 특히 남편이 화가 났을 때 하는 행동을 두려워했다. 우선, 나는 그 여성이 자기의 욕구를 분명히 표현하고 누군가가 그 말을 이해와 존중으로 들어 주는 것을 경험할 수 있도록 공감으로 들었다. 그런 다음, 내가 남편의 욕구로 추측되는 것을 표현하면서 남편의 역할을 할 테니 들어 보라고 했다. 나는 남편의 반응이 궁금해서 녹음한 것을 남편에게도 들려주자고 부인에게 제안했다.

남편은 녹음된 것을 들으면서 큰 위안을 경험했다고 말했다. 자기를 이해해 주는 말을 듣자 신뢰가 깊어졌고, 그래서 남편은 두 사람이 서로 존중하는 방식으로 자신들의 욕구를 충족할 방법을 찾을 때까지 함께 노력하자는 데 동의했다.

갈등 해결 과정에서 가장 힘든 일이 당사자들을 한방에 모이게 하는 것일 때에는, 역할 연기를 녹음한 것을 활용하는 것이 답이 될 수도 있다.

비공식 중재: 남의 일에 참견하기

비공식 중재(informal mediation)는 중재해 달라는 요청을 받지 않은 상황에서 우리가 다른 사람 일에 끼어들어 중재를 하는 것이다.

어느 날 슈퍼에서 물건을 사고 있다가 한 여성이 어린 아이를 때리는 것을 보았다. 그녀가 아이를 다시 때리려는 순간에 내가 뛰어들었다. 그녀가 "마셜, 우리 사이에 중재 좀 해 주실래요?"라고 요청한 것은 아니었다. 다른 한 번은 파리에서 길을 걷고 있을 때였다. 한 여성이 내 옆에서 나란히 걷고 있었는데, 취기가 있어 보이는 남자가 뒤에서 나타나더니 그 여성을 돌려세우고는 뺨을 때렸다. 남자와 이야기할 시간이 없었으므로, 그 사람이 다시 그녀를 때리려고 할 때 나는 보호하기 위한 힘으로 그를 제지했다. 둘 사이에 끼어들어서 그들 일에 참견했던 것이다. 또 다른 사례는 어느 비즈니스 미팅에서 있었던 일인데, 나는 오래된 문제로 논쟁을 하면서 같은 말을 계속 주고받는 두 그룹을 지켜보다가 그들 일에 끼어들어 참견했다.

우리에게 걱정스러운 행동이 보일 때—제12장에서 얘기할 '보호를 위한 힘 쓰기'라는 상황일 때에 한해서—우리가 제일 먼저 할 일은 우리가 좋아하지 않는 방식으로 행동하는 사람의 욕구에 공감하는 것이다. 첫 번째 상황에서, 그 어린아이가 더 많은 폭행을 당하는 것을 보고 싶다면, 엄마에게 공감해 주는 대신 아이를 때리는 것은 나쁘다고 암시하는 말을 하면 된다. 우리의 그런 반응은 상황을 악화시킬 뿐이다.

우리가 끼어들어 참견하는 사람들에게 정말로 도움이 되려면, 욕

구를 폭넓게 표현할 수 있는 능력을 기르
고, 다른 사람의 뺨을 때리는 행동에서조
차도 그 욕구를 들을 수 있게 해 줄 연습

어떤 메시지에서도 욕구를 듣는 연습을 잘 할 필요가 있다.

을 잘 해 두어야 한다. 그리고 우리가 말로 공감을 했을 때 듣는 사람
이 우리가 진정으로 그들의 욕구를 이해하고 있다고 느끼게 할 만한
말하기 연습도 필요하다.

　누군가의 일에 참견하기로 선택했을 때 우리가 명심해야 할 점은,
그 사람이 자신의 욕구와 연결하는 것을 도와주는 것만으로는 충분
하지 않다는 것이다. 우리의 목표는 이 장에서 다루고 있는 다른 모
든 단계를 실행하는 것이다. 첫 번째 상황을 예로 들자면, 공감을 하
고 난 다음, 아이 엄마에게 우리는 안전이 중요하고 사람들을 돌보
고 싶은 욕구를 가지고 있다고 말하고 나서, 그녀가 아이와의 관계에
서 가지고 있는 욕구를 충족할 다른 방법을 찾아볼 마음이 있는지
말해 달라고 그녀에게 부탁해 볼 수 있다.

　하지만 우리가 그 사람의 욕구에 관심을 가지고 있고 그것을 이해
한다는 점을 그 사람이 분명히 알기 전에는, 그 사람의 행동에 대한
우리 자신의 욕구를 언급하지 않는 것이 중요하다. 안 그러면 그들이
우리의 욕구에 관심을 두지 않거나, 자기의 욕구와 우리의 욕구가 서
로 다를 바가 없다는 점을 알지 못하게 될 것이다.

　우리가 다른 사람의 일에 참견을 할 때 양쪽이 그들 자신의 욕구
뿐 아니라 상대의 욕구도 똑같이 잘 이해하고 있다는 점을 명확히
하지 않으면 성공하기 힘들다. 그러지 않으면 사람들은 자신의 욕구
만 충족하는 것을 중요하게 여기게 되는, 모든 것이 부족하다는 생

각에 휘말려들 가능성이 있다. 이러한 생각이 옳다-그르다라는 생각
과 섞이면, 우리 가운데 누구라도 호전적이고 폭력적으로 바뀔 수 있
다. 그래서 바로 눈앞에 보이는 해결 방법조차도 보지 못하고 갈등은
해결될 수 없을 것처럼 보이게 된다. 우리가 우리 자신의 욕구에 초점
을 두는 대신 상대에게 먼저 공감을 할 때에만 해결이 가능해진다.

요 약

NVC로 갈등을 해결하는 것은 전통적인 중재 방법과는 다르다. 쟁점이나 해법, 타협 수단에 중점을 두는 대신에, 첫 번째로 할 일은 양쪽 당사자의 욕구를 확인하는 데에 집중하는 것이고, 그런 다음에만 그 욕구들을 충족할 방법을 찾는다.

갈등 당사자들 사이에 인간적인 연결을 만드는 것으로 시작한다. 중재자는 다음 사항들을 확실히 한다. 양쪽이 자신의 욕구를 충분히 표현할 기회를 가지고, 상대의 욕구를 잘 듣고, 이어서 모두의 욕구가 충족될 수 있는 실행 가능한 행동부탁을 분명히 표현한다. 우리는 갈등을 판단하거나 분석하기보다는 욕구에 계속 초점을 맞춘다.

한쪽 당사자가 너무 고통스러워서 상대의 욕구를 들을 수 없을 때에는 그 사람이 자신의 고통을 이해받았다고 확실히 느낄 때까지 공감을 계속한다. 우리는 "아니요!"를 거절로 듣기보다는 그 사람으로 하여금 "예!"를 하지 못하게 하는 다른 욕구의 표현으로 듣는다. 모든 욕구를 서로가 다 잘 들은 다음에 천천히 긍정적인 행동언어를 사용해서 실행 가능한 부탁으로 해결 방법을 찾는 단계로 나아간다.

나 아닌 두 갈등 당사자들 사이에서 중재 역할을 할 때에도 같은 원리를 적용한다. 그와 더불어, 우리는 진행 과정을 잘 따라가고, 필요할 때에는 응급 공감을 하고, 대화를 현재에 집중하게 하고, 대화를 앞으로 나아가게 하고, 진행을 다시 본 궤도로 올리기 위해 필요할 때에는 끼어들기를 한다.

이런 도구와 이해를 가지고 연습함으로써, 우리는 다른 사람들의 오래된 갈등까지도 모두가 만족할 수 있는 해결을 보도록 도울 수 있다.

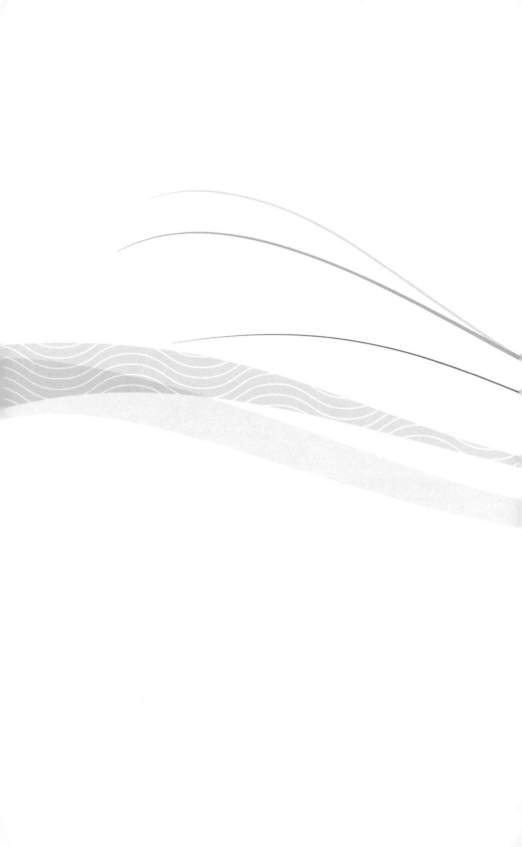

제12장

보호를 위한
힘 쓰기

발견을 향한 진정한 항해는
새로운 풍경을 찾는 것이 아니라
새로운 눈을 갖는 것이다.

마르셀 프루스트

힘을 사용해야 할 때

갈등을 겪고 있는 두 사람이 각자의 관찰과 느낌, 그리고 욕구와 부탁을 충분히 표현할 수 있고, 또 서로 공감하며 들어 줄 수 있는 시간을 가진다면, 대개는 모두의 욕구를 충족할 수 있는 해결 방법을 찾을 수 있다. 아니면, 적어도 서로 다른 견해를 가지고 있다는 데에 기꺼이 동의할 수 있을 것이다.

그러나 때로는 이런 대화를 나눌 기회가 없을 수도 있고, 생명이나 개인의 인권을 보호하기 위해 힘을 사용할 필요가 있을 수도 있다. 상대가 대화할 의사가 없든가, 위험이 임박하여 대화할 시간적 여유가 없는 경우 등이 그러한 예에 속한다. 이런 상황에서는 힘을 사용하기로 선택할 필요가 있다. 힘을 사용하기로 선택했을 때, NVC에서는 그것이 보호를 위한 것인지 처벌을 위한 것인지를 분명히 구별하는 것이 매우 중요하다.

힘을 사용할 때, 그 뒤에 있는 의도

보호를 위해 힘을 사용할 때, 그 의도는 사람이 다치거나 불법이 행해지는 것을 막는 것이다. 한편, 처벌을 위해 힘을 쓸 때, 그 의도는 우리가 나쁘다고 보는 행동을 하는 사람에게 고통을 주려는 것이다. 차도로 뛰어드는 어린이를 다치지 않도록 얼른 잡아챘을 때 우리는 보호를 위한 힘을 쓰고 있는 것이다. 그러나 처벌을 위한 힘의 사용은 신체적 공격이나 심리적 비난을 포함한다. 예를 들자면 그 아이를 때린다거나, "너 왜 이렇게 바보 같아! 이 한심한 것!"과 같은 말로 질책을 하는 것이다.

보호를 위해 힘을 쓸 때에는 사람이나 그의 행동에 대해 판단하지 않으면서 우리가 보호하려는 생명이나 인권에 초점을 둔다. 차도로 뛰어든 아이를 야단치거나 벌하는 대신 아이를 보호하겠다는 의도에만 초점을 두는 것이다.(사회·정치적 갈등에서 이런 힘을 사용하는 것에 대해서는 로버트 어윈Robert Irwin의 책 『비폭력적 사회방어Nonviolent Social Defense』 참조) 보호를 위해 힘을 사용할 때 그 뒤에 있는 생각은 사람들이 자신이나 다른 사람에게 해가 되는 행동을 하는 것은 일종의 무지 때문이라는 것이다. 그러므로 이를 고칠 수 있는 방법은 처벌이 아니라 교육이다. 무지의 형태는 다음과 같은 것들을 포함한다. (1) 우리 행동의 결과에 대한 인식 부족, (2) 남에게 해를 끼치지 않으면서 우리의 욕구를 충족할 수 있는 다른 방법이 있다는 사실을 모르는 것, (3) 다른 사람들이 벌을 받아야 '마땅하기' 때문에 우리에게 그들을 처벌하고 고통을 줄 '권리'가 있다는 신념, (4) 망상적인 생각(예를 들자면 "누군가를 죽이라는 '소리'를 들었다.").

한편, 처벌을 위해 힘을 사용할 때 그 배경에는 사람들이 범죄를 저지르는 것은 그들이 나쁘거나 악하기 때문이므로 그것을 바로잡으려면 그 사람들이 뉘우치도록 만들어야 한다는 생각이 있다. 따라서 처벌을 통해서 사람을 바로잡으려 할 때에는 다음과 같은 의도가 있다. (1) 자신의 행동이 잘못되었다는 것을 알 만큼 고통을 받으면, (2) 뉘우치게 되어, (3) 사람이 바뀌리라는 것이다. 하지만 실제로는 처벌을 위해 힘을 쓰는 것은 뉘우침이나 교훈보다 오히려 원한과 적의를 불러일으켜서 우리가 원하는 행동 자체에 대한 저항을 강화시킬 뿐이다.

처벌을 위해 사용하는 힘의 유형

종아리를 때리는 것과 같은 체벌은 처벌을 위해 힘을 사용하는 한 유형이다. 나는 아이를 체벌하는 문제가 부모들에게 강한 감정을 불러일으킨다는 것을 안다. 어떤 이들은 "매를 아끼면 아이를 망친다."라는 성서 구절을 인용하며 "요즘 아이들 사이에 비행이 만연하게 된 것은 부모들이 매를 들지 않았기 때문이다."라고 체벌을 적극적으로 옹호한다. 그리고 아이를 때리는 것은 행동의 한계를 분명히 정해 줌으로써 자녀들에 대한 사랑을 보여 주는 일이라고 주장한다. 하지만 또 다른 부모들은 아이를 때리는 것이 결코 사랑은 아니며, 효과를 거두기도 어렵다고 주장한다. 왜냐하면 다른 방법을 모를 때에는 폭력을 써도 된다고 아이들에게 가르치는 결과를 가져오기 때문이다.

내가 개인적으로 우려하는 바는, 아이들이 처벌 자체에 대한 두려움 때문에 부모의 요구 뒤에 있는 사랑을 이해하기가 어려워진다는 점이다. 부모들은 종종 아이에

아이들은 체벌 자체에 대한 두려움 때문에 그 이면에 있는 부모의 사랑을 이해하기 어려워진다.

게 처벌을 위한 힘을 사용할 수밖에 없다고 말한다. 왜냐하면 아이들이 자신에게 유익한 행동을 스스로 할 수 있도록 만들 다른 방법이 없기 때문이라는 것이다. 또, 어떤 부모는 아이가 매를 맞은 뒤에 '깨우쳤다'라며 고마워했다는 일화를 들어 가면서 자신들의 생각이 맞다고 주장한다. 나도 네 아이를 키워 봐서 부모들이 매일 아이들을 가르치고 안전하게 키우는 것이 얼마나 힘든 일인지 깊이 공감한다. 하지만 그래도 체벌에 대한 나의 우려는 줄어들지 않는다.

첫째, 나는 많은 아이들이 체벌로 위협당했을 때 그에 압도되어 굽히기보다는 무작정 반항하기로 선택하여 자신에게 유익할 수 있는 일에도 저항하면서 반대쪽으로 나가 버리는 경우를 수없이 알고 있다. 체벌이 효과적이라고 주장하는 사람들이 이런 사실을 알고 있는지 의문스럽다. 둘째, 혹시 체벌이 아이들에게 영향을 미치는 데 효과적인 것처럼 보인다 하더라도, 그것이 곧 다른 방법이 효과가 없다는 것을 뜻하는 것은 아니다. 마지막으로, 나는 체벌이 사회에 미치는 영향을 우려하는 많은 부모들과 생각을 같이한다. 체벌을 썼을 때 부모가 원하는 대로 아이들이 행동하게 하려는 전쟁에서 이길 수 있을지는 몰라도, 그 과정에서 부모는 차이를 해소하는 방법으로 폭력을 정당화하는 사회를 영속시키고 있는 것이지 않겠는가?

물리적인 것 말고 다른 형태의 힘을 사용하는 처벌도 있다. 아이들이 부모 마음에 들지 않게 행동했을 때 부모가 아이들에게 '나쁘다' '이기적이다' 또는 '철이 덜 들었다' 등의 꼬리표를 붙여 비난하거나 수치심을 갖게 하는 것도 처벌

판단하는 말로 꼬리표를 붙이거나 혜택을 거두는 것도 처벌에 포함된다.

의 한 형태이다. 또 다른 처벌은 용돈을 줄인다든가 자동차 운전을 못 하게 하는 식으로 아이가 좋아하는 일을 허락하지 않는 것이다. 하지만 이런 형태의 처벌 중에서 아이들에게 가장 무서운 위협은, 부모가 아이들에 대한 사랑이나 보살핌, 존중심을 거두는 것이다.

처벌의 대가

단지 처벌을 피하기 위해서 우리가 어떤 일을 감수한다면 우리 관심의 초점은 그 일 자체가 가진 가치에서 멀어지게 된다. 그럴 때 우리는 그 일을 하지 않으면 어떤

우리가 처벌을 두려워하면 자신의 가치관이 아니라 일의 결과에만 집중하게 된다.

결과가 따를 것이냐에 더 큰 관심을 두게 된다. 만약 어떤 직원이 처벌받을 것이 두려워 일을 한다면, 맡은 일은 하겠지만 사기는 떨어지고 언젠가는 생산성도 떨어질 것이다. 처벌이 사용되는 곳에서는 자존감도 떨어진다. 만약 아이들이 창피를 당하고 놀림을 받을까 봐 두려워 이를 닦는다면, 치아 건강은 좋아질 수 있겠지만 아이들의 자존심에는 충치가 생길 것이다. 더욱이 우리 모두가 알고 있듯이 좋은 관계에서도 처벌은 큰 대가를 치른다. 다른 사람들에게 우리가 벌을 내리는 대리인으로 보일 때, 그들이 우리가 원하는 것에 연민으로 반응하기는 더욱 힘들어질 것이다.

친구가 교장으로 있는 초등학교를 방문했을 때 있었던 일이다. 운동장에서 큰 아

처벌에 대한 두려움은 서로 간의 호의와 자존감을 해친다.

이가 작은 아이를 때리는 모습이 교장실 창문 너머로 보였다. 교장은 "잠깐만!" 하며 일어나 운동장으로 뛰어나갔다. 그는 큰 아이를 잡아서 "너보다 작은 사람을 때리면 어떻게 되는지 가르쳐 주마." 하면서 그 아이의 엉덩이를 때렸다. 교장실로 돌아온 그에게 나는 이렇게 말했다.

"내가 보기에 그 아이는 자네가 가르치고자 한 것을 배운 것 같지가 않아. 대신, 그 아이는 교장처럼 자기보다 큰 사람이 볼 것 같을 때에는 작은 애들을 때리지 말아야 한다는 것을 배운 것 같아. 오히려 다른 사람에게 뭔가를 원할 때에는 때려서 얻는다는 생각을 더욱 키워 준 것 같은데."

이런 상황에서는 우선 폭력적으로 행동한 아이에게 공감해 주는게 좋겠다. 예를 들어 자기를 놀리는 아이를 때리는 아이를 봤다면, 나는 이렇게 공감하며 말할 것이다.

"그 아이가 너를 좀 더 존중하는 마음으로 대해 주길 바랐기 때문에 화가 났어?"

만약 내 추측이 맞아서 아이가 내 말에 수긍하면, 그다음에는 아이를 비난하지 않으면서 그 상황에서 내가 느끼는 것, 바라는 것, 그리고 부탁하는 것을 이렇게 표현할 터이다.

"나는 우리가 상대를 적으로 만들지 않으면서 서로 존중하는 방법을 찾았으면 하기 때문에 실망했어. 네가 바라는 존중을 받을 수 있는 다른 방법을 나와 함께 찾아볼래?"

처벌의 한계를 보여 주는 두 가지 질문

다음 두 질문은 처벌로 다른 사람의 행동을 바꾸려 할 때 왜 우리가 원하는 것을 얻지 못하는지를 이해하는 데 도움이 된다. 첫 번째 질문은, '나는 이 사람이 지금 하고 있는 것과 어떤 다른 행동을 하기를 원하는가?'이다. 만약 우리가 이 질문만 한다면 처벌이 효과적인 방법으로 보일 수 있다. 처벌이나 위협은 사람의 행동을 바꾸는 데 영향을 미칠 수 있기 때문이다. 하지만 두 번째 질문으로 처벌이 효과가 없다는 점이 분명해진다. '내가 부탁하는 것을 이 사람이 무슨 이유로 하기를 원하는가?'

> 질문 1: 나는 이 사람이 무엇을 하기를 원하는가?
> 질문 2: 나는 이 사람이 그것을 하는 이유가 무엇이기를 바라는가?

우리는 두 번째 질문은 거의 하지 않는다. 하지만 두 번째 질문으로 우리는 다음과 같은 사실을 곧 깨닫게 된다. 상과 벌은 사람들이 우리가 원하는 동기에서 행동하는 것을 방해한다는 것이다. 사람들이 우리가 부탁하는 대로 행동할 때 그 동기가 무엇인지 의식하는 것이 결정적으로 중요하다고 나는 믿는다. 예를 들어 아이가 자기 방을 치울 때 스스로 깨끗한 방을 원해서, 또는 그것을 원하는 부모를 배려해서 그 행동을 하기를 바란다면, 비난이나 처벌은 효과적인 방법이 아님을 분명히 알 수 있다. 아이들은 권위에 대한 복종("엄마가 하라고 했으니까.")으로, 벌을 피하기 위해서, 또는 부모가 화를 낼까 봐, 아니면 부모의 미움을 사는 것이 겁이 나서 방을 청소할 때가 종종 있다. 그러나 NVC는 자율성과 동시에 상호 의존에 바탕을 둔 도덕관념이 자라도록 도와준다. 그럼으로써 우리는 자신의 행동에 대한 책임을 인정하게 되고, 우리 자신의 행복과 다른 사람의 행복이 서로 같은 것이며 하나라는 것을 인식하게 된다.

학교에서 아이들을 보호하기 위한 힘 쓰기

다음 이야기는 한 대안학교에서 문제가 생겼을 때 나와 몇몇 학생들이 보호를 위한 힘을 사용하여 질서를 회복한 사례이다. 이 학교는 일반학교에서 자퇴했거나 퇴학당한 학생들을 위해 세워졌다. 학교 측과 나는 NVC 원리에 바탕을 둔 학교가 그런 학생들에게 도움이 될 수 있다는 것을 보여 주고 싶었다. 내가 맡은 일은 교직원들에게 NVC를 가르치고 1년간 상담사로 봉사하는 것이었다. 교직원을 훈련하는 데 주어진 시간이 단 나흘뿐이어서, 나는 교사들에게 학생들이 교칙을 어겼을 때 NVC로 대응하는 것과 묵인하는 것의 차이를 충분히 설명하지 못했다. 그 결과 어떤 선생님은 문제가 되는 행동이 벌어졌을 때 개입하지 않고 방관했다. 그러는 동안 문제가 점점 커져 거의 학교 문을 닫아야 할 지경이 되었다.

내가 이 소란에 제일 많이 기여한 학생들과 대화를 나누고 싶다는 요청을 하자, 교장은 열한 살부터 열네 살에 이르는 남학생 여덟 명을 데려왔다. 다음은 나와 그 학생들 사이에 오간 대화의 일부이다.

마셜 (상황을 알고자 하는 질문을 하지 않고 내 느낌과 욕구를 표현하면서)

"나는 선생님들한테 수업이 제대로 되지 않는다는 이야기를 듣고 크게 걱정이 됐어요. 나는 이 학교가 잘 자리 잡기를 진심으로 바라거든요. 그래서 무엇이 문제인지 내가 이해할 수 있도록 여러분이 도와주기를 바라고, 또 이 문제를 어떻게 해결할 수 있는지 의견을 말해 주기 바랍니다."

월   "이 학교 선생들은 그냥 다 바보들이에요!"

마셜   "그러니까 윌, 너는 선생님들이 못마땅하니? 그리고 선생님들이 좀 다르게 했으면 하고 바라는 거니?"

월   "아니요, 제 말은 그런 뜻이 아니에요. 제가 선생님들을 바보라고 한 것은요, 그저 멀뚱히 서서 아무것도 하지 않는다는 말이에요."

마셜   "그러니까 네 말은, 어떤 문제가 일어났을 때 선생님들이 좀 더 적극적으로 행동해 주기를 원하기 때문에 못마땅하다는 거니?" (이것은 윌의 느낌과 욕구를 이해하려는 나의 두 번째 시도였다.)

월   "맞아요. 선생님들은 애들이 무슨 짓을 해도 그냥 서서 바보처럼 웃기만 해요."

마셜   "선생님들이 아무것도 하지 않는다는 게 어떤 건지 예를 하나 들어 줄래?"

월   "그거야 쉽죠. 오늘 아침, 한 놈이 위스키 한 병을 뻔히 보이게 뒷주머니에 넣고 교실에 들어왔는데, 모두 그걸 봤죠. 선생님도 봤고요. 그런데 그 선생님은 다른 쪽을 쳐다보더라구요."

마셜 "너는 행동을 취하지 않는 선생님을 존경하기가 힘들고, 그 래서 그럴 때 선생님이 단호하게 뭔가 행동해 주기를 바라 는 거니?" (이것은 그를 완전히 이해하기 위한 계속된 시도였다.)

윌 "네, 그렇죠."

이 대목에서 이야기는 해결이 시급한 다른 문제로 넘어갔다. 그것 은 공부하기 싫어 하는 학생들이 공부하려는 학생들을 방해한다는 문제였다.

마셜 "선생님들이 이 문제가 제일 힘들다고 내게 말했기 때문에 나는 그것을 꼭 해결하고 싶어요. 그래서 이 문제에 관해 여 러분이 가진 생각을 나누어 주면 고맙겠어요."

조 "선생님들은 매를 가지고 다녀야 해요."

마셜 "조, 그러니까 너는 선생님들이 다른 학생들을 방해하는 아 이들을 때려야 한다는 거니?"

조 "말썽을 일으키는 애들한테는 그 방법밖에 없어요."

마셜 (조의 느낌을 이해하려고 노력하면서) "그렇다면 너는 다른 방법 은 효과가 없을 거라고 생각하는 거니?"

조 (고개를 끄덕이며 동의를 표한다.)

마셜 "그 방법밖에 없다면 나는 정말 실망이다. 나는 그런 식으로 문제를 해결하는 것은 정말 싫어서 다른 방법을 찾고 싶은 데."

에드 "왜요?"

마셜 "이유가 몇 가지 있지. 매를 사용해서 너희들이 말썽을 일으
키지 않게 되었다고 하자. 그런데 수업 중에 나에게 맞은 애
들이 내가 퇴근할 때 주차장에서 기다린다면 내가 어떻게
해야겠니?"

에드 (씩 웃으며) "뭐, 그렇다면 좀 더 큰 몽둥이를 가지고 다녀야죠!"

마셜 (내가 에드의 말뜻을 이해했고, 에드 또한 내 뜻을 이해했다고 확신
하고) "바로 그거야! 그렇기 때문에 나는 그런 식으로 문제를
해결하는 걸 꺼리는거야. 이 점을 네가 알아주었으면 좋겠
다. 나는 또 잘 잊어버리는 사람이라서 그 몽둥이를 가지고
다니는 걸 자주 잊어버릴 테고, 혹시 기억한다 해도 그걸로
누군가를 때리기는 정말 싫다."

에드 "그럼 그런 놈들을 학교에서 쫓아내면 되잖아요?"

마셜 "에드, 아이들을 정학이나 퇴학 시키라는 말이니?"

에드 "네."

마셜 "그 생각도 마음에 안 드는데. 학생들을 쫓아내지 않으면서
서로의 차이를 해결할 수 있는 다른 방법이 있다는 것을 보
여 주고 싶어. 퇴학시키는 것이 우리가 할 수 있는 최선이라
면 정말 실망스러워."

월 "만약에 어떤 녀석이 아무것도 하고 싶지 않다면, 아무것
도 하지 않는 교실(do-nothing room)로 가게 하면 되잖아
요."

마셜 "월, 그러니까, 다른 학생들을 방해하는 학생을 보낼 수 있
는 교실이 따로 있었으면 좋겠다는 거니?"

윌	"그렇죠. 아무것도 하기 싫은 아이가 교실에 있어 봤자 아무 소용이 없잖아요."
마셜	"흥미롭게 들리는데. 그런 교실이 어떤 효과가 있을지 듣고 싶은데?"
윌	"어떤 날은 학교에 왔는데 그냥 기분이 너무 나빠서 다 뒤집어 버리고 싶을 때가 있잖아요. 그럴 땐 아무것도 하기 싫단 말이에요. 그러니까 그럴 때는 거기에 가서 뭔가 하고 싶을 때까지 있는 거예요."
마셜	"네 말은 이해하겠다만, 선생님들은 애들이 기꺼이 그 방으로 갈지 걱정할 것 같은데?"
윌	(자신 있는 목소리로) "갈걸요."

　나는 그 교실의 목적이 처벌이 아니라 공부할 준비가 안 된 학생들에게는 갈 장소를 만들어 주고, 공부하고 싶은 학생들에게는 공부할 기회를 주기 위한 것임을 보일 수 있다면 잘될 것이라고 말했다. 그리고 '아무것도 하지 않는 교실'을 두는 것이 선생님들이 결정한 일이 아니라 학생들이 내놓은 생각임을 알리면 성공할 가능성이 더 커질 거라고도 했다.

　기분이 너무 나빠서 수업을 들을 수 없는 학생이나 다른 학생들이 배우는 것을 방해하는 학생들이 갈 수 있도록 '아무것도 하지 않는 교실'이 만들어졌다. 때로는 학생들이 자진해서 가겠다고 했고, 또 때로는 선생님이 학생에게 가라고도 했다. 우리는 NVC를 가장 잘 배운 선생님을 그 교실에 배치했다. 그곳에서 선생님은 학생들과 유익한 대화를 나눌 수 있었다. 이 방법은 학교의 질서를 회복하는 데 놀라운 효과가 있었다. 이 방법을 생각해 낸 학생들이 다른 학생들에게, 교실의 목적이 배우고 싶어 하는 학생들의 권리를 보호하는 것이라는 점을 명확히 알려 주었기 때문이다. 우리는 방관하거나 처벌하는 데 힘을 쓰지 않고도 학생들과 대화함으로써 문제를 해결할 수 있는 방법이 있음을 교사들에게 보여 주었다.

요 약

대화할 시간이 없는 급박한 상황에서는 보호를 위한 힘에 의존할 필요도 있다. 그럴 경우, 그 의도는 누군가가 다치거나 불법이 일어나는 걸 막는 것이지, 다른 사람에게 벌을 주거나 고통스럽게 만들어 후회하게 하거나 변화하게 하려는 것이 아니다.

처벌을 하기 위해 힘을 사용하면 적대감을 일으키기 쉽고, 우리가 바라는 행동 그 자체에 상대방이 거부감을 더 가질 수도 있다. 또, 처벌은 서로 간의 호의와 자존감을 해친다. 그리고 우리 관심을 행동 자체가 가지고 있는 가치에서 밖에서 오는 상과 벌로 돌려놓는다. 비난과 처벌은 우리가 다른 사람들에게 원하는 동기를 불러일으킬 수 없다.

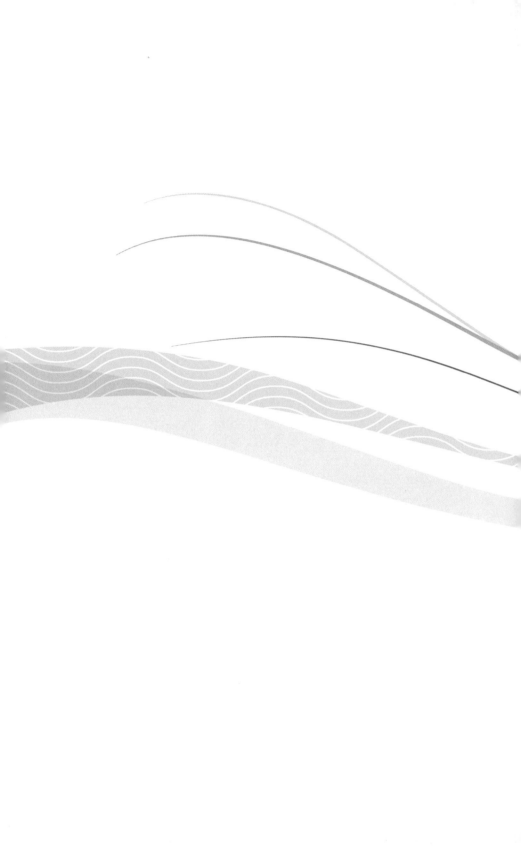

제13장

자신을 자유롭게 하고
다른 사람을 돕기

인류는 자고 있다.
배타적이고 편협한 사랑이 주는
작은 기쁨에 빠져
오랫동안 잠들어 있었고
아직도 자고 있다.

테야르 드 샤르댕

낡은 규범에서 자신을 해방시키기

우리 모두는 좋은 의도를 가진 부모, 교사, 성직자, 그 밖의 다른 사람들로부터 우리를 인간적으로 제약하는 것들을 배워 왔다. 이렇게 해로운 문화적 학습이 대를 이어 수백 년 동안 우리 삶 속에 뿌리 깊이 박혀 있어, 이제 우리는 그것이 있다는 사실조차 의식하지 못하며 살고 있다. 코미디언 버디 해켓은 군에 입대하기 까지는 어머니가 해주는 매우 기름진 음식을 먹고 식후에 속이 쓰린 것이 당연한 줄 알고 살았다고 말하곤 했다. 그와 마찬가지로 해로운 문화적 조건에서 오는 고통도 완전히 우리 삶의 일부가 되어 버렸기 때문에 우리는 그 존재조차도 깨닫지 못하게 되었다. 그래서 이런 파괴적인 대물림을 알아차리고, 그것들을 가치 있고 삶에 도움이 되는 생각과 행동으로 전환하는 데에는 많은 에너지와 자각이 필요하다.

이러한 전환은 욕구에 대한 이해와 자신의 내면과 연결할 수 있는 능력을 요구한다. 그런데 우리 문화에서 살고 있는 사람들이 이 두 가지 능력을 갖추기는 매우 어렵다. 왜냐하면 우리는 자신의 욕구를 이해하고 읽어 내는 능력을 기르는 교육을 받지 못했을 뿐 아니라, 오히려 그런 의식을 적극적으로 막아 버리는 사회적 훈련을 받았기 때문이다. 앞서 말했듯이, 우리는 지배 체제에서 군주와 힘 있는 소수가 다수의 사람들을 다스리는 데 편리한 언어를 물려받았다. 일반 대중은 자신들의 욕구를 인식하는 것을 억제당하고, 권위에 온순하게 순종하는 사람이 되도록 교육받았다.

우리 사회는 일반적으로 욕구(Need)를 부정적으로 보는 경향이 있어서 욕구를 표현하는 사람에게 의존적이고 미숙한 사람이라는 꼬리표를 붙이기도 한다. 사람들이 그들의 욕구를 표현하면 '이기적'이라 보고, 특히 '나'라는 대명사를 자주 쓰면 이기적이거나 뭔가 결핍된 사람으로 생각한다.

우리는 문화적 조건화에서 스스로를 자유롭게 할 수 있다.

NVC를 통해서 우리는 관찰과 평가를 구분하고, 느낌을 일으키는 생각이나 욕구를 인식할 수 있게 된다. 그리고 부탁을 구체적인 행동언어로 표현할 수 있게 된다. 그럼으로써 NVC는 우리에게 항상 영향을 미치고 있는 문화적 조건화에 대한 인식을 키워 준다. 사회적인 조건화에 의식의 빛을 밝히는 것은, 우리를 가두는 조건화로부터 벗어나는 중요한 첫걸음이다.

내적 갈등 해결하기

우리는 우리 안에서 일어나는 갈등의 결과로 자주 생기는 우울증을 NVC를 적용하여 해결할 수 있다. 정신의학자 어니스트 베커 Ernest Becker는 그의 저서 『정신의학의 혁명Revolution in Psychiatry』에서, 우울증을 '자신의 인식 안에서는 새로운 대안을 찾을 수 없는 상태'로 해석한다. 우리가 내면에서 자기비판에 빠져 있을 때에는, 자신이 진정으로 원하는 것이 무엇인지 알 수 없어서 그 욕구를 충족하기 위한 행동을 할 수 없게 된다. 그래서 우울증은 우리가 자신의 욕구와 단절된 상태에 있다는 사실을 알려 주는 신호이다.

때때로 심한 우울증으로 고통받고 있던 한 여성이 NVC 교육에 참가했다. 나는 그녀에게 가장 우울하게 느낄 때 내면의 소리를 찾아서 그 소리들이 서로 이야기한다고 생각하고 그것을 대화의 형태로 써 보라고 했다. 그 대화의 첫 두 줄은 다음과 같다.

목소리 1(직장 여성): "내 인생에서 무엇인가를 더 해야만 해. 나는 내가 받은 교육과 재능을 썩히고 있어."

목소리 2(책임감 있는 엄마): "그런 생각은 비현실적이야. 너는 두 아이의 엄마로서 할 일도 다 못 하고 있잖아. 그런데 네가 어떻게 또 다른 일을 하겠다는 거야?"

이들 내면의 소리가 '해야만 한다' '교육과 재능을 썩히고 있다' 그리고 '할 일도 다 못 하고 있다'와 같은 판단하고 평가하는 말들로 가득 차 있다는 사실을 주의해서 볼 필요가 있다. 그와 비슷한 대화가 몇 달 동안 이 여성의 머릿속에서 되풀이되고 있었다. 나는 그녀에게 '직장 여성'의 목소리가 'NVC 약'을 먹었다고 상상을 하고 '직장 여성'의 메시지를 다음과 같이 바꾸어 말해 보라고 했다. '~할 때(관찰), 나는 ~를 느낀다(느낌). 왜냐하면 나는 ~이 필요하기 때문이다(욕구). 그래서 나는 지금 ~을 했으면 한다(부탁).'

그러자 그녀는 "내 인생에서 무엇인가를 더 해야만 해. 나는 내가 받은 교육과 재능을 썩히고 있어."를 다음과 같이 바꾸어 말했다.

"전공을 살리지 못하고 집에서 아이들을 돌보느라 이렇게 많은 시간을 보낼 때면(관찰), 나는 우울하고 실망스럽다(느낌). 왜냐하면 나는 예전에 일하면서 느꼈던 성취와 보람(욕구)을 경험하고 싶기 때문이다. 그러므로 이제 나는 시간제로라도 예전에 하던 일을 다시 했으면 한다(부탁)."

'책임감 있는 엄마'의 목소리도 같은 과정을 거쳐 보았다. 그러자 "그런 생각은 비현실적이야. 너는 두 아이의 엄마로서 할 일도 다 못하고 있잖아. 그런데 네가 어떻게 또 다른 일을 하겠다는 거야?"라는 말은 다음과 같이 바뀌었다.

"다시 일하러 나간다고 생각할 때, 나는 불안하다. 왜냐하면 나는 아이들이 충분한 보살핌을 받을 수 있다는 확신이 필요하기 때문이다. 그래서 내가 일하는 동안 아이들이 갈 수 있는 좋은 시설을 찾아볼 계획을 세우고, 또 내가 피곤하지 않을 때 아이들과 함께 시간을 보낼 수 있는 방법을 찾았으면 한다."

이 여성은 내면의 소리들을 NVC 대화로 바꾸자 커다란 안도감을 느꼈다. 자신의 마음속에서 계속 되풀이되던 소리들 이면에 숨은 진정한 뜻을 이해하고 자신에게 공감할 수 있었다. 물론 여전히 아이들을 보살필 방안을 마련하고 남편의 지지를 얻어야 한다는 현실적인 과제가 남아 있지만, 그녀는 이제 자신의 욕구를 인식하지 못하게 하는 비판적인 내면의 소리 때문에 더는 괴로워하지 않아도 되었다.

> 자신의 느낌과 욕구에 귀를 기울여 공감할 수 있으면, 우리는 우울증에서 벗어날 수 있다.

우리 내면 돌보기

우리가 머릿속에서 자신을 비난하고 분노를 일으키는 생각에 빠져 있을 때에는 자신을 위한 건강한 내면 환경을 만들 수 없다. NVC를 통해, 우리는 자신이나 다른 사람의 잘못보다 우리가 진정으로 원하는 것에 집중함으로써 좀 더 평화로운 마음 상태에 이를 수 있다.

한 참가자가 사흘간 진행된 프로그램에 참여하면서 얻게 된 놀라운 개인적 변화를 이야기했다. 그녀가 워크숍에 참가한 목적 중에는 자기 자신을 좀 더 잘 보살피는 것도 포함되어 있었다. 하지만 그녀는 둘째 날 새벽에 근래 들어 가장 심한 두통으로 잠에서 깼다.

"보통 때 같았으면, 저는 제일 먼저 내가 무엇을 잘못했나 생각했을 거예요. 내가 음식을 잘못 먹었나? 스트레스를 너무 많이 받았나? 내가 이것을 했나, 그것을 하지 않았나? …… 하지만 나 자신을 더 잘 돌보기 위해서 NVC를 배우고 있었기 때문에 오늘 새벽에는 이렇게 물었어요. 이렇게 머리가 아픈 나 자신을 위해서 나는 지금 무엇을 할 수 있을까?"

> 무엇이 잘못되었는가보다 무엇을 원하는가에 집중한다.

"저는 일어나 앉아서 한동안 천천히 목운동을 했어요. 그다음엔 일어서서 천천히 걸었어요. 그리고 자신을 질책하는 대신 그 순간 나를 보살필 수 있는 다른 일들을 했어요. 그랬더니 두통이 덜해져서 그날 교육을 마칠 수 있었어요. 이것은 저한테 참으로 획기적인 발전이었어요. 제가 두통에 공감했을 때, 저는 전날 자신에게 충분한 관심을 주지 않았다는 사실과, 두통은 자신에게 좀 더 많은 관심이 필요하다는 신호라는 점을 이해하게 되었어요. 저는 마침내 자신에게 필요한 관심을 충분히 줄 수 있었고 워크숍 전 과정을 무사히 마칠 수 있었어요. 평생 두통에 시달렸기 때문에, 이것은 제 삶에서 매우 중요한 전환점이라고 할 수 있어요.”

또 다른 워크숍에서 있었던 일이다. 운전을 하는 동안에 우리를 화나게 하는 생각에서 벗어나기 위해 어떻게 NVC를 사용할 수 있느냐고 한 참가자가 물었다. 그것은 내가 잘 아는 주제였다. 예전에 한동안 나는 일 때문에 차를 타고 전국을 다녀야 했다. 그런데 내 머릿속에서 돌아다니는 폭력적인 말 때문에 나는 매우 지치고 힘이 들었다. 나는 내 기준에 맞지 않게 운전하는 사람들은 모두 적이고 악당이라는 생각으로 가득 차 있었다.

“저 인간은 도대체 어떻게 되었길래 저런 식으로 운전을 하지? 눈은 두었다 뭐에 쓰려는 거야!”

그런 마음 상태에서 내가 원하는 것은 오로지 상대 운전자를 혼내주는 것이었지만 실제로 그렇게 할 수는 없었기 때문에 분노가 내 몸 안에 쌓였고 내 몸은 그 대가를 치렀다.

그러다가 나는 이렇게 남을 판단하는 말들을 느낌과 욕구로 바꾸면서 자신에게 공감하는 방법을 익히게 되었다. “어휴! 사람들이 저렇게 운전하는 것을 보면 정말 아찔해! 그게 얼마나 위험한 일인지 저 사람들이 알았으면 정말 좋

우리 자신의 느낌과 욕구에 귀 기울임으로써 스트레스를 줄인다.

겠다.”라고 말함으로써 나 자신에게 공감할 수 있었다. 휴! 나는 다른 사람을 비난하기보다 나의 느낌과 욕구에 주의를 기울임으로써 얼

마나 빨리 상황을 여유롭게 만들 수 있는지 알고 놀랐다.

그 후 나는 다른 운전자들의 느낌과 욕구에 공감하기로 결심했고, 아주 만족스러운 경험으로 보답을 받았다. 나는 제한 속도보다 더 느리게 가고 있는 자동차 뒤에서 오도 가도 못 했던 적이 있다. 그 차는 교차로마다 속도를 늦추곤 했다. 나는 화가 나서 투덜거렸다.

"왜 저런 식으로 운전을 하지?"

그러다 내가 스스로 스트레스를 주고 있다는 사실을 깨달았다. 그리고 앞차의 운전자가 무엇을 느끼고, 필요로 하는지 생각해 보았다. 나는 그 사람이 길을 잃고 당황하고 있다는 것과, 뒤차들이 조금 인내심을 가져 주기를 바라고 있다는 것을 느낄 수 있었다. 그러다 차로가 넓어져 그 차 옆을 지나가게 되었을 때 나는 80대쯤으로 보이는 한 여성이 두려운 표정으로 운전하고 있는 모습을 보았다. 다른 운전자와 공감하려고 노력함으로써, 예전과 달리 내 마음에 들지 않게 운전하는 사람들을 향해 경적을 울리거나 다른 식으로 좌절감을 표현하지 않은 것을 나는 무척 다행으로 생각했다.

> 다른 사람과 공감함으로써 스트레스를 줄인다.

분석과 진단을 NVC로 바꾸기

오래전 심리치료사가 되기 위한 학위와 훈련을 받기 위해 내 인생의 9년이란 시간을 보내던 중에, 나는 철학자 마르틴 부버와 심리학자 칼 로저스 사이의 토론을 듣게 되었다. 부버는 그 토론에서 심리치료사 역할을 하는 사람이 과연 실제로 심리치료를 할 수 있는가라는 문제를 제기했다. 당시에 미국을 방문 중이던 부버는 한 정신병원의 초청으로 여러 정신보건 전문가들 앞에서 칼 로저스와 함께 토론했다.

토론에서 부버는, 인간의 성장은 자신을 숨김없이 있는 그대로 표현하는 두 사람의 만남에서 이루어진다고 말했다. 그는 그런 만남을 '나와 너' 관계라는 용어로 표현했다. 사람들이 심리치료사와 내담자라는 관계로 만나면 두 사람 사이에 이러한 진정성이 존재할 수 없다고 부버는 믿었다. 로저스도 진정한 관계로 만나는 것이 성장에 필수적인 요소라는 사실에는 동의했다. 하지만 그는 원숙한 심리치료사라면 자신의 역할을 초월해 내담자를 진실하게 대할 수 있으리라고 주장했다.

그러나 부버는 그에 대해 회의적이었다. 그는 심리치료사 쪽에서는 내담자를 진정한 태도로 대할 수 있다 하더라도, 만약 내담자가 자신은 내담자이고 상대는 심리치료사라고 본다면 로저스가 주장한 관계는 불가능해진다는 견해를 밝혔다. 그는 내담자가 치료를 받기 위해 진료 예약을 하고 '치료된 것'에 대해 금전적 대가를 지불하는 과정 자체가 두 사람 사이에 진정성 있는 관계가 이루어질 가능성을 희박하게 한다고 말했다.

오랫동안 나에게 모호했던 점 하나가 이 대화를 통해 분명해졌다. 그것은 당시에 내가 배웠던, 치료사와 내담자 사이에 정서적으로 거리를 두어야 한다는 신성불가침한 직무 규정이었다. 심리치료를 하는 동안 자신의 느낌과 욕구를 개입시키는 치료사는 대개 치료사로서 문제가 있는 것으로 간주되었다. 유능한 심리치료사라면 치료 과정 자체에 관여하지 않으면서 내담자가 자신의 감정과 욕구를 투사하는 거울이 되어 그를 도와야 한다는 것이다. 나는 그러한 주장 뒤에 내담자를 보호하려는 뜻이 있다는 점은 이해한다. 치료에 방해되는 심리치료사의 감정적인 갈등을 표현하지 못하도록 하려는 것이다. 하지만 나는 내담자와 정서적인 거리를 꼭 유지해야 한다는 전제에 항상 마음이 불편했다. 왜냐하면 무엇보다 나 자신이 개입될 때의 장점을 믿었기 때문이다.

그래서 나는 임상 언어를 NVC 언어로 바꾸어 쓰는 실험을 하기 시작했다. 내담자가 말할 때 내가 배운 이론을 적용하며 분석하는 대신, 내 관심의 초점을 상대방에게 두면서 공감하며 그들의 말에 귀를 기울였다. 그를 진단하기보다 나 자신의 내면에서 무슨 일이 일어나는가를 드러냈다. 처음에는 그렇게 하는 것이 상당히 두려웠다. 나 자신을 진솔하게 드러내며 내담자와 대화하는 것에 대해 동료들이 어떻게 반응할지 걱정스러웠

> 나는 내담자를 분석하는 대신 그들에게 공감했다. 그리고 내담자를 진단하는 대신 나 자신의 마음을 말했다.

다. 하지만 그 결과가 내담자와 나 모두에게 너무 만족스러웠기 때문에 그런 망설임을 극복할 수 있었다. 1963년 이후 심리치료사가 내담자를 만나면서 자신의 느낌을 솔직히 드러내는 것을 더는 이단시하지 않게 되었지만, 내가 처음 그렇게 하기 시작했을 때에는 심리치료사들로부터 그 새로운 방법을 시연해 달라는 도전을 받곤 했다.

시립병원의 정신보건 전문가들로부터 신경불안 증세를 가진 사람

들을 상담하는 데 NVC를 어떻게 적용할 수 있는지 설명해 달라는 요청을 받은 적이 있다. 한 시간의 발표가 끝난 후, 그들은 내게 한 환자의 치료 계획을 세울 수 있도록 그 환자와 면담해 달라고 부탁했다. 나는 세 아이를 둔 29세의 여성과 30분 정도 이야기를 나누었다. 환자가 방을 나간 후 담당의가 내게 물었다.

"로젠버그 박사님, 감별진단을 말씀해 주세요. 박사님 생각으로는 이 환자가 정신분열 증세를 보이고 있나요? 아니면 약물로 인한 정신 장애 케이스인가요?"

나는 그런 질문이 불편하다고 말했다. 병원에서 수련의 생활을 할 때에도, 나는 사람들을 어떤 진단 분류에 맞추어 넣어야 할지 뚜렷한 판단이 서지 않았다. 그 후 나는 그런 진단명에 대해 정신과 의사들과 심리학자들 간에 깊은 견해 차이가 있음을 보여 주는 연구 보고서를 읽었다. 보고서에서는 정신병원에서 내려지는 진단이 환자가 보이는 증상 자체보다는 그 정신과 의사가 어느 학교를 다녔느냐에 더 큰 영향을 받는다는 결론을 내리고 있었다.

혹시 일관성 있는 진단 용어가 있다 하더라도 나는 그런 말을 쓰고 싶지 않다. 그것이 내 환자들한테 어떻게 도움이 되는지 알 수 없기 때문이다. 신체의학 분야에서는 질병을 초래하는 과정을 명확히 규명하면 치료의 방향이 분명해진다. 하지만 나는 정신의학이라고 불리는 분야에서 그런 상관관계를 보지 못했다. 내 경험에 의하면, 병원에서 임상 사례 보고 시간에 의사들은 진단 자체에 대해 토론하는 데 시간의 대부분을 썼다. 정해진 회의 시간이 끝날 즈음 환자의 담당의가 다른 의사들에게 치료 계획에 관한 조언을 요청해도, 계속

되는 진단 논쟁 때문에 그 요청은 종종 무시되곤 했다.

나는 환자에게 어떤 문제가 있는가라는 관점에서 생각하는 대신, NVC로 나 자신에게 다음과 같은 질문을 하기 위해 노력하게 되었다고 정신과 의사들에게 설명했다.

"이 사람은 지금 어떻게 느끼는가? 무엇을 진정으로 원하고 있는가? 그에 대해 나는 어떻게 느끼는가? 그 느낌 뒤에 있는 나의 욕구는 무엇인가? 이 사람이 더 행복하게 사는 데 도움이 되리라고 생각되어 제안하고 싶은 행동이나 결정은 무엇인가?"

이러한 질문에 대답하는 것이 단순히 진단하는 것보다 훨씬 어려울 수 있다. 왜냐하면 자기 자신과 자신의 가치관을 많이 드러내야 하기 때문이다.

한번은 만성 정신분열증 진단을 받은 사람들에게 어떻게 NVC를 가르칠 수 있는지 시범을 보여 달라는 부탁을 받았다. 심리학자·정신과 의사·사회복지사·간호사 등 약 80여 명이 지켜보는 가운데, 그렇게 진단받은 환자 15명이 무대에 올라 있었다. 그 사람들에게 나 자신을 소개하고 NVC의 목적을 설명하고 있는데, 환자 가운데 한 명이 내가 하는 말과 전혀 관계가 없는 것처럼 보이는 반응을 보였다. 그 사람의 진단명을 떠올리면서 그가 내 말을 이해하지 못하는 것은 무언가를 혼동하고 있기 때문이라고 추정함으로써, 나는 순간적으로 임상적인 사고방식에 빠졌다. 그리고 이렇게 말했다.

"제 말을 이해하는 데 어려움을 겪으시는 것 같군요."

내가 이렇게 말하자 다른 환자가 끼어들었다.

"나는 저 사람이 하는 말을 이해해요."

그러고는 앞 사람의 말이 내가 한 말에 대한 적절한 반응이었음을 설명하기 시작했다. 나는 깨달았다. 그 환자가 혼동한 게 아니라 내가 우리 두 사람이 가진 생각의 연관성을 이해하지 못해서 소통이 되지 않았다는 사실을. 나는 대화가 끊어진 책임을 그렇게 쉽게 환자에게 돌릴 수 있는 나 자신에게 실망했다. 내가 나 자신의 느낌에 책임을 지면서 다음과 같이 말했다면 좋았을 것이다.

"제가 좀 헷갈리는데, 제 말과 당신의 응답 사이에 어떤 관련성이 있는지 알고 싶습니다. 설명해 주실 수 있겠어요?"

그렇게 잠깐 임상적 사고로 빠진 것을 제외하면 이 날의 시연은 잘 진행되었다. 무대 위 환자들의 반응을 인상 깊게 본 참석자들은 그들이 특별히 협조적인 편이었는지 궁금해하며 내게 질문했다. 분석하고 진단하는 대신 나와 그들의 마음속에서 살아 움직이는 느낌에 귀를 기울인다면 사람들은 대부분 긍정적으로 반응한다고 나는 대답했다.

심리학자와 정신과 의사들도 실제로 체험할 수 있도록 정신과 의사 몇 명을 대상으로 같은 실습을 해 달라고 진행자가 내게 부탁했다. 무대에 있던 환자들이 관객석에 있던 지원자 몇 명과 자리를 바꿔 앉았다. 무대에 올라온 참석자들과 상담하면서 머리로 이해하는 것과 NVC로 공감하는 것의 차이를 설명하는데, 한 정신과 의사가 내 말을 이해하는 데 계속 어려움을 겪고 있었다. 다른 사람이 느낌을 표현할 때마다 그는 느낌에 공감하기보다 그에 관해 자신이 이해하고 있는 심리학적인 이론을 설명했다. 이런 일이 세 번 반복되자 관객석에 앉아 있던 한 환자가 소리쳤다.

"또 그러네요. 모르시겠어요? 당신은 저 사람의 느낌에 공감하지 않고 저 사람이 하는 말을 분석하고 있잖아요."

NVC의 기법과 의식을 적용함으로써 우리는, 정서적 거리를 두고 진단과 권위를 중요하게 생각하는 직업적인 관계를 넘어, 내담자와 진정한 상호 관계를 맺으며 상담할 수 있다.

요 약

우리는 마음속의 부정적 메시지를 느낌과 욕구로 바꿈으로써 자신과 소통을 더 잘하게 된다. 우리 자신의 느낌과 욕구를 인식하고, 그 느낌과 욕구에 공감함으로써 우리는 우울증에서 벗어날 수 있다. 그러면 우리는 모든 상황에서 선택의 여지가 있음을 인식하게 된다. 우리 자신이나 다른 사람들에게서 잘못을 찾으려 하는 대신 진정으로 원하는 것에 관심을 집중함으로써, NVC는 좀 더 평화로운 내면 상태를 유지할 수 있는 방법과 이해력을 보여 준다. 상담·심리치료 전문가들도 NVC를 활용하여 내담자들과 진정성 있는 상호 관계를 형성할 수 있다.

자기비판과 분노 다루기

NVC를 배우는 교육생이 다음과 같은 이야기를 들려주었다.

NVC 교육 프로그램을 마치고 막 집으로 돌아왔는데 한동안 만나지 못했던 친구가 집으로 나를 찾아왔다. 25년간 학교 도서관 사서로 일했던 아이리스와 내가 처음 만난 것은 6년 전, 콜로라도 로키산맥에서 사흘간 홀로 단식하는 것으로 끝을 맺는 아주 고된 '야생 훈련'에서였다. 내가 NVC에 대해 열정에 넘쳐 설명하는 것을 듣더니, 아이리스는 6년 전 콜로라도 수련에서 한 지도자가 했던 말이 아직도 자기 마음을 아프게 한다고 말했다. 나도 그 사람을 잘 기억한다. 야생녀 리브는 수련생들이 암벽에 매달려 올라갈 때 밧줄을 잡아 주느라 손바닥이 갈라져 있었다. 그녀는 동물들의 배설물을 읽고 길 안내를 했고, 어둠 속에서 소리를 질렀으며, 기쁨으로 춤을 추었고, 자신의 진심을 큰 소리로 솔직하게 말했다. 마지막으로 헤어질 때에는 버스에 타고 손을 흔드는 우리에게 엉덩이를 내보이기도 했다. 수련을 마치면서 개인적인 소감을 나누는 시간에 리브는 아이리스에게 이렇게 말했다.

"아이리스, 난 당신 같은 사람은 견딜 수 없어요. 언제 어디서나 그저 착하고 상냥한 사람 말이야. 온순하기만 한 도서관 사서 노릇은 이제 좀 그만 집어치우지 그래요?"

지난 6년간 아이리스는 머릿속에서 리브의 목소리를 수없이 듣고 또 머릿속에서 그 목소리에 수없이 대답해 왔다. 우리는 이 상황이 NVC로 어떻게 달라질 수 있는지 탐구해 보고 싶었다. 내가 리브 역할을 하면서 그녀가 6년 전에 아이리스에게 한 말을 되풀이해 주었다.

아이리스	(NVC를 잊어버리고 리브의 말을 비난과 모욕으로 듣는다.) 당신이 뭔데 내게 그런 말을 해요. 당신은 내가 누구인지도 모르고 내가 어떤 도서관 사서인지도 모르잖아요! 사서가 어때서요? 그리고 한 가지 알려 주겠는데, 나는 자신을 어떤 선생님과도 다를 바가 없는 교육자로 생각하고 있어요.
(리브 역할을 하는)나	(NVC 의식을 가진 리브로 공감한다.) 화가 난 것 같군요. 내가 당신을 비판하기 전에 당신이 정말 어떤 사람인지 알고 인정했으면 해서 화가 난 것 같은데, 맞나요?
아이리스	네, 맞아요! 이 수련에 등록하는 것만도 내게 얼마나 힘든 일이었는지 당신은 알지도 못해요. 그런데 봐요! 나는 이 수련 과정을 모두 마쳤잖아요. 안 그래요? 이번 14일 동안 별별 힘든 일들을 다 해냈단 말이에요!
나	그래서 마음에 상처를 입었다는 말로 들리는데요. 얼

마나 당신이 용기를 냈고 노력을 했는지 인정해 주었으면 하세요?

이렇게 몇 번 더 대화가 오갔을 때 아이리스에게 변화가 나타났다. 이런 변화는 누군가가 자신의 느낌과 욕구를 충분히 만족할 만큼 '들어 주었다'라고 느꼈을 때 몸으로 확인할 수 있다. 한 예로, 그 순간 긴장이 풀리면서 깊은 숨을 쉬게 된다. 이것은 충분히 공감을 받았고, 이제 다른 것으로 관심을 돌릴 수 있다는 신호인 경우가 많다. 때로는 상대방의 느낌과 욕구를 들어 줄 수 있는 마음의 준비가 되었다는 표시일 수도 있고, 자신의 다른 고통에 대해 공감을 받을 필요가 있다는 표시일 수도 있다. 아이리스의 경우, 리브의 말을 편한 마음으로 들을 수 있기 위해서는 한 가지 더 공감이 필요한 것이 있었다. 아이리스가 그때 그 자리에서 리브에게 재빠르게 응수하지 못한 것에 대해, 지난 6년 동안 자신을 못마땅하게 생각해 온 것에 대해서였다. 표정이 바뀌면서 아이리스는 이렇게 말했다.

아이리스	제길, 6년 전에 이렇게 말했어야 했는데!
나	(공감해 주는 친구로서의 나) 그때 네 마음을 좀 더 분명하게 표현할 수 있었으면 해서 아직도 억울하니?
아이리스	그때 왜 그렇게 바보 같았는지 몰라. 내가 그저 '온순한 도서관 사서'가 아니라는 걸 왜 그때 말하지 못했

지?

나	그때 네 마음을 잘 알아서 그렇게 말할 수 있었으면 좋았겠어?
아이리스	화가 나! 리브가 그런 식으로 나를 취급하지 못하게 해야 했어.
나	그때 좀 더 단호하게 말했으면 좋았겠니?
아이리스	그래, 바로 그거야. 나는 내가 누구인지 당당히 말할 권리가 있다는 것을 기억할 필요가 있어.

아이리스는 잠시 조용해졌다. 리브가 자신에게 한 말을 다르게 들을 준비가 되었다고 말했다.

(리브 역할을 하는)나	아이리스, 난 당신 같은 사람은 견딜 수 없어요. 언제 어디서나 그저 착하고 상냥한 사람 말이야. 온순하기만 한 도서관 사서 노릇은 이제 좀 그만 집어치우지 그래요?
아이리스	(리브의 느낌, 욕구, 부탁에 귀 기울이면서) 리브, 뭔가 좌절스럽다는 소리 같군요. 왜냐하면…… 내가…… 음 …… 내가……. (여기서 아이리스는 자신의 실수를 눈치채고 하려던 말을 멈춘다. 많은 사람이 흔히 이런 실수를 하는데, 아이리스는 리브의 느낌을 가져오는 리브의 욕구에 집중하지 않

고 '내가'라는 말을 함으로써 리브의 느낌에 대한 책임을 자신에게 돌렸다. '당신은 뭔가 좌절스러워 보이는군요. 내가 ~했기 때문에.'가 아니라, '당신은 뭔가 좌절스러워 보이는군요. 왜냐하면 당신은 무엇인가 다른 것을 원했기 때문에.'라고 말할 수 있었을 것이다.)

(다시 시도한다) 알았어요, 리브. 뭔가 좌절스럽다는 소리 같군요. 왜냐하면 당신이 원하는 것이…… 음…… 당신은…….

리브 역할을 하면서, 나는 내가(리브로서) 원하는 것이 무엇인지 문득 깨달았다.

"아! 서로 연결되는 것…… 바로 그걸 원하는 거야! 나는 당신과 연결하고 싶어요, 아이리스! 그래서 우리가 친해지는 데 장벽이 되는 그 착하고 예의 바른 태도를 다 무너뜨리고 싶어요! 우리가 가까워질 수 있게 말이에요!"

우리는 갑작스럽게 쏟아져 나온 이 말에 약간 얼떨떨해서 말없이 앉아 있었다. 잠시 후 아이리스가 말했다.

"그걸 진작 알았더라면! 그녀가 진정으로 원하는 것이 나와의 연결이었다는 것을……. 이런, 정말 가슴이 찡하네."

그녀가 실제로 리브를 만나서 그것이 사실인지 아닌지 확인할 수는 없지만, 이렇게 NVC로 역할극을 하고 나서 아이리스는 마음속에

그동안 남아 있던 갈등을 해결할 수 있었다. 그리고 그 후로 예전에
는 '얕잡아 보는 말'로 들리던 주위 사람들의 말을 새로운 의식으로
훨씬 편하게 들을 수 있게 되었다.

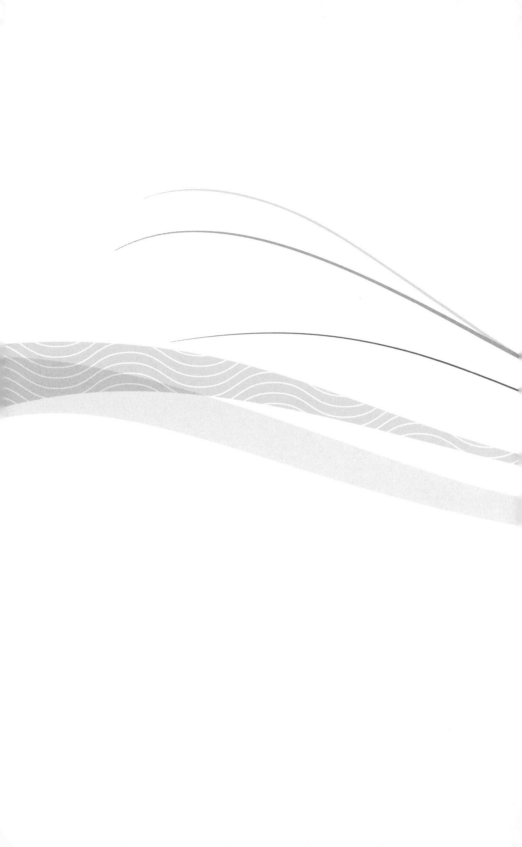

제14장

NVC로
감사 표현하기

……감사를 잘 이해하고 자주 하는 사람이
될수록 분노와 우울, 절망에 덜 빠지게 된다.
감사는 자아(소유하고 지배하기를 원하는)의
굳은 껍데기를 서서히 녹이는 특효약이 되어
우리를 관대한 존재로 바꾸어 준다. 감사하는
마음은 우리를 고결하고 도량이 넓은 영혼으로
자라게 해 주는 진정한 영적 연금술이다.

샘 킨

감사하는 말 뒤에 있는 의도

"보고서를 참 잘 쓰셨습니다."

"정말 세심한 분이시군요."

"어제 저녁에 저를 집까지 태워다 주신 것을 보니 참 친절한 분이세요."

이러한 말은 삶을 소외시키는 대화에서 전형적으로 쓰이는 감사 표현이다. 칭찬과 감사가 삶을 소외시키는 표현이라는 말에 여러분은 아마 놀랐을 것이다. 하지만 앞에서 본 식으로 고마움을 표현하는 것은, 말하는 사람이 자기 내면에서 일어나는 것은 드러내지 않으면서 스스로 다른 사람을 판단하는 자리에 앉는 것이다. 판단은 부정적이든 긍정적이든 다 삶을 소외시키는 것이라고 나는 생각한다.

> 다른 사람에게 얼마나 호의적으로 들리든 간에, 칭찬은 종종 판단과 같을 수 있다.

기업을 상대로 NVC 워크숍을 하다 보면, 칭찬이 '효과'가 있다면서 앞에서 본 것과 같은 칭찬 방법을 옹호하는 관리자들을 만날 때가 있다. 그들은 연구 결과를 인용하면서 상사가 칭찬하면 직원들이 일을 더욱 열심히 한다고 주장한다. 학교에서도 마찬가지로 선생님이 칭찬하면 학생들이 공부를 더 열심히 한다는 것이다. 나도 그런 연구 결과를 본 적이 있다. 그러나 칭찬을 받는 사람이 열심히 일하기는 하지만 그것은 처음 얼마 동안뿐이다. 일단 칭찬 뒤에 숨은 의도를 알아차리고 나면 이들의 생산성은 떨어진다. 내가 특히 안타깝게 생각하는 점은, 칭찬과 감사 표현 뒤에 숨은 의도가 자기들에게 무언가를 얻어 내려는 것임을 사람들이 알게 되는 순간부터 진정한 감사가 가진 아름다움이 손상된다는 사실이다.

그뿐 아니라, 우리가 긍정적인 피드백으로 다른 사람에게 영향을 미치려고 할 때 상대가 우리 메시지를 어떻게 받아들일지도 분명하지 않다. 어떤 만화에서 한 아메리카 원주민이 친구에게 이렇게 말한다. "내가 말에게 현대 심리학을 적용하는 것 좀 볼래?" 그러더니 친구를 자기 말이 있는 곳 가까이 데려가서, 말이 들을 수 있도록 큰 소리로 말한다.

"나는 서부에서 제일 빠르고 제일 용맹한 말을 가지고 있어!"

그러자 말이 고개를 떨어뜨리고 슬픈 표정을 지으며 혼잣말을 한다. "어디 가서 다른 말을 한 마리 사 왔군……. 좋을 대로 하라지."

우리가 고마운 마음을 표현하기 위해 NVC를 활용하는 것은 무엇인가 돌려받기를 원해서가 아니라, 순수한 마음으로 서로 기쁨을 나누기 위해서다. 우리가 다른 사람에게 고마움을 표하는 의도는 오로지 그들 덕분에 충만해진 삶을 함께 기뻐하려는 데 있다.

> 어떤 보답을 원해서가 아니라 함께 기뻐하기 위해 고마운 마음을 표시한다.

감사 표현의 세 가지 요소

NVC로 감사를 표현할 때에는 다음 세 가지 요소를 명확히 한다.

1) 우리의 행복에 기여한 그 사람의 행동

2) 그 행동으로 충족된 나의 욕구

3) 그 욕구들이 충족되어 생기는 즐거운 느낌

이 요소들을 표현하는 순서는 다를 수 있다. 때로는 세 가지 모두를 웃는 얼굴이나 "감사합니다."라는 한마디로 표현할 수도 있다. 하지만 상대방에게 깊이 감사하는 마음을 충분히 전하고 싶다면, 세 가지 요소를 모두 말로 표현하는 능력을 키우는 것이 도움이 된다. 다음 대화는 칭찬을 이 세 가지 요소를 모두 포함하는 감사 표현으로 바꿀 수 있는 방법을 보여 준다.

> "감사합니다."를 NVC로 표현하는 방법: "당신이 ~했을 때, 나는 ~을 느꼈습니다. 그리고 내 ~한 욕구가 충족되었습니다."

참가자 (워크숍이 끝나자 내게 다가오면서) "마셜, 정말 훌륭하세요!"

마셜 "칭찬하시는 마음을 제가 충분히 이해하고 싶은데 그럴 수가 없네요."

참가자 "네? 무슨 말씀이세요?"

마셜 "제 평생 동안 사람들은 여러 가지 말로 저를 표현했습니다. 하지만 저는 사람들이 왜 그렇게 말하는지 모를 때가 많아요. 당신이 저에게 감사하는 이유를 알고 저도 함께 기뻐할 수 있기를 바라는데, 그러려면 좀 더 구체적인 말씀이 필요해요."

참가자 "어떤 구체적인 말이요?"

마셜 "우선, 제가 한 어떤 말이나 행동이 당신의 삶을 더욱 멋지게 만드는 데 도움이 됐는지 알고 싶습니다."

참가자 "글쎄요, 선생님은 정말 현명하세요."

마셜 "방금 저에 대해 또 다른 판단을 하셨어요. 그 말만 듣고
는 아직도 제가 어떻게 도움이 됐는지 알 수가 없네요."

참가자는 잠깐 동안 생각하고 나서 워크숍 동안 적어 놓은 메모를
가리키며 말한다.

"이걸 보세요. 선생님께서 말씀하신 이 두 가지가 제게 큰 도움이
되었어요."

마셜 "아, 그 두 가지에 대해 고맙게 여기시는군요."

참가자 "네."

마셜 "이제는 그것에 대해 어떻게 느끼시는지를 알고 싶군요."

참가자 "희망도 생기고 마음이 놓여요."

마셜 "그러면, 제가 그 두 가지를 말함으로써 당신의 어떤 욕구
가 충족되었는지 알고 싶군요."

참가자 "저는 열여덟 살 난 아들이 있는데, 그 아이와 제대로 대
화를 나눌 수 없어요. 아들과 좀 더 다정하게 말하는 방
법을 찾고 있었는데, 선생님이 말씀하신 그 두 가지로 가
야 할 방향을 알게 되었어요."

이 세 가지 요소—나의 행동, 그 사람이 느낀 것, 그리고 충족된 그
사람의 욕구를 모두 들었을 때 나는 그녀와 함께 기쁨을 나눌 수 있

었다. 그녀가 처음에 NVC로 고마운 마음을 표현했다면 다음과 같았을 것이다.

"마셜, (자신의 메모를 내게 보여 주며) 이 두 가지를 말씀하셨을 때, 저는 희망이 생기고 안심이 되었어요. 저는 아들과 좀 더 좋은 관계를 만들고 싶었거든요. 그리고 이 두 가지로 제가 찾던 방법을 볼 수 있었어요."

감사하는 말 듣기

우리 대부분은 감사의 말을 들었을 때 그대로 편하게 받아들이지 못한다. 자신이 그런 말을 들을 자격이 있나 하는 마음이 들어 불편하다. 특히 선생님이나 상사가 성적이나 생산성을 올리는 수단으로 칭찬을 사용한다면, 그들이 우리에게 걸고 있는 기대 때문에 걱정도 하게 된다. 또, 자신이 그런 기대에 부응할 수 있을까 싶어 긴장하게 된다. 일을 해서 돈을 벌고, 돈을 주고 물건을 사고, 가치를 따져 대가를 받는 것이 기본적 교환방식인 사회에서는 아무런 대가 없이 주고받는 일이 어색하고 불편할 때가 있다.

NVC에서는 감사하는 말을 들을 때에도 다른 말을 들을 때와 같이 공감의 자세로 들을 것을 권한다. 곧, 다른 사람의 행복에 기여한 자신의 행동, 그 행동으로 인한 그 사람의 느낌과 충족된 욕구를 들으라고 한다. 그럼으로써 우리 모두가 서로의 삶의 질을 높이는 힘이 있다는 사실을 즐거운 마음으로 받아들이게 되는 것이다.

나는 친구인 나페즈 아사일리에게 감사를 우아하게 받아들이는 법을 배웠다. 그는 NVC 교육을 위해 내가 스위스로 초대한 팔레스타인 팀의 한 사람이었다. 당시에 팔레스타인이나 이스라엘에서는 안전에 대한 우려 때문에 두 나라 사람들이 함께 교육에 참가하기가 불가능했다. 워크숍이 끝날 무렵 나페즈가 내게 와서 "우리가 이번 교육을 통해 배운 것은 우리나라에서 평화운동을 하는 데 크게 도움이 될 것입니다."라고 감사의 말을 하면서 "나는 우리 수피 이슬람교도가 특별히 고마운 마음을 표현할 때 쓰는 방식으로 당신에게 감사하고 싶습니다."라고 했다. 그는 엄지손가락을 내 엄지손가락에 걸고 내 눈을 보며 이렇게 말했다.

"나는 당신이 우리에게 이것을 줄 수 있도록 허락하신, 당신 안에 계시는 신께 입을 맞춥니다."

그리고 나서 그는 내 손에 입을 맞추었다.

나페즈의 감사 표현은 나에게 감사를 받아들이는 다른 방법을 보여 주었다. 우리는 보통 감사를 상반되는 두 가지 태도 중 하나로 받아들인다. 하나는 자만이다. 인정을 받았기 때문에 우리가 우월하다고 생각하는 것이다. 또 다른 하나는 "아, 아무것도 아닌걸요."와 같은 말을 하면서 감사의 중요성을 부인하거나 무시하는 거짓 겸손이다.

하지만 나페즈는 내게, 신이 우리 모두에게 다른 사람의 삶을 풍요롭게 할 수 있는 능력을 부여했다는 인식 안에서 감사를 즐거운 마음으로 받아들일 수 있다는 것을 보여 주었다. 다른 사람의 삶을 더 충만하게 하는 것이 나를 통해 나타나는 신의 힘이라는

거짓 겸손이나 우월감 없이 감사를 받아들인다.

사실을 인식한다면, 자만의 덫이나 거짓 겸손에 빠지는 일을 피할 수 있을 것이다.

작가 메리앤 윌리엄슨Marianne Williamson이 쓴 다음 시는 내가 거짓 겸손의 함정을 피할 수 있도록 도와준다.

우리의 가장 깊은 두려움은
우리가 부족하다는 데 있지 않다.
우리의 가장 깊은 두려움은
우리에게 측량할 수 없는 힘이 있다는 데 있다.

우리를 겁나게 하는 것은
우리의 어둠이 아니라 우리의 빛이다.
당신은 신의 아이,
스스로 움츠려 작게 행동하는 것은
세상을 위하는 일이 아니다.

사람들이 당신 옆에서 불안하지 않도록
스스로 위축되어 행동하는 것은
깨달음이 아니다.

우리는 우리 안에 있는 신의
영광을 드러내기 위해 태어났다.
그것은 몇 사람에게만 있는 게 아니라

우리 모두 안에 있다.

우리가 자신의 빛을 빛나도록 하면,

다른 사람들도 저절로

그들의 빛을 빛나게 할 것이다.

우리가 두려움에서 자유로워지면,

우리 존재 자체가 저절로

다른 사람도 자유롭게 한다.

감사를 듣고 싶은 마음

감사의 말을 들을 때 어색해하면서도 우리 대부분은 진심에서 우러난 인정과 감사를 받고 싶어 한다. 나를 위한 깜짝 파티에서 열두 살짜리 친구가 파티에 참석한 손님들이 서로를 소개할 수 있는 게임을 하나 제안했다. 쪽지에 각자 묻고 싶은 말을 적어서 그것을 상자에 넣고 섞은 후에, 돌아가면서 상자에서 쪽지를 하나씩 꺼내 그 질문에 답하는 것이었다.

나는 최근 사회복지기관과 산업체 관계자들을 상담하면서, 그 사람들이 자신이 하는 일에 얼마나 감사하는 말을 듣고 싶어 하는지 알고 놀랐다. "아무리 열심히 일해도 아무한테도 좋은 말 한마디 못 들어요. 하지만 조금이라도 실수하면 당장 야단이 나지요."라며 그들은 한숨지었다. 그래서 나는 쪽지에 이런 질문을 적었다. "여러분은 어떤 감사의 말을 들으면 뛸 듯이 기쁘시겠습니까?"

한 여성이 내 질문이 적힌 쪽지를 집어서 읽더니 울기 시작했다. 매 맞는 여성들을 위한 쉼터의 소장으로 일하는 그녀는 달마다 되도록 많은 사람이 만족할 수 있는 계획을 짜느라 최선을 다했다. 하지만 일정을 발표할 때마다 적어도 두어 사람은 불평을 한다고 했다. 그녀는 그 일정을 짜느라 자신이 기울인 노력에 감사하다는 말을 한 번도 들어 본 적이 없었다. 내 질문을 읽는 동안 그런 생각이 그녀의 머릿속을 스쳤고, 감사의 말을 듣고 싶은 깊은 바람 때문에 눈물을 흘렸던 것이다.

이 여성의 이야기를 듣고 또 다른 친구가 자기도 그 질문에 대답하고 싶다고 말했다. 그러자 다른 사람들도 같은 질문에 답하고 싶다고 했고, 그렇게 하면서 몇몇 사람은 눈물을 흘렸다.

조종하려는 감언이 아닌, 진정한 감사를 받고 싶은 마음은 직장에서 뚜렷하게 나타나지만 가정에서도 사정은 다르지 않다. 어느 날 저녁, 내가 아들 브렛이 하기로 했던 집안일을 하지 않은 것을 지적했을 때 브렛은 이렇게 반박했다.

"아빠, 아빠는 내가 뭘 잘못했다는 말을 얼마나 자주 하는지 아세요? 하지만 내가 뭘 잘했다는 이야기는 절대 하지 않아요."

아들의 관찰은 나를 생각하게 했다. 나는 늘 더 나아지는 것을 추구하면서도 그것을 축하하기 위해 잠깐이라도 멈춘 적이 거의 없었다는 사실을 깨달았다.

나는 100여 명이 참가한 워크숍을 얼마

우리는 잘된 것보다 무엇인가 잘못된 것에 주목하는 경향이 있다.

전에 마쳤다. 한 사람을 제외한 모든 사람이 연수 결과를 높이 평가했다. 하지만 내 마음속에 남은 것은 바로 그 한 사람의 불만이었다.

그날 저녁 나는 다음과 같이 시작하는 노래를 지었다.

> 내가 한 일이 98% 잘됐더라도
> 끝나고 나서 내가 기억하는 것은
> 내가 망친 2%.

내가 아는 어떤 선생님의 방법을 따를 수도 있겠다는 생각이 떠올랐다. 시험 공부를 하지 않은 학생이 이름만 쓴 백지 답안지를 제출했다. 그런데 나중에 답안지를 돌려받았을 때 14점을 받은 것을 보고 놀랐다. 그 학생은 "제가 무엇 때문에 14점을 받았죠?"라고 선생님께 여쭈어 보았다. "깨끗함!"이라고 선생님은 대답했다. 아들 브렛의 '일깨우는 말'을 들은 뒤로, 나는 주위 사람들이 무엇으로 내 인생을 풍성하게 해 주는가에 더 주의를 기울이고, 또 그에 대한 감사를 표현하는 기술을 기르기 위해 노력하고 있다.

감사 표현을 주저하는 마음 극복하기

나는 존 파월John Powell이 쓴 『사랑에 머무는 비밀The Secret of Staying in Love』을 읽고 깊은 감명을 받았다. 그는 이 책에서 아버지가 살아 계시는 동안에 감사하는 마음을 표현하지 못한 것에 대한 슬품을 이야기한다. 우리 삶에 커다란 영향을 미친 사람들에게 고마운 마음을 전할 기회를 놓치는 것은 얼마나 슬픈 일인가!

나는 그 책을 읽고 바로 삼촌 줄리어스 폭스를 떠올렸다. 내가 어렸을 때 삼촌은 온몸이 마비된 할머니를 간호하기 위해 매일 우리집에 왔다. 할머니를 돌보는 동안 삼촌은 얼굴에 항상 따뜻하고 애정 어린 웃음을 띠었다. 어린 내 눈에 할머니를 돌보는 일은 매우 하기 싫고 어려운 일로 보였다. 하지만 삼촌은 할머니가 자신에게 돌볼 수 있는 기회를 주어 오히려 감사하다는 듯이 할머니를 간호했다. 삼촌이 보여준 모습은 그 후 내가 가끔 떠올려 의지하게 된, 흘륭한 남성의 힘의 본보기가 되었다.

하지만 나는 이제는 병상에서 죽음을 앞두고 있는 삼촌에게 감사의 마음을 한 번도 표현한 적이 없었다는 사실을 깨달았다. 삼촌에게 감사하고 싶었지만, 그때마다 내면에서 어떤 망설임을 느꼈다.

'나한테 삼촌이 얼마나 중요한 사람인지 삼촌은 알고 있을 거야. 일부러 말로 표현할 필요는 없어. 그러면 오히려 무안해할지도 몰라.'

이런 생각이 들었지만 나는 그 생각이 사실이 아님을 이미 알고 있었다. 감사하고 있는 내 마음의 깊이를 남들이 알고 있으리라 믿었지만 결국 그렇지 않더라는 사실을 자주 확인했기 때문이다. 사람들은 쑥스러운 느낌이 들더라도 감사 표현을 말로 듣고 싶어 한다.

말로는 내 마음의 깊이를 표현할 수 없다고 생각하면서 나는 여전히 망설이고 있었다. 그러나 한 순간, 그 생각의 허점도 곧 꿰뚫어 볼 수 있었다. '말은 가슴 깊이 느끼는 진실을 전하기에는 충분하지 못한 수단일지도 모른다. 하지만 내가 배웠듯이, 해야 할 가치가 있는

것은 서투르게라도 할 가치가 있다.'

얼마 뒤 가족 모임에서 나는 줄리어스 삼촌 옆에 앉게 되었다. 그리고 내 입에서 자연스럽게 그를 향해 감사하는 말이 흘러나왔다. 삼촌은 무안해하지 않고 내 말을 기쁘게 들어 주셨다. 집에 돌아왔을 때 나는 그날 저녁에 느낀 넘치는 감동으로 시를 지어서 삼촌에게 보내 드렸다. 그리고 나중에 들은 이야기로는, 삼촌은 얼마 후 돌아가시기 전까지 날마다 그 시를 읽어 달라고 하셨다고 한다.

요 약

일반적인 칭찬은 아무리 긍정적이더라도 판단 형식으로 나타나고 다른 사람의 행동을 조종하기 위해 쓰이는 경우가 많다. NVC는 오로지 서로 기쁜 마음을 나누려는 목적으로 감사의 마음을 표현한다. (1) 우리 행복에 기여한 상대방의 행동, (2) 충족된 나의 욕구, (3) 그 결과 우리가 느끼는 기쁨을 말함으로써 고마운 마음을 표현한다.

감사의 말을 들을 때에도 이런 식으로 받게 되면, 거짓 겸손이나 우월감 없이 진심으로 받아들일 수 있어서 감사를 표현하는 사람과 함께 즐거움을 나눌 수 있다.

한번은 줄리어스 삼촌에게 다른 사람을 연민으로 대하는 능력을 어떻게 키웠는지 물어보았다. 삼촌은 내 질문에 뿌듯함을 느끼는 듯 잠시 생각하더니 대답했다.

"나는 좋은 선생님들을 많이 만나는 축복을 받았단다."

나는 그 좋은 선생님들이 누구였는지 물었다.

"네 할머니가 그중에서 제일 훌륭한 선생님이었지. 너는 할머니가 아픈 다음에만 같이 살아서 할머니가 어떤 분인지 잘 모를 거야. 혹시 네 엄마가 대공황 시절 얘기를 해 주었니? 집과 직업을 잃은 재단사와 그의 부인, 그리고 두 아이까지 집에 데리고 와서 3년간 같이 살게 해 주신 일이 있었는데."

나는 어머니가 처음 그 이야기를 해 주셨을 때를 잘 기억했다. 할머니는 작은 집에서 이미 아이를 아홉 명이나 키우고 있었는데, 어떻게 재단사네 식구가 살 자리를 마련해 주었는지 나는 도무지 상상할 수 없었기 때문이다.

줄리어스 삼촌은 내게 몇 가지 일화를 통해서 할머니의 다른 사람들에 대한 연민을 이야기해 주었다. 대부분 내가 어렸을 때 들은 이야기였다. 그리고 나서 삼촌은 "네 엄마가 예수에 대해서는 당연히 이야기했겠지?"라고 했다.

"누구요?"

"예수."

"아니요, 어머니는 예수에 대해서는 이야기하신 적이 없어요."

예수에 관한 이야기는 돌아가시기 전 내가 삼촌에게 마지막으로 받은 소중한 선물이다. 그것은 어느 날 할머니 집 뒷문으로 찾아와 음식을 청한 한 남자에 관한 이야기였다. 그런 일은 드문 일이 아니었다고 한다. 할머니는 가난했지만, 찾아오는 모든 사람에게 음식을 나누어 준다는 것을 동네 사람들은 모두 알고 있었다. 머리는 덥수룩하고 턱수염은 길고 해진 옷을 입은 그 남자의 목에는 나뭇가지를 끈으로 묶어 만든 십자가가 걸려 있었다. 할머니는 그 사람을 부엌으로 불러들여 음식을 주었다. 그리고 그가 음식을 먹는 동안 이름을 물었다.

"내 이름은 예수요."

"성은 어떻게 되지요?"

"주 예수Jesus the Lord요."

(할머니는 영어를 잘하지 못했다. 이시도어 삼촌이 나중에 나에게 얘기해 주기를, 삼촌이 부엌에 들어갔을 때 할머니는 삼촌에게 식사 중이던 그 낯선 사람을 '주님 씨'라고 소개했다고 한다.)

그 남자가 식사를 하는 동안 할머니는 어디 사는지 물었다.

"집이요? 없어요."

"그럼 오늘 밤은 어디서 지낼 건가요? 밖은 추운데……."

"몰라요."

"여기서 오늘 주무시겠어요?"

할머니가 그에게 제안했다.

그 뒤로 그는 7년간을 머물렀다.

할머니는 NVC를 타고난 분이셨다. 할머니는 그 남자가 '어떤 사람인가'에 대해서는 생각하지 않았다. 만약 그런 생각을 했다면 그를 미쳤다고 판단하고 내보냈을 것이다. 하지만 할머니는 그렇게 하지 않았다. 그 대신 할머니는 사람들이 무엇을 느끼고, 필요로 하는가를 기준으로 생각했다. 배가 고픈 사람에게는 음식을 주었고, 머리 위에 지붕이 없는 사람에게는 잘 곳을 마련해 주었다.

할머니는 춤추는 것을 좋아하셨다. 어머니는 할머니께서 생전에 하셨던 "춤을 출 수 있을 때는 절대 걷지 마라."라는 말씀을 자주 회상하셨다. NVC로 말하고 살았던 할머니에 대한 노래로 연민의 대화에 관한 이 책을 마치고자 한다.

어느 날 예수라는 이름을 가진 사람이

우리 할머니 집에 찾아왔습니다.

그는 먹을 것을 조금 원했습니다.

할머니는 그에게 더 많은 것을 주었습니다.

그는 이름이 주 예수Jesus the Lord라고 말했습니다.

할머니는 로마에 조회해 보지 않았고

그는 몇 년을 머물렀습니다,

집 없는 많은 사람들이 그랬던 것처럼.

할머니는 유대인식으로,
예수님의 말씀을 내게 가르치셨습니다.
이런 고귀한 방식으로,
예수님의 말씀을 내게 가르치셨습니다.
"배고픈 사람에게 먹을 것을 주고, 아픈 사람을 돌보고,
그러고 나서 쉬어라.
춤을 출 수 있을 때는 절대 걷지 말고
네 집을 아늑한 둥지로 만들어라."

할머니는 유대인의 방식으로,
예수님의 말씀을 내게 가르치셨습니다.
이런 근사한 방식으로,
예수님의 말씀을 내게 가르치셨습니다.

더 읽으면 좋은 자료

- Alinsky, Saul D. *Rules for Radicals: A Practical Primer for Realistic Radicals.* New York: Random House, 1971. (사울 알린스키, 『급진주의자를 위한 규칙: 현실적 급진주의자를 위한 실천적 입문서』, 2008, 아르케)

- Becker, Ernest. *The Birth and Death of Meaning.* New York: Free Press, 1971.

- Becker, Ernest. *The Revolution in Psychiatry: The New Understanding of Man.* New York: Free Press, 1964.

- Benedict, Ruth. "Synergy-Patterns of the Good Culture." *Psychology Today,* June 1970.

- Boserup, Anders and Mack, Andrew. *War Without Weapons: Non-Violence in National Defense.* New York: Schocken, 1975.

- Bowles, Samuel and Gintis, Herbert. *Schooling in Capitalist America: Educational Reform and the Contradictions of Economic Life.* New York: Basic Books, 1976.

- Buber, Martin. *I and Thou.* New York: Scribner, 1958. (마틴 부버, 『나와 너』, 2001, 문예출판사)

- Craig, James and Marguerite. *Synergic Power.* Berkeley, CA: Proactive Press, 1974.

- Dass, Ram. *The Only Dance There Is.* Harper & Row, 1974.

- Dass, Ram and Bush, Mirabai. *Compassion in Action: Setting out on the Path of Service.* New York: Bell Tower, 1992.

- Dass, Ram and Gorman, Paul. *How Can I Help?: Stories and Reflections on Service.* New York: Knopf, 1985.

- Domhoff, William G. *The Higher Circles: The Governing Class in America.* New York: Vintage Books, 1971.

- Ellis, Albert. *A Guide to Rational Living*. Wilshire Books Co., 1961.

- Freire, Paulo. *Pedagogy of the Oppressed*. Herder and Herder, 1971. (파울루 프레이리, 『페다고지』, 2009, 그린비)

- Fromm, Erich. *Escape from Freedom*. Holt, Rinehart & Winston, 1941. (에리히 프롬, 『자유로부터의 도피』, 2020, 휴머니스트)

- Fromm, Erich. *The Art of Loving*. Harper & Row, 1956. (에리히 프롬, 『사랑의 기술』, 2019, 문예출판사)

- Gardner, Herb. "A Thousand Clowns" from *The Collected Plays*, Applause Books, 2000.

- Gendlin, Eugene. *Focusing*. Living Skills Media Center, Portland, OR, 1978. (유진 젠들린, 『상처받은 내 마음의 소리를 듣는 심리 치유』, 2017, 팬덤북스)

- Glenn, Michael and Kunnes, Richard. *Repression or Revolution*. Harper & Row, 1973.

- Greenburg, Dan and Jacobs, Marcia. *How to Make Yourself Miserable*. New York: Vintage Books, 1987.

- Harvey, O. J. *Conceptual Systems and Personality Organization*. Harper & Row, 1961.

- Hillesum, Etty. *A Diary*. Jonathan Cape, 1983.

- Holt, John. *How Children Fail*. New York: Pitman,1964. (존 홀트, 『아이들은 왜 실패하는가』, 2007, 아침이슬)

- Humphreys, Christmas. *The Way of Action*. Penguin Books, 1960.

- Irwin, Robert. *Nonviolent Social Defense*. Harper & Row, 1962.

- Johnson, Wendell. *Living with Change*. New York: Harper and Row, 1972.

- Katz, Michael. *Class, Bureaucracy and the Schools*. New York: Frederick A. Praeger, Inc., 1975.

- Katz, Michael. *School Reform: Past and Present*. Boston, Little, Brown & Co., 1971.

- Kaufmann, Walter. *Without Guilt and Justice.* New York: P. H. Wyden, 1973.

- Keen, Sam. *To a Dancing God.* New York: Harper and Row, 1970. (샘 킨, 『춤추는 신』, 1977, 대한기독교서회)

- Keen, Sam. *Hymns to An Unknown God: Awakening The Spirit In Everyday Life.* New York: Bantam Books, 1994.

- Kelly, George A. *The Psychology of Personal Constructs. Vol. 1 & 2.* New York: Norton, 1955.

- Kornfield, Jack. *A Path with Heart: A Guide Through the Perils and Promises of Spiritual Life.* New York: Bantam Books, 1993. (잭 콘필드, 『마음의 숲을 거닐다』, 2006, 한언)

- Kozol, Jonathan. *The Night is Dark and I Am far from Home.* Boston: Houghton-Mifflin Co., 1975.

- Kurtz, Ernest, and Ketcham, Katherine. *The Spirituality of Imperfection: Modern Wisdom from Classic Stories.* New York: Bantam Books, 1992.

- Lyons, Gracie. *Constructive Criticism.* Oakland, CA: IRT Press, 1977.

- Mager, Robert. *Preparing Instructional Objectives.* Fearon Pub., 1962.

- Maslow, Abraham. *Eupsychian Management.* Dorsey Press, 1965.

- Maslow, Abraham. *Toward a Psychology of Being.* Princeton, NJ: Van Nostrand, 1962. (에이브러햄 매슬로, 『존재의 심리학』, 2005, 문예출판사)

- McLaughlin, Corinne and Davidson, Gordon. *Spiritual Politics: Changing the World from the Inside Out.* New York: Ballantine Books, 1994.

- Milgram, Stanley. *Obedience to Authority.* New York: Harper and Row, 1974. (스탠리 밀그램, 『권위에 대한 복종』, 2009, 에코리브르)

- Postman, Neil and Weingartner, Charles. *Teaching as a Subversive Activity.* Delacorte Press, 1969.

- Postman, Neil and Weingartner, Charles. *The Soft Revolution: A Student Handbook for Turning Schools Around.* New York: Delacorte Press, 1971.

- Powell, John. *The Secret of Staying in Love*. Niles, IL: Argus, 1974.

- Powell, John. *Why Am I Afraid to Tell You Who I Am?* Niles, IL: Argus, 1976. (존 포웰, 『왜 나를 말하기를 두려워하는가』, 1990, 자유문학사)

- Putney, Snell. *The Conquest of Society*. Belmont, CA: Wadsworth, 1972.

- Rifkin, Jeremy. *The Empathic Civilization: The Race to Grobal Consciousness in a World in Crisis*. Penguin Group, 2009. (제러미 러프킨, 『공감의 시대』, 2010, 민음사)

- Robben, John. *Coming to My Senses*. New York: Thomas Crowell, 1973.

- Rogers, Carl. *Freedom to Learn*. Charles E. Merrill. 1969. (칼 로저스, 『학습의 자유: 인간중심교육』, 2002, 문음사)

- Rogers, Carl. *On Personal Power*. New York: Delacorte, 1977.

- Rogers, Carl. "Some Elements of Effective Interpersonal Communication." Mimeographed paper from speech given at California Institute of Technology, Pasadena, CA, Nov. 9, 1964.

- Rosenberg, Marshall. *Mutual Education: Toward Autonomy and Interdependence*. Seattle: Special Child Publications, 1972.

- Ryan, William. *Blaming the Victim*. New York: Vintage Books, 1971.

- Scheff, Thomas. *Labeling Madness*. Englewood Cliffs, NJ: Prentice-Hall, 1975.

- Schmookler, Andrew Bard. *Out of Weakness: Healing the Wounds that Drive Us to War*. New York: Bantam Books, 1988.

- Sharp, Gene. *Social Power and Political Freedom*. Boston: Porter Sargent, 1980.

- Steiner, Claude. *Scripts People Live*. Grove Press, 1974.

- Szasz, Thomas. *Ideology and Insanity*. New York: Doubleday, 1970.

- Tagore, Rabindranath. *Sadhana: The Realization of Life*. Tucson: Omen Press, 1972. (타고르, 『나는 바다가 되리라』, 세창, 1993)

이 책이 영어로는 1999년에, 우리말로는 2004년에 출간된 이후 우리나라를 비롯한 다른 여러 나라에서도 계속해서 관심을 받는 것은 큰 희망입니다.

우리는 좋은 인간관계에 대한 동서양의 가르침을 오랫동안 들어왔습니다. 그러나 그것을 어떻게 실천해야 하는지 알 수가 없어서 박수를 치고 돌아서면 '도루묵'이 되어 버립니다.

사랑, 연민, 친절 등의 가치는 우리 아이들이 심리적으로나 물리적으로 살 수 있는 환경을 유지하고 보호하는 데 필수적으로 중요한 덕목입니다. 그리고 우리가 서로 사랑, 연민, 친절로 대하는 것이 인류가 이 지구에 살아남을 수 있는 돌파구라는 것도 분명해지고 있습니다. 문제는 그것을 어떻게 일상생활에서 실천하는가입니다.

이 책에서 말하는 비폭력대화는 이러한 가치를 일상에서 실천하는 방법을 관찰, 느낌, 욕구, 부탁이라는 간단한 4 스텝 모델로 보여줍니다. 말 한마디로, 따뜻한 침묵으로, 그대로 곁에 있어 주면서 공감의 마음을 전하는 방법입니다.

나는 30년 전에 이 책의 저자인 마셜에게서 비폭력대화를 처음 배우고 나서 우리 모두 내면에 저마다의 아름다움을 간직하고 있다는 사실을 깨달았습니다. 또한 우리로부터 시작하는 모든 폭력에도 열린 마음으로 대하게 되면서 삶을 사랑할 수 있었습니다. 마셜은 인간이 저지를 수 있는 가장 폭력적인 일인 전쟁을 예방하고, 일어난 전쟁도 무기가 아닌 다른 방법으로 해결할 수 있는 가능성을 비폭력대화를 통해 보여 주었습니다.

우리는 나를 잘 알면서도 나를 사랑하고, 내가 필요할 때 지혜로운 말을 해줄 수 있는 어른이 그립습니다. 비폭력대화를 공부하면서 그 어른을 만나게 됩니다. 우리를 우리보다 더 사랑하고, 우리의 빛나는 면도 어두운 면도 우리보다 더 잘 아는 그 어른은 우리 각자 안에 있습니다. 비폭력대화는 그 내면의 어른을 찾아가는 길을 안내해 줍니다.

이 책을 손에 드신 당신이 반갑습니다.

캐서린 한(씽어)
ksinger@krnvc.org

느낌말 목록

욕구가 충족되었을 때

- 가벼운
- 뭉클한
- 안심한
- 편안한
- 흐뭇한

- 고마운
- 뿌듯한
- 자랑스러운
- 평온한
- 흥미로운

- 기쁜
- 생기가 도는
- 즐거운
- 평화로운
- 희망에 찬

- 든든한
- 신나는
- 충만한
- 홀가분한
- 힘이 솟는

욕구가 충족되지 않았을 때

- 걱정되는
- 난처한
- 불편한
- 외로운
- 지루한

- 괴로운
- 답답한
- 슬픈
- 우울한
- 짜증 나는

- 꺼림칙한
- 당혹스러운
- 실망스러운
- 절망적인
- 혼란스러운

- 낙담한
- 두려운
- 아쉬운
- 조바심 나는
- 화나는

보편적인 욕구 목록

자율성autonomy
- 꿈/목표/가치를 선택할 수 있는 자유
- 자신의 꿈/목표/가치를 실현하기
  위한 방법을 선택할 자유

축하celebration/애도mourning
- 생명의 탄생이나 꿈의 실현을 축하하기
- 잃어버린 것(사랑하는 사람, 꿈 등)을
  애도하기

진정성/온전함integrity
- 자기 존재에 대한 믿음
- 창조성 •의미 •자기 존중
- 정직

몸 돌보기physical nurturance
- 공기 •음식 •물
- 신체적 보호 •따뜻함
- 자유로운 움직임 •운동
- 휴식 •성적 표현 •주거 •잠

놀이play
- 재미
- 웃음

영적 교감spiritual communion
- 아름다움
- 조화 •영감
- 평화 •질서

상호 의존interdependence
- 수용 •감사 •친밀함
- 공동체 •배려
- 삶을 풍요롭게 하기 위한 기여
- 정서적 안정 •공감 •연민
- 돌봄 •소통
- 협력 •나눔
- 인정 •우정
- 사랑 •안심
- 존중 •지지
- 신뢰 •이해

★ 위의 느낌과 욕구 목록에 자신의 것을 추가해 보십시오.

NVC를 적용하는 방법

말하기	듣기
상대를 비난하지 않으면서 나 자신을 솔직하게 말할 때	상대방의 말을 공감으로 들을 때

관찰

상황을 있는 그대로 관찰하기 "내가 ~을 보았을(들었을) 때"	상황을 있는 그대로 관찰하기 "네가 ~을 보았을(들었을) 때"

느낌

나의 느낌 "나는 ~하게 느낀다."	상대방의 느낌 "너는 ~하게 느끼니?"

욕구/필요

나의 느낌 뒤에 있는 욕구/필요 "나는 ~이 필요(중요)하기 때문에……"	상대방의 느낌 뒤에 있는 욕구/필요 "너는 ~이 필요(중요)하기 때문에……"

부탁/요청

내가 부탁하는 구체적인 행동 **연결부탁** "내가 이렇게 말할 때 너는 어떻게 느끼니(생각하니)?" **행동부탁** "~를(을) 해 줄 수 있겠니?"	상대가 부탁하는 구체적인 행동 "너는 ~를 바라니?"

CNVC와
한국NVC센터(한국비폭력대화센터)에 대하여

CNVC The Center for Nonviolent Communication

CNVC는 NVC를 배우고 나누는 일을 지원하고, 개인과 조직, 정치적 환경 속에서 일어나는 갈등들을 평화롭고 효과적인 방법으로 해결하는 것을 돕기 위해 1984년 마셜 로젠버그가 설립했다.

CNVC는 모든 사람의 욕구를 소중히 여기고, 삶이 가진 신성한 에너지와 연결된 의식 속에서 살아가는 사람들이 서로에게 즐거운 마음으로 기여하며, 갈등을 평화롭게 해결하는 세상을 지향한다.

CNVC는 지도자인증프로그램, 국제심화교육(IIT), NVC 교육과 NVC 공동체 확산을 위한 활동을 하고 있다. 현재 700여 명의 국제인증지도자들이 전 세계 80개국이 넘는 지역에서 활동하고 있다.

한국NVC센터(한국비폭력대화센터)

모든 사람들의 욕구가 존중되고 갈등이 평화롭게 해결되는 사회의 꿈을 가진 사람들이 2006년 캐서린 한^{Katherine Singer}과 힘을 모아 만든 비영리 단체이다. 한국NVC센터는 NVC 교육과 트레이너 양성을 통해 우리 사회에 기여하기 위해 설립되었다. 교육은 (주)한국 NVC교육원에서 진행하고 한국NVC센터 NGO는 NVC의 의식을 나누는 활동을 하고 있다.

한국NVC센터가 하는 일

· **교육(한국어/영어)**

NVC 소개를 위한 공개강의, NVC 1·2·3, 심화·지도자 준비 과정, IIT(국제심화교육), 중재교육, 부모교육, 놀이로 어린이들에게 NVC 를 가르치는 스마일 키퍼스®Smile Keepers®, 가족캠프 등을 운영한다.

· **외부 교육**

기업, 학교, 법원 등 각종 기관과 조직 안에 소통을 통한 조화로운 관계를 만들기 위하여 요청과 필요에 맞춰 교육과정을 제공한다.

· **상담(개인/부부/집단)**

내담자의 느낌과 욕구에 공감하며, 더 행복하게 사는 데 도움이 되는 행동이나 결정을 내담자가 찾아 가도록 도와준다.

· **중재**

한국NVC중재협회를 통해 중립적인 위치에서 느낌과 욕구에 기반을 둔 대화를 도와줌으로써 모두의 욕구가 충족될 수 있는 방

법을 찾아가도록 한다. 현재 지방법원과 서울가정법원에서 조정위
원으로 활약하고 있다.

• 연습모임 지원

NVC를 자발적으로 연습하는 모임을 위한 장소를 대여하고 연습
을 위한 정보와 자료를 제공한다.

• 교재·교구 연구개발, 제작 및 판매

• 번역, 출판 사업

* 그 밖에도 비폭력대화의 확산을 위해 보호관찰소, 법원, 공부방
등과 탈북인, 다문화 가정을 위한 여러 가지 일을 하고 있다.

연락처

사회공헌사업문의 nvccenter@krnvc.org 02-391-5585
후원문의 nvc@krnvc.org 02-6085-5581
교육문의 nvc123@krnvcedu.com 02-325-5586
강사의뢰 workshop@krnvcedu.com 02-6085-5585
출판 및 판매 books@krnvcbooks.com 02-3142-5586
홈페이지 www.krnvc.org Fax 02-6008-5585
주소 (03035) 서울특별시 종로구 자하문로 17길 12-9 2층

찾아보기